沥青混合料颗粒体系细观特性
与力学行为

粟培龙　著

科 学 出 版 社

北 京

内 容 简 介

本书针对颗粒材料的本质属性，采用理论分析、试验研究、数值模拟与工程验证相结合的方法，对沥青混合料颗粒体系细观特性与力学行为进行系统研究。基于铺展原理，提出了集料复合几何特征量化表征方法；分析了矿料-沥青混合颗粒体系界面黏结与润滑效应，探讨沥青混合料的离析形成机理和控制方法；提出了压实过程中的矿料-沥青混合颗粒体系迁移行为评价方法及参数，建立了骨架接触与密实模型；提出了颗粒界面滑移特性评价方法及力学参数，揭示沥青混合料的骨架强度形成、结构演化及失效机制，给出了沥青混合料优化设计方法。

本书可供道路工程领域的科研、教学和工程技术人员参考使用，也可作为相关专业研究生学习参考书。

图书在版编目（CIP）数据

沥青混合料颗粒体系细观特性与力学行为 / 栗培龙著. —北京：科学出版社，2025.6
ISBN 978-7-03-077860-4

Ⅰ.①沥… Ⅱ.①栗… Ⅲ.①沥青拌和料-材料力学 Ⅳ.①U414.7

中国国家版本馆 CIP 数据核字（2024）第 023994 号

责任编辑：杨 丹 / 责任校对：王萌萌
责任印制：徐晓晨 / 封面设计：陈 敬

科 学 出 版 社 出版
北京东黄城根北街 16 号
邮政编码：100717
http://www.sciencep.com

北京华宇信诺印刷有限公司印刷
科学出版社发行 各地新华书店经销

*

2025 年 6 月第 一 版 开本：720×1000 1/16
2025 年 6 月第一次印刷 印张：17
字数：340 000

定价：198.00 元
（如有印装质量问题，我社负责调换）

前　言

随着交通强国战略的持续推进，我国公路交通基础设施建设实现了跨越式发展。沥青混合料是高等级公路路面、桥面以及机场道面的重要铺装材料，其细观特性与力学行为和交通基础设施的服役性能密切相关。

沥青混合料是多级多相颗粒性材料，是以黏滞性颗粒为聚集体，以离散态存在的复杂颗粒体系，具有非均质、非连续及随机性等特点，其运动迁移规律和力学行为非常复杂。沥青混合料的施工压实是其强度形成的关键，矿料-沥青混合颗粒体系通过动态迁移由松散流动态，经错动过渡态，向成型稳定态转化，矿料接触状态不断发生传递与重排，通过颗粒系统自组织达到平衡状态，从而形成骨架结构及力学强度。在服役过程中，矿料-沥青混合颗粒体系在荷载作用下发生缓慢的滑移及扭转，颗粒接触状态及界面效应不断演化、衰变直至失效，进而产生严重的路面病害。

随着不同学科的交叉渗透以及材料微细观测试技术的进步，越来越多的学者开始从颗粒材料的角度，揭示沥青混合料的细观特性与力学行为，这是从深层次、根本上打通沥青路面材料设计、施工及服役各环节壁垒的有效途径。

基于此，本书针对颗粒材料的本质属性，采用理论分析、试验研究、数值模拟与工程验证相结合的方法，对沥青混合料颗粒体系细观特性与力学行为进行深入探索，研究矿质集料复合几何特性及表征方法，讨论矿料-沥青混合颗粒体系界面黏结与润滑效应，探讨沥青混合料的离析形成机理和控制方法；提出多种效应耦合作用下矿料-沥青混合颗粒体系迁移行为评价方法及参数，建立压实动力学方程，解析矿料-沥青混合颗粒体系动态迁移行为传递特性，揭示沥青混合料的骨架强度形成、结构演化及失效机制，突破核心关键科学问题，为构建基于全过程控制的沥青混合料设计体系，提升施工控制水平，延长路面寿命提供理论和技术支撑。

本书在国家自然科学基金项目(编号：52278426、51878061、51008031)、交通运输部应用基础研究项目(编号：2014319812151)和陕西省自然科学基金项目(编号：2019JM195)等的资助下完成。作者研究生宿金菲参与了第2、4、5、6章的撰写，孙胜飞参与了第7、8、9章的撰写，孙超、饶文宇、马莉霞、武旭、李建阁、张万强、马云飞、宋法宽、朱磊等参与了本书相关研究工作。在本书研究和写作过程中，得到了我国著名道路工程专家王秉纲教授的指导和教诲，作者受益终身；得到美国加州大学路面研究中心 John Harvey 教授，长安大学裴建中教授、张争奇教授等的指导和帮助，在此深表感谢。

　　沥青混合料颗粒体系的界面接触、摩擦、黏结、润滑、迁移等细观效应以及强度形成、演化、失效等力学行为是道路工程领域的研究热点，也是道路材料领域关注的焦点。在国内外相关研究的基础上，本书梳理了作者的相关研究成果，但由于作者水平有限，书中难免存在疏漏和不当之处，恳请广大读者指正，不吝赐教。

栗培龙

2025 年 2 月于长安大学

目　　录

第1章 绪 论

1.1 引 言

近年来，我国公路、铁路、机场等交通基础设施建设取得了长足进步，支撑了国民经济和社会的发展。沥青混合料因良好的力学性能和施工特性，成为高等级公路路面、桥面及机场道面铺装或加铺的重要材料。然而，随着交通量的增大以及气候环境的影响，沥青路面存在早期损害严重、耐久性不足等问题，服役年限与设计寿命存在较大差距。由于材料设计、施工控制等因素，沥青路面存在级配离析、摊铺均匀性差以及压实效果不佳等问题，难以保证力学性能及服役耐久性。气候、荷载等是引起路面病害的重要因素，提升沥青混合料的力学性能是解决问题的根本途径。因此，有必要从沥青混合料细观特性及力学机制出发开展基础理论研究，突破技术瓶颈，提高沥青混合料的设计及施工控制水平，进而提升沥青路面服役耐久性。

1.1.1 沥青混合料的组成设计

沥青混合料是由不同粒径的矿料、沥青结合料(基质沥青、改性沥青、橡胶沥青、高黏沥青等)和空隙构成的多级多相复合材料，具有典型的颗粒特征，属于颗粒材料的范畴。颗粒材料是以固体颗粒为聚集体，以离散态存在的一种复杂物质体系，在结构上具有非均质、非连续及随机性等特点，其运动规律和力学行为非常复杂(Jaeger et al.，1996)。

长期以来，沥青混合料设计一直沿用传统的强度表面理论和马歇尔法，但传统的强度表面理论难以解释沥青混合料复杂的黏弹塑性响应。马歇尔法是一种经验性的体积设计法，体积指标无法与沥青混合料的性能参数建立良好关系，其指标也难以用于预测沥青混合料的使用性能。近年来，针对传统沥青混合料设计体系中存在的问题，美国、欧盟、加拿大、中国等国家/区域一体化组织的道路工作者长期致力于改进与完善原有沥青混合料设计方法，其中美国战略公路研究计划(SHRP)的高性能沥青路面(Superpave)成果最为引人注目，但其体系中沥青混合料配合比设计仍然是以体积设计法为核心，设计参数没有反映沥青混合料颗粒效应及界面特性的本质，难以实现对沥青路面车辙等早期病害的有效控制。因此，深入认识颗粒材料的细观结构、界面特性以及动态力学响应机制，对提高沥青混合料组成设计水平，提升服役耐久性具有重要的科学意义及工程应用前景。

沥青混合料包括矿料和沥青两大部分，其中矿料颗粒互相嵌挤形成骨架，裹覆于矿料表面的沥青发挥黏结作用。矿料级配组成和沥青用量确定是沥青混合料组成设计的两个重要方面，级配组成的合理性不仅影响沥青混合料的施工效果，也关系到力学性能。矿料类型、粒径和级配在很大程度上影响颗粒间的嵌挤、摩擦特性，但目前矿料级配仍停留在经验设计阶段，远没有实现矿料组成按需设计，因而难以保证混合料的性能；此外，矿料粒径和级配组成对于沥青混合料抗变形性能提升的贡献也需要通过矿料颗粒界面特性进行更加科学的解释。

沥青属于强感温性材料，较低的温度下沥青黏度大，黏滞作用显著，主要发挥矿料间的黏结作用；随着温度的升高，沥青黏度急剧衰减，沥青膜逐渐失去黏结作用，并转化为矿料界面的润滑效应。沥青用量决定了矿料表面沥青膜的厚度，直接关系到矿料颗粒界面嵌挤、摩擦、润滑、迁移等细观特性，因此，沥青类型及用量在很大程度上影响沥青混合料的拌和、压实效果以及力学性能。然而，当前广泛采用的马歇尔法与旋转压实法均没有从矿料-沥青界面细观效应的角度考虑沥青用量的影响。

合理的矿料级配是保证沥青混合料力学性能的前提，但由于对矿料接触、摩擦与滑移作用行为及机理的认识不够充分，目前世界各国矿料级配组成仍停留在经验设计阶段，即在较宽的级配范围，由技术人员根据工程和材料情况在其范围内选择，远远没有实现矿料组成按需设计，无法保证沥青混合料的路用性能，设计的混合料与性能要求相去甚远。此外，对于矿料粒径，有研究认为矿料越粗，沥青混合料的高温抗变形能力越强，也有研究认为，中粒式沥青混凝土的抗车辙能力优于细粒式和粗粒式。然而，矿料粒径和级配何者起主导作用，在混合料设计时如何选择等问题，都要通过矿料摩擦特性及界面滑移变形机理进行解释。

沥青的黏聚力和矿料的嵌挤、摩擦作用是沥青混合料力学性能的两个重要影响因素，对于二者的贡献未达到统一的认识。在混合料设计中如何协调和把握，仍缺乏广泛认可的研究成果。实际上，沥青作为沥青混合料中的强感温材料，当温度较低时，沥青黏度增大，其黏聚力对矿料界面滑动起阻碍作用；当温度较高时，沥青逐渐向液态转化，对矿料界面滑动起到润滑作用，即加入的沥青会对矿料摩擦和黏结产生复杂的交互影响。目前有关沥青对矿料摩擦及界面滑动的双重效应缺乏深入的研究。

综上，沥青混合料设计方法多依靠经验法和体积法，很大程度上依赖于压实后沥青混合料的体积指标以及路用性能，由于设计过程中缺乏有效的力学参数，没有建立原材料特征与混合料组成设计的关联性，沥青混合料的路用性能及路面病害难以有效控制。此外，沥青混合料需要通过有效的施工形成沥青路面，良好的沥青混合料设计方法不应仅仅关注力学性能，还应该兼顾施工特性，保障施工效果。

1.1.2　沥青混合料的施工控制

在沥青路面设计中，往往假定沥青混合料是均匀的，但由于材料组成、施工条件及参数控制等因素，在施工过程中，常常会出现沥青混合料集料分布不均匀(材料离析)和温度分布不均匀(温度离析)现象，进而引起压实微裂纹、压实镜面、压实推移、弹簧现象、压实白斑等一系列压实工艺问题，无法达到预期的压实效果，进而引起路面病害，影响路面性能，如图 1.1 所示。

(a) 材料离析　　　　　　　　　　　　　(b) 压实微裂纹

(c) 压实镜面　　　　　　　　　　　　　(d) 压实推移

(e) 弹簧现象　　　　　　　　　　　　　(f) 压实白斑

图 1.1　沥青路面压实存在的问题

沥青混合料力学及路用性能需要通过良好的摊铺和压实工艺来保证，摊铺均匀性和压实效果与材料组成特性、施工机械以及环境因素密切相关。然而长期以来，道路工程领域更关注路面材料与结构的力学性能及工程应用研究，施工质量控制主要依据工程经验，对摊铺、压实等工程阶段沥青混合料的细观作用机制及动力学特性的研究相对较少。由于缺乏相关理论支撑，在施工质量控制方面存在一些问题：

(1) 沥青混合料施工条件的确定缺乏理论依据。

沥青混合料的摊铺及压实效果与原材料性质及组成、拌和与施工温度及工艺等因素有关，条件参数控制不当不仅影响工艺效果，而且会导致混合料离析，引起路面病害。当前采用黏温曲线确定拌和压实温度，主要考虑沥青结合料自身黏度变化，没有充分考虑拌和及施工过程中矿料颗粒体系的微细观效应。在混合料拌和及摊铺过程中，沥青混合料呈松散流动态，矿料界面特性也主要表现为颗粒碰撞及滚动摩擦；在压实过程中则主要表现为矿料界面滑动摩擦及错动，需要针对其摩擦机制及动力学特性的差异，分别研究混合料生产及施工控制条件。

此外，改性沥青与基质沥青的性质存在很大差异，其黏结与润滑作用对矿料的摩擦效应以及迁移、错动行为的影响更为复杂，改性沥青混合料的摊铺压实特性有待进一步研究。同时，不同地区的气候状况不尽相同，如青藏高原多年冻土地区和南方高温地区不同的环境温度、降温速率等都会影响施工效果和路面性能。

(2) 沥青混合料最佳压实状态评价缺乏科学有效的评价方法。

对于颗粒性材料，沥青路面的力学性能与沥青混合料的压实状态密切相关。如果压实不足，矿料颗粒之间无法达到嵌挤、啮合的效果，空隙率过大，路面力学性能难以达到设计预期，但如果压实功过大或压实过度，部分粗集料被压碎严重，出现压实白斑，级配变细，路面性能难以保证。因此，控制最佳压实状态是保证路面力学性能的重要技术手段。但由于对压实过程中矿料界面微细观力学行为缺乏全面、系统的认识，沥青混合料最佳压实状态难以把握，也缺乏科学有效的评价方法。

1.1.3　沥青混合料的服役性能

沥青混合料经过拌和、运输、摊铺、碾压等工序，形成具有力学强度和承载能力的道路结构层。在开放交通后，如果沥青路面的服役耐久性不足，在行车荷载和自然环境综合作用下，将产生车辙、坑槽、开裂等路面病害，甚至一些高速公路沥青路面开放交通 2～3 年就出现较严重的早期破坏现象，使用寿命与设计年限相去甚远，不仅造成巨大的经济损失，而且产生负面的社会影响。

造成高速公路沥青路面早期病害严重、服役性能不足的原因是多方面的，在材料方面，有不同批次的沥青、砂石等材料质量参差不齐，混合料设计不合理等因素；在路面结构方面，有结构组合及层间处治不当的因素；在施工方面，有施工控制不严格，操作不规范等因素。此外，近年来随着气候变暖，夏季高温气候增多，再加上交通量的迅猛增长和重载、车辆渠化等因素，加速了路面病害发生。其中，夏季高温、重载交通、长大纵坡等严酷环境及特殊路段的车辙、推移等变形类病害是高等级公路沥青路面最突出、危害最大、处治最困难的病害类型之一。然而，仅关注气候、荷载等客观因素是不够的，从路面材料本身入手，深入研究沥青混合料在生产、施工及服役阶段的微细观效应及作用机制，从微细观的角度进行沥青混合料优化设计、生产及施工控制是保证沥青混合料力学性能和从根本上解决路面病害问题，提高路面服役耐久性的有效途径。

大量研究认为，沥青混合料的抗变形能力主要与其抗剪强度有关。然而这一表述只是从宏观力学的角度分析了沥青混合料的强度形成机理，并没有抓住沥青混合料材料组成及强度构成的本质。对于典型的颗粒性材料，沥青混合料的宏观力学响应是矿料间的接触、摩擦特性和界面滑移行为的外在表现，仅仅采用传统的力学方法难以有效表征其变形行为，对沥青路面病害成因分析及服役性能预测也存在一定的局限性。

1.1.4　沥青混合料的细观特性

沥青混合料中的矿料颗粒体系具有典型的能量耗散特征，通过颗粒间的接触、摩擦与外界交换能量；在沥青黏结、润滑效应作用下，矿料颗粒界面接触状态发生变化，形成复杂的界面效应。在拌和、摊铺以及压实的不同阶段，沥青混合料内部矿料颗粒在接触-摩擦-黏结-润滑效应作用下发生界面滑移、滚动等迁移行为，从而达到平衡状态或失效。在沥青混合料的拌和及运输过程中，裹覆沥青的矿料颗粒呈流动状态，易受外界扰动发生大规模迁移。如果混合料组成设计及施工条件控制不合理，就会发生集料聚集以及出现离析现象，进而影响沥青混合料的压实效果和力学性能。在压实过程中，松散流动态的沥青混合料在碾压荷载作用下发生空间有限的界面迁移，同时沥青混合料由松散的流动态向结构成型的稳定态转变。在服役阶段，矿料颗粒在荷载作用下发生缓慢的滑移及扭转，颗粒接触状态及界面效应不断演化、衰变直至失效，从而产生严重的路面病害。

可见，不同阶段、不同状态的沥青混合料可以看作由矿料颗粒体系和沥青结合料组成的矿料-沥青混合颗粒体系(简称混合颗粒体系)。沥青混合料的摊铺、压实是混合颗粒体系由松散流动态，经亚稳过渡态，向成型稳定态(相对稳定)转化的过程，矿料颗粒的摩擦、迁移以及错动行为不仅贯穿沥青混合料拌和、摊铺以及碾压等阶段的始终，而且在很大程度上决定了沥青混合料的离析特性、压实效果以及强度形成与衰变机制，从而关系到路面病害及耐久性。不同工程阶段沥青混合料的状态与界面特性如图 1.2 所示。

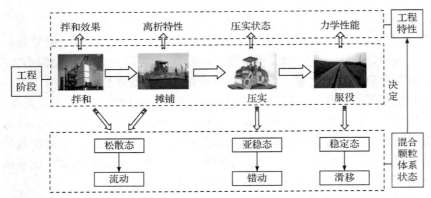

图 1.2　不同工程阶段的沥青混合料状态与界面特性

　　散体矿料颗粒特征、沥青性质和膜厚、施工工艺等因素对混合颗粒体系的界面效应具有重要影响,其中矿料颗粒特征(几何特征、岩性、粒径)直接决定了颗粒间的接触摩擦状态,而沥青在不同温度条件下的黏结、润滑作用不同,这在很大程度上增加了混合颗粒体系界面效应的复杂性。

　　因此,颗粒体系动态界面迁移是沥青混合料的细观力学行为,与界面摩擦、黏结、润滑等多重效应密切相关。沥青混合料有别于传统的固体介质,矿料颗粒之间是不连续的,其复杂的颗粒外形和嵌挤状态,以及矿料界面沥青的黏结与润滑双重作用都显著影响着沥青混合料的均匀性和压实特性。不同阶段及状态的颗粒体系动态界面迁移行为既具有独立性,又具有前后传递性和相互转化性,深入系统地研究其动力学特性、相互转化行为及传递机理,可以为沥青混合料压实动力学、力学演化以及强度衰变奠定理论基础。然而长期以来,道路工程领域更关注路面宏观摊铺均匀性与压实效果及工程应用研究,从混合颗粒体系界面效应的角度开展沥青混合料的研究较少。由于对离析行为与压实特性及作用机制的认识不够深入,目前对沥青混合料的设计与施工控制仍采用传统的经验性参数,其有效性及科学性仍有待进一步探讨。

　　基于此,针对沥青混合料多级多相的颗粒性特征,采用试验研究与数值模拟相结合的方式,从矿料颗粒几何特征、颗粒间复杂的界面接触-摩擦-黏结-润滑效应以及界面迁移三个方面,深入探讨颗粒体系界面效应,并分析其对沥青混合料离析行为的影响,从微细观水平揭示离析形成机理,建立集料离析倾向预判方法;探究沥青混合料在压实荷载作用下颗粒滑移、转动等迁移行为以及接触力、接触数、力链等细观力学特性,基于混合颗粒体系界面迁移行为揭示沥青混合料压实特性及空间结构形成过程,为沥青混合料级配优化设计、施工控制及性能提升提供理论基础。

1.2　矿料颗粒特征及迁移特性研究进展

1.2.1　矿料颗粒几何特征

矿料一般由矿山原石破碎而成，是沥青混合料的主要组成部分。矿料颗粒的几何特征是集料的固有属性，在很大程度上决定了矿料颗粒体系的接触摩擦特性以及沥青混合料的力学性能。根据宏观、细观和微观三类尺度，矿料颗粒的几何形态主要划分为形状、棱角和表面纹理。

随着计算机技术的发展，数字图像处理(digital image processing，DIP)技术逐渐成为矿料颗粒几何形态表征的有效方法。Xiao 等(2017)和 Arasan 等(2011)采用 DIP 技术处理图像，测量了集料的形状、棱角和表面纹理指标，通过大量试验分析了集料几何形态对沥青混合料力学性能的影响，验证了 DIP 技术的可行性，并推荐选择粒径为 0.6mm 的颗粒探究细集料的形态特征。Wang 等(2017)采用 X 射线计算机断层成像(工业 CT)扫描成型的沥青混合料试件，结合 DIP 技术识别集料的形态特征，重构了集料的三维壳体模型，并建立了基于真实集料形态的沥青混合料有限元微观结构模型。Masad 等(2001，2000)基于 DIP 技术开发了一种计算机自动成像系统，用于量化细集料的棱角和表面纹理。通过分析表面参数和棱角性与纹理性的关系，提出采用低分辨率图像测量棱角、高分辨率图像测量表面纹理。在此基础上又开发了能快速计算颗粒形状、棱角和表面纹理的集料图像采集系统(AIMS)(Alrousan et al.，2005；Flether et al.，2003)，采用照明系统、高分辨率相机与多倍率显微镜对集料颗粒进行三次扫描，获取几何形态指标，如图 1.3 所示。Cui 等(2018)采用 AIMS 测试了集料颗粒的几何特征，研究发现集料的棱角越大、纹理越丰富时，集料与沥青的黏附性越好，并存在一个最佳棱角度和球度值使得沥青混合料的马歇尔稳定度最大。Aragao 等(2016)采用 AIMS 测量了集料的几何特征，建立了集料的几何特征与沥青混合料力学强度之间的关系，认为沥青混合料抵抗车辙的能力主要来源于集料几何特征，且粗集料几何形态对沥青混合料力学强度的影响比细集料的大，而抗疲劳损伤能力主要来源于沥青结合料。Pan 等(2006)和 Rao 等(2002)开发了图像分析系统(UIAIA 系统)测量粗集料以及 2.36～4.75mm 细集料的几何形态，如图 1.4 所示。该系统采用扁平伸长率表征集料的形状，通过追踪颗粒图像斜率的变化计算棱角系数，根据腐蚀、膨胀前后集料投影面积的变化计算表面纹理系数。Wang 等(2005)提出了傅里叶形态学分析方法，用于量化集料的形状、棱角和表面纹理，并研发了可以捕获集料三维高分辨率图像的傅里叶变换干涉(FTI)测量系统，如图 1.5 所示。基于该方法，分析了粗集料的形态特征对沥青混合料抗车辙性能和疲劳特性的影响，发现采用棱角丰富、表面粗糙的集料可增强沥青混合料的抗车辙能力,减少针片状集料的数量有助于改善混合料的疲劳性能。Wang 等(2020)和 Gao 等(2020,2018)认为二维几何形态测量容易受集料摆放位置的影响,为了解决这一问题,基于 AIMS 和工业 CT 扫描技术提出了粗集料三维棱角指标(3DA)的计算方法,见式(1.1)。研究发现,粗集料的 3DA 越小,沥青混合料的骨架稳定性越差;3DA 与沥青混合料的抗滑性能呈较好的线性相关性,且棱角越丰富,沥青混合料的抗滑性能和高温稳定性越好,但难以压实;棱角性对动态模量的影响与级配有关,粗集料的棱角性越好,SMA-16 沥青混合料的动态模量越大,但对 AC-16 混合料的动态模量影响不大。

图 1.3　AIMS

图 1.4　UIAIA 系统

图 1.5　FTI 测量系统

$$3DA = \frac{1}{3}\left(\frac{\sum\limits_{i=1}^{n_t} \dfrac{P_{ti} \cdot A_{ti}}{P_{te}}}{\sum\limits_{i=1}^{n_t} A_{ti}} + \frac{\sum\limits_{i=1}^{n_r} \dfrac{P_{ri} \cdot A_{ri}}{P_{re}}}{\sum\limits_{i=1}^{n_r} A_{ri}} + \frac{\sum\limits_{i=1}^{n_f} \dfrac{P_{fi} \cdot A_{fi}}{P_{fe}}}{\sum\limits_{i=1}^{n_f} A_{fi}} \right) \tag{1.1}$$

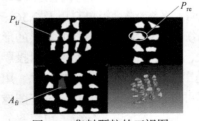
图 1.6　集料颗粒的三视图
和三维立体图像

式中,n_t、n_r、n_f 分别为通过工业 CT 扫描获取的集料颗粒的三视图(俯视图、右视图、正视图)数量,集料颗粒的三视图和三维立体图像如图 1.6 所示;P_{ti}、P_{ri}、P_{fi} 分别为三视图中第 i 个集料的周长,mm;P_{te}、P_{re}、P_{fe} 分别为三视图中第 i 个集料的等效椭圆周长,mm;A_{ti}、A_{ri}、A_{fi} 分别为三视图中第 i 个集料的面积,mm²。

1.2.2 矿料颗粒尺寸效应

不同粒径的集料在沥青混合料中发挥的作用各异，通常认为粗集料是形成骨架的基础，而细集料主要起填充作用。Birgisson 等(2009)和 Guarin 等(2013，2008)基于颗粒堆积理论计算提出主骨架集料尺寸区间(DASR)概念，通过计算 DASR 空隙率将集料分成主骨架集料和细集料，并分析了 DASR 空隙率对沥青混合料抗车辙性能的影响，发现 DASR 空隙率大于 50%的沥青混合料容易发生车辙病害。杨旭东等(2006)在最大粒径为 16mm 的前提下开展逐级填充试验，分析了集料粒径对级配矿料骨架稳定性的影响，结果表明 2.36～4.75mm 档集料对骨架结构主要起干涉作用。陈俊等(2012)采用离散元数值模拟技术开展了虚拟逐级填充试验，分析了沥青混合料内部颗粒的受力特征，发现 4.75～9.5mm 是沥青混合料形成骨架的关键粒径，增加 2.36mm 以上的较细集料可增大集料间的接触点数量、降低较粗集料间的接触应力。Zhang 等(2014)发现适当增加 4.75～9.5mm 粗集料、减少 2.36～4.75mm 细集料能提高沥青路面的抗滑性能。肖晶晶等(2010)、蒋玮等(2013)和裴建中等(2010)探究了矿料级配和关键粒径对多孔沥青混合料空隙分布特征的影响，发现不同粒径的集料组合会影响沥青混合料内部空隙的等效直径，1.18～2.36mm 和 0.15～0.3mm 档集料分别影响沥青混合料表面空隙和中上层空隙。

综上可知，不同粒径、级配以及几何特征的矿料颗粒相互嵌挤摩擦，是影响沥青混合料细观结构和宏观性能的重要因素。当前对单档矿料几何特征及尺寸效应方面已有不少研究成果，但矿料颗粒的几何形态与尺寸的综合作用机制尚不明晰，多级矿料的复合几何特征缺乏有效的评价方法和参数。因此，针对矿料颗粒体系的多级叠加特性，开展级配矿料复合几何特征表征方法研究，深入分析复合几何特征对矿料颗粒体系界面效应的影响，可为探究沥青混合料的离析形成机理及压实特性提供理论基础。

1.2.3 矿料颗粒迁移特性

颗粒性材料具有离散性和耗散性，当颗粒间的平衡接触状态被打破时，颗粒体系发生能量耗散，接触界面上的颗粒进行迁移(Gupta et al.，2018；Goddard，2014；徐正红，2011)。迁移是颗粒类材料的显著特征，国内外学者对不同尺度、不同类型颗粒的迁移行为展开了广泛的探索。丁国良等(2012)基于颗粒捕集理论讨论了含油纳米制冷剂中纳米颗粒的迁移机制。Alsunaidi 等(2004)建立了耗散粒子动力学模型，分析了纳米颗粒通过迁移促进结构转变的自组织行为。Tian 等(2021)分析了表面粗糙颗粒的转动迁移行为对不同流体流变特性的影响，建立了粗糙颗粒动力学模型。Liu 等(2019)分析了含颗粒流体的流变特性与颗粒迁移速率的关系。陈星欣等(2014)、Tang 等(2020)和周永潮等(2022)分析了弥散体系中颗粒的迁移行为，发现粒径比是影响颗粒迁移的重要因素，粒径比越大，颗粒越容易向多孔介质内部迁移。孙佳琪(2020)采用离散元法研究了颗粒在堆积过程中的迁移特性，并分析了颗粒滚动摩擦系数和滑动摩擦系数对堆积角的影响。蔡瑞环等(2021)分析了颗粒的迁移行为，发现颗粒的扩散迁移系数与剪切速率和粒径的平方成正比，且随长径比的增大先减小再增大。Han等(2017)采用三轴剪切试验结合离散元法分析了颗粒抗转动效应对堆石料宏观力学特性的影响，发现在颗粒的迁移过程中，堆石料内部结构进行频繁的自组织以抵抗外力作用，颗粒的转动摩擦系数越大，堆石料的结构自组织能力越强，这使得内部力链传递荷载的能力增大。Bai等(2019)分析了颗粒重排对岩石材料结构特性的影响，并结合能量耗散机制建立了耦合模型。

沥青混合料具有典型的散体颗粒特征，在外力作用下矿料颗粒通过接触、摩擦与外界环境发生能量交换，伴随着界面滑移、滚动等迁移行为，颗粒体系从无序状态转变为平衡稳定状态，形成骨架结构(Sheng et al.，2013)。蒋红英等(2005)探究了矿料颗粒迁移行为以及颗粒体系的自组织临界性，研究发现矿料颗粒的横向位移与纵向位移呈正相关，颗粒体系通过矿料迁移进行自组织，从而形成拱结构抵抗外力作用。何越磊等(2005)进行了不同级配的散粒体沙坡试验，分析了颗粒体系的迁移以及能量耗散机制，研究发现当颗粒发生迁移时，颗粒粒径的非均匀系数越大，摩擦力产生的动能损耗越高。石燕等(2020)分析了处于运动状态的颗粒体系由非平衡结构向平衡结构转化的过程，讨论了颗粒的粒径和几何形态对转化速度的影响。

可见，在颗粒性材料的迁移行为及表征方法方面已有不少研究成果，但针对矿料颗粒，尤其是在沥青膜黏结/润滑效应的作用下混合颗粒体系的迁移特性方面，还缺乏有效的评价方法和参数。

1.3 沥青混合料界面效应及力学特性研究进展

沥青混合料由矿料、沥青及空隙构成，是具有多级多相特征的颗粒性复合材料。对于矿料颗粒体系来说，颗粒间没有黏性介质，接触界面只有嵌挤力和摩擦力，属于理想颗粒材料(温诗铸等，2011)；加入沥青后，由于沥青的流变特性随温度变化显著，矿料-沥青界面同时存在摩擦力、黏结力和润滑效应，属于界面效应更为复杂的非理想颗粒材料。在沥青混合料的拌和、摊铺及压实过程中，界面效应不断演化，影响沥青混合料的离析行为及压实特性。

1.3.1 矿料颗粒界面接触摩擦特性

在颗粒体系中，颗粒相互接触、摩擦形成的力链网络决定了骨架结构的稳定性，许多研究者开展了微细观力学作用机制研究(厚美瑛等，2011)。Isella 等(2011)研究了矿料在连续流动介质中摩擦系数的计算方法，发现在适当的摩擦系数范围内，波动耗散定理适用于整个颗粒体系。Larriba 等(2012)提出了非球形颗粒与集料的标量摩擦系数确定方法，并用于评价不同形状颗粒的过渡态摩擦因子。顾鑫等(2016)分析了冲击载荷作用下颗粒材料动态力学响应，认为颗粒破碎主要是由挤压、碰撞以及相对滑动剪切等颗粒间动力学接触作用造成的。马刚等(2020)解析了颗粒间摩擦对岩土颗粒材料三维力学行为的影响机制，发现颗粒间的滑动摩擦系数与强力链数量的关系不大，主要通过影响强接触网络中的法向接触力大小和方向来影响抗剪强度。

矿料颗粒体系构成了沥青混合料的主体骨架，其接触摩擦效应与颗粒迁移行为会影响沥青混合料内部集料的分布特征和接触状态，进而影响沥青路面的摊铺均匀性和压实效果。何思明等(2011)建立了颗粒接触损伤演化模型来描述颗粒材料法向压力-接触变形关系，并基于此探究了颗粒接触损伤对颗粒材料接触摩擦特性的影响，证明了模型的合理性和有效性。蔡旭等(2014，2012)对车辙板进行切割，结合数字图像处理技术分析了沥青混合料内部粗集料的接触分布特性，并建立了粗集料接触点数与集料总数的关系模型。凌天清等(2010)分析了沥青混合料中集料接触状态，提出了"接触对"评价指标。Bahia 等(2012)基于二维断面图像，分析了密级配沥青混合料中集料接触点的数量、接触面积以及接触平面取向，认为不同的接触面积会产生不同的应力强度和接触嵌挤强度，而接触方向决定了接触结构抵抗荷载的能力。随着计算机技术的发展，很多学者采用数值模拟技术获取沥青混合料内部信息。Liu 等(2021)采用离散元法分析了沥青混合料内部接触力链长度分布与骨架结构之间的关系，发现与沥青玛蹄脂碎石混合料(SMA)和开级配抗滑磨耗层(OGFC)沥青混合料相比，普通沥青混凝土(AC)混合料内部的力链数量最多，但以短力链为主，对外部荷载的传递能力较差；参与构成骨架结构集料的质量小于沥青混合料质量的50%。Fu 等(2008)基于离散单元方法和工业 CT 扫描技术，提出了一种测量颗粒运动和局部应变的试验方法，发现颗粒形状主要通过影响颗粒的运动和微应变场影响颗粒间的接触作用。Jin 等(2020)基于工业 CT 扫描技术构建了沥青混合料三维有限元模型，通过集料间的接触区域和接触力大小，分析了沥青混合料内部的三维骨架网络和应力传递路径，发现集料间的有效接触点形成的力链决定了骨架结构的稳定性。针对松散态矿料颗粒体系，采用离散元法(DEM)进行接触状态模拟，有助于从微细观水平分析颗粒体系中力链、平均接触力及接触数的演化规律，但由于计算机运算速度的限制，构建高精度、准确的三维数值模型难度较大，开发颗粒体系接触摩擦试验装置是快速评价颗粒间接触摩擦状态的有效手段。

1.3.2　沥青混合料界面交互作用

矿料颗粒互相接触、嵌挤，并通过界面摩擦达到平衡稳定状态。从摩擦学的角度，矿料界面的摩擦行为属于干摩擦；加入沥青介质后，沥青膜使得干摩擦转变为混合摩擦，甚至存在颗粒转动与滚动摩擦，即不同条件下矿料-沥青颗粒界面接触摩擦机制存在差异。沥青属于强感温的流变性材料，在不同的温度区间表现出黏结、润滑效应，二者既相互依存又临界转变，显著影响矿料颗粒接触及摩擦特性。矿料颗粒间的接触、摩擦效应与沥青的黏结、润滑效应相耦合，导致混合颗粒体系界面交互作用更为复杂。

随着微细观表征方法与分析技术的发展，许多学者从新的角度开展矿料-沥青界面交互作用研究。Li 等(2017)基于纳米压痕仪和扫描电子显微镜(简称扫描电镜)建立了沥青-集料界面相的微观表征方法，发现沥青混合料中存在沥青-集料界面过渡区，厚度范围为 5~20μm，界面相的弹性模量介于集料与沥青砂浆的弹性模量之间，且集料的弹性模量越大，界面相的弹性模量越大。郭猛(2016，2012)从纳米、微米、毫米多个尺度分析了沥青结合料与矿料之间的交互作用，并提出了结构沥青和自由沥青的判定标准。研究发现，结构沥青的厚度约为 1μm，在此厚度内沥青模量显著提高。Dong 等(2018，2017)采用扫描电镜与原子力显微镜，结合分子动力学模拟技术，分析了集料表面及集料-沥青界面区的微观形貌差异(图 1.7)，并构建了集料-沥青界面模量力学模型，为沥青混合料虚拟化试验研究拓展了思路。Chen 等(2021)基于滚瓶试验和分子动力学模拟技术，分析了集料矿物组成对矿料-沥青界面行为的影响，发现辉绿岩-沥青接触界面抗水损害能力较强，且矿料-沥青间的界面交互作用越强烈，沥青分子越容易在集料表面发生聚集和旋转。Jia 等(2021)分析了集料形态特征对矿料-沥青界面黏结强度的影响。

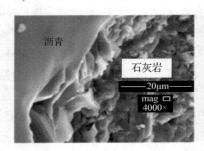

图 1.7　集料-沥青界面区的微观形貌(Dong et al.，2018)

可见，在沥青混合料界面效应方面已有不少研究成果，但关于不同温度下沥青黏结、润滑效应对多级矿料颗粒体系接触、摩擦特性的影响及作用机制仍需深入研究。

1.3.3　沥青混合料的抗剪特性

沥青路面在服役期间承受行车荷载的反复作用，在高温条件下，矿料颗粒发生缓慢的错动迁移，表现为沥青混合料流动变形，极易产生车辙、拥包等变形病害。车辙试验通常被用来评价沥青混合料的抗车辙变形性能，但动稳定度是经验性指标，难以反映沥青混合料的力学特性。对于路面车辙变形，国内外研究者普遍将其归结为沥青混合料抗剪性能不足引起的，并从不同的角度开展了研究。

国外对于沥青混合料抗剪性能的研究较早。在 20 世纪 40 年代，Endersby(1949)发现三轴试验可以较好地评价沥青混合料的抗剪性能，从此激起了众多研究者们对于沥青混合料抗剪性能试验研究兴趣；美国 Henries(1960)、Molenkamp 等(1968)、Wang 等(1987)等相继开展了沥青混合料抗剪强度试验研究，分析了温度、级配、围压等内外因素与抗剪强度的关联性。1987 年，美国启动了为期五年的SHRP，在沥青及沥青路面性能方面取得了丰硕的研究成果，其中简单剪切试验仪(SST)用于评价沥青混合料的抗剪特性和劲度，能够在一定程度上反映沥青混合料的永久变形机理，但无法检测试验过程中产生的偏应变；美国工程兵团为解决沥青道面损害问题开发了旋转压实剪切设备，可以在成型过程中实时记录沥青混合料的应力-应变数据，并计算得到沥青混合料的抗剪强度；1994 年，在 SHRP 支持下开发了一种中空圆柱体试件，采用旋转加载的方式对试件施加轴向和扭矩荷载，尽管相比三轴试验，中空剪切试验能够获得更多的参数，但设备昂贵、操作复杂，推广使用困难。Norman(1995)根据库仑定律提出了沥青混合料抗剪强度试验方法，用于评价沥青路面高温变形特性。

我国道路领域的学者们在相关研究的基础上相继开展了有益的探索。吕嵩巍等(1997)基于三轴试验探究了沥青混合料抗剪强度与沥青路面高温性能的关系，发现二者相关性良好。采用三轴试验获取沥青混合料、级配碎石等颗粒性材料的抗剪强度，结合库仑公式及莫尔应力圆求解内摩擦角及黏结力的方法被推荐纳入《公路工程沥青及沥青混合料试验规程》(JTG E20—2011)。基于三轴试验及莫尔-库仑定理，汪昊等(2022)分析了聚合物复合改性沥青混合料的抗剪性能；吕俊秀等(2019)分析了级配、温度和添加剂对沥青混合料抗剪强度的影响，并建立了沥青混合料抗剪强度预估模型；王晓威(2018)研究了多孔沥青混合料的强度机理。李晶晶(2021)基于离散元法进行了粗粒式沥青混合料三轴剪切模拟，探究了虚拟剪切过程中矿料颗粒位移变化规律、裂隙发展情况以及接触力演变规律等细观特征。然而，三轴试验的测试及求解方法较为复杂，且操作方法尚缺少统一的标准，因此主要用于实验室研究，在工程中推广困难。

在三轴试验的基础上，有学者提出了新的试验方法，如单轴贯入试验、扭转剪切试验、直接剪切试验、斜剪试验等。毕玉峰等 (2005)基于加州承载比(California bearing ratio, CBR)试验提出了单轴贯入试验，利用有限元软件模拟实际受力状态，并提出相应的试验参数，于 2017 年被纳入我国《公路沥青路面设计规范》(JTG D50—2017)。贾锦绣(2011)借助单轴贯入试验及无侧限抗压强度试验探究了沥青道面材料的抗剪性能。吴忠辉(2017)通过圆环剪切与单轴贯入的方法研究了沥青混合料的抗剪性能影响因素，发现沥青主要影响沥青混合料的黏聚力，而矿料及填料直接影响剪切强度。郑佳辉(2018)采用单轴贯入试验研究了不同工况、不同车辙深度处沥青混合料的抗剪强度，并结合离散元与数字图像技术揭示了不同层位、不同粒径颗粒的运动轨迹规律。Takahashi 等(2019)通过无侧限单轴压缩和间接拉伸试验相结合的方法，研究了抗剪强度参数与沥青混合料抗车辙性的关系，发现黏聚力 c 和内摩擦角 φ 与混合料的抗车辙性关系显著。卢家志等(2021)基于工业CT 扫描技术和离散元软件 PFC3D 开展了虚拟单轴贯入试验，发现集料的公称最大粒径、级配结构、棱角性、摩擦系数以及集料分布状况均显著影响沥青混合料的抗剪性能。Kou 等(2020)采用离散元模拟了单轴贯入试验，研究了双层沥青混合料的剪切变形特性，发现在荷载作用下沥青混合料中粗集料和沥青砂浆的剪应力较大，并从颗粒运动角度揭示了路面车辙的形成机理。

随着研究的深入，一些学者认为沥青路面不仅受到竖向荷载作用，还会受扭转剪切的作用，并开展了相关试验研究(Deacon et al.，1994)。白云峰(2015)开发了一套纯扭剪切试验装置，对正方形截面小梁两端施加了扭矩力偶，直至试件发生无侧限破坏。Lohani 等(2021)采用循环扭剪试验研究了沥青混合料的力学性能，认为扭剪试验可以较好地评价沥青混合料的抗车辙性能。汪健伟等(2017，2016)研发了正应力作用下的扭转剪切试验装置，分析了沥青混合料试件抗剪性能及演化规律。邱欣等(2017)采用直剪试验研究了沥青-集料的界面黏结力和剪切滑移过程，发现沥青与集料的界面作用对混合料的力学强度有显著影响。

综上所述，各种试验方法均各有特点，主要存在加载方式与评价指标的差异，同时相关研究侧重于宏观力学性能的分析，尚未从矿料颗粒界面滑移的角度开展沥青混合料力学作用机制及演化规律的研究。

本书针对沥青路面真实受力状态，开发了轴向剪切滑移试验装置和扭转剪切滑移试验装置，深度剖析荷载作用下沥青混合料内部矿料颗粒运动行为及作用机理，并从矿料颗粒特性和矿料-沥青界面多重耦合效应等细观角度分析沥青混合料界面剪切滑移行为及力学衰变特性，揭示沥青混合料细观结构演化及力学作用机制。

1.4　沥青混合料集料分布、离析行为与压实特性研究进展

1.4.1　集料分布及评价方法

沥青混合料在摊铺、压实过程中会出现集料分布不均匀的现象，严重时导致路面材料离析，影响沥青路面的路用性能和使用寿命。当粗集料出现聚集时，颗

粒间接触摩擦效应显著,但黏结力不足,导致出现松散、剥落等路面病害;当细集料出现聚集时,混合料内部黏结力较大,但由于骨架效应较弱使得抗剪能力较差,出现拥包、车辙、泛油等病害(Li et al.,2018)。Zhang 等(2017a,2017b)通过工业 CT 获取路面结构的断层图像,提出了基于宏观结构宽度指数的路面面层集料离析评价方法,并分析了集料分布的均匀性对沥青混合料空隙分布特征的影响,提出空隙均匀性系数指标评价均匀性。Cong 等(2019)采集路面铺筑过程中的图像,基于机器学习技术提取集料特征,提出了一种实时检测沥青混合料离析的方法,发现摊铺过程中的集料分布能够用来预测路面压实成型后的均匀性。Zeng 等(2014)采用工业 CT 获取沥青混合料内部结构,基于高斯混合模型的 EM 算法对图像进行分割,分析了沥青混合料内部集料的分布情况,发现集料均匀性分布系数可以表征整个沥青混合料试件的均匀性。迟凤霞等(2008)通过激光纹理仪检测沥青路面表面的构造深度,采用 Matlab 软件绘制离析效果四维图,从统计学角度提出了一种无损检测沥青混合料离析的方法。Papagiannakis 等(2011)采用小波变换对成型试件中的粗、细集料进行分离,提出采用细集料和粗集料的归一化小波能量比表征沥青混合料中集料的离析程度,发现集料在水平方向的离析程度比垂直方向严重。

1.4.2 沥青混合料的离析行为

在沥青混合料的拌和、运输以及摊铺过程中,矿料颗粒发生大规模的流动迁移,同时颗粒间发生法向接触、切向摩擦(Li et al.,2021;Cao et al.,2021)。矿料颗粒间接触状态的变化会导致颗粒接触对象、接触点位置以及大小随之改变,如图 1.8 所示。在外力以及自身重力作用下,不同粒径集料运动速度的大小和方向各异,导致矿料颗粒容易偏离整个颗粒体系的迁移轨迹,从而出现集料离析(Wang et al.,2021)。此外,沥青的黏结、润滑效应会影响矿料颗粒间的接触摩擦效应,进而影响颗粒表面的应力分布和迁移轨迹(Chen et al.,2020)。

图 1.8 下落过程中颗粒间的界面接触状态

Tu 等(2019)采用离散元法对离析沥青混合料进行了重构,发现粗集料离析导致沥青混合料内部集料间的接触力与接触点数量发生变化,从而影响混合料的力学性能。秦雯等(2011，2009)和沙爱民等(2011)研究了卸料过程中沥青混合料集料间的相互作用，发现粗集料间碰撞、滚动等迁移行为以及细集料的渗透作用会导致离析，结合灰关联分析提出 4.75～9.5mm 粒径区间是影响沥青混合料离析的关键区间。陈静云等(2009a，2009b)设计了料堆实验模拟沥青混合料的离析行为，发现集料的离析程度与混合料级配密切相关，增大沥青用量可以在一定程度上减弱集料离析程度。戴经梁等(2010)通过测定堆积试验的休止角建立了沥青混合料离析模型，推导计算了离析势能指数并制定了公称最大粒径为 16mm 的沥青混合料的离析标准，为施工现场快速检测沥青混合料的离析程度提供了依据。刘红瑛等(2014)和 Feng 等(2013)开发了集料离析测量仪用以评价大粒径沥青混合料的离析特性，发现粗集料比细集料更易发生离析，且集料分布的均匀性随公称最大粒径的增大而变差。胡佳寅等(2014)分析了集料粒度分布对 AC-25 沥青混合料离析特性的影响，发现粗、细集料中较粗的部分对离析的影响较小，可通过调整集料的级配改善沥青混合料的抗离析性能。

尽管当前对于沥青混合料离析现象及评价研究较多，但主要以"后评价"为主，即侧重集料离析现象、离析程度及其对混合料性能的影响分析，而对离析形成机理缺乏深入的认识，在离析倾向的有效评价及控制方法方面仍有待进一步研究。

1.4.3　沥青混合料的压实特性

沥青混合料的压实特性与沥青路面的力学强度行为及衰变机制密切相关，是影响沥青路面耐久性的重要因素。Gong 等(2021)通过智能压实技术实时测量现场压实的差异压实曲线，提出了提高路面压实质量的工艺参数。Deng 等(2019)对比分析了压实方法对沥青混合料压实特性的影响，发现采用垂直振动法压实成型的沥青混合料的力学性能最好。Pérez-Jiménez 等(2014)分析了压实温度和压实方法对沥青混合料性能及体积指标的影响。Haddock 等(2020)建立了级配特征和沥青混合料压实特性之间的关联性，发现级配特征参数与压实度和密度均呈较好的线性相关性，可用于预测沥青混合料的压实效果。陈骁等(2010)测试了不同沥青混合料的压实力学响应曲线,发现压实过程中的沥青混合料具有明显的黏弹塑性特征，可采用黏弹塑性参数确定沥青混合料的最佳拌和及压实温度。

在压实过程中，沥青混合料由松散流动态向成型密实态转变，矿料颗粒在矿料-沥青界面效应的作用下进行迁移，其接触状态和分布发生变化，沥青混合料稳定的空间结构逐渐形成。Wang 等(2016)采用旋转压实仪(SGC)结合工业 CT 扫描技术，探究了压实过程中沥青混合料内部微细观结构的变化，推荐了合适的压实参数。Hua 等(2020)基于离散元建立了考虑临界集料尺寸和边界效应的三维沥青混合料马歇尔压实模型，分析了压实过程中集料和沥青的分布规律及空隙的分布特征。Wang 等(2021)采用数字图像处理技术，分析了沥青混合料细观结构特征与现场压实度空间分布均匀性之间的关系。Liu 等(2017)采用加速度计对沥青混合料的振动压实过程进行了监测，发现刚度和空隙率呈线性关系，可用于表征和识别不同的压实阶段。谭忆秋等(2017)采用工业 CT 扫描技术对不同压实次数下的沥青混合料试件进行了重构，基于颗粒堆积理论确定了主骨架颗粒的粒径范围，发现主骨架颗粒的接触点数量随压实次数的增加而减少。Qian 等(2019)采用差示扫描量热法计算沥青混合料压实过程中温度场的热力学参数，并分析了空隙率对热力学参数的影响，为最佳压实温度的确定提供了新的思路。Dan 等(2020a，2020b)开发了智能颗粒实时采集外部载荷作用下颗粒的迁移参数、沥青路面的应力以及振动加速度，发现压实过程中混合料内部的动力响应可以反映沥青混合料的压实度，且压实度与振动轮峰值加速度呈较好的线性相关性。

沥青混合料的压实是一个颗粒体系动态转变的过程，在压实荷载的作用下，矿料颗粒进行不同程度的迁移，空间位置重新排列，是沥青混合料结构演化的内部体现。刘卫东等(2019，2016)基于离散元建立了考虑集料几何特征和温度影响的三维路面模型，分析压实过程中路面厚度、集料运动、接触力及能量演化机制，发现粗集料的竖向迁移速度大于水平方向，接触力分布密度随压实位移的增加而增大。Liu 等(2018，2017)和 Gong 等(2018a，2018b)基于 3D 扫描技术和工业 CT 扫描技术构建了粗集料数字化分类体系，采用离散元方法开发了沥青混合料旋转压实仿真试验，追踪了压实过程中粗集料的运动和迁移特征，发现细长集料主要影响颗粒的水平迁移，而扁平集料对颗粒转动的影响较大。离散元数值模拟技术可以很好地反映矿料颗粒的迁移轨迹和规律，但由于缺乏真实的矿料迁移试验进行验证，模型的有效性还有待进一步探讨。Li 等(2021)采用铁粉裹覆以及内嵌钢钉指针的方法对颗粒进行标记，通过工业 CT 获取图像信息，结合数字图像处理技术再现了颗粒迁移的全程轨迹，并提出颗粒空间迁移指标 L_x、L_y、L_z、L_{xoy} 和滚动指标 α、$\alpha_{\Delta x}$、$\alpha_{\Delta y}$、$\alpha_{\Delta z}$，发现上层粗集料倾向于向下迁移，而下层的粗集料倾向于水平迁移。粗集料容易发生较大的滚动，且滚动更多的是在水平方向上发生。Li 等(2019)探究了矿料界面效应对沥青混合料压实特性的影响，认为粗集料间的接触摩擦是压实特性的主要影响因素，随着密实程度的增加，集料颗粒的接触点增多，粗集料迁移趋于稳定，而细集料的迁移则决定了混合料的密实程度。

综上可知，国内外学者在沥青混合料压实特性以及内部细观结构演变等方面开展了卓有成效的研究，但由于对压实过程中矿料颗粒迁移行为缺乏深入的认识，沥青混合料的压实特性以及空间结构形成过程尚不明晰，仍需进一步探索。

参 考 文 献

白云峰, 2015. 纯扭剪切试验在沥青混合料抗剪强度评价中的应用研究[D]. 大连: 大连理工大学.

毕玉峰, 孙立军, 2005. 沥青混合料抗剪试验方法研究[J]. 同济大学学报(自然科学版), 33(8): 1036-1040.

蔡瑞环, 2021. 粒料混合过程离散单元模型及数值仿真研究[D].杭州: 浙江大学.

蔡旭, 黎侃, 王端宜, 2012. 基于集料接触特性的沥青混合料抗车辙性能评价[J]. 华南理工大学学报(自然科学版), 40(11): 121-126,154.

蔡旭, 石立万, 王端宜, 等, 2014. 基于数字图像处理的粗集料接触分布特性[J]. 中国公路学报, 27(8):23-31.

陈静云, 丁银萍, 王哲人, 等, 2009a. 料堆法评价集料级配离析特性的试验研究[J]. 武汉理工大学学报, 31(13): 83-87.

陈静云, 丁银萍, 周长红, 2009b. 基于料堆试验的沥青混合料离析影响因素分析[J]. 东南大学学报(自然科学版), 39(1): 117-120.

陈俊, 黄晓明, 2012. 采用离散元方法评价集料的骨架结构[J]. 东南大学学报(自然科学版), 42(4): 761-765.

陈骁, 郑健龙, 钱国平, 2010. 松散热态沥青混合料压实力学响应及其粘弹塑性模型参数分析[J]. 工程力学, 27(1): 33-40.

陈星欣, 白冰, 俞缙, 等, 2014.考虑加速效应的多孔介质中颗粒三维迁移模型研究[J].岩土工程学报, 36(10): 1888-1895.

迟凤霞, 薛忠军, 张肖宁, 等, 2008. 基于激光纹理仪的沥青路面表面离析评价方法[J]. 中国公路学报, 21(5): 1-5.

戴经梁, 唐娴, 王社良, 2010. 沥青混合料离析的评价模型与评价标准[J]. 交通运输工程学报, 10(2): 1-5.

丁国良, 胡海涛, 彭浩, 2012. 含油纳米制冷剂沸腾中纳米颗粒间迁移机制[J]. 工程热物理学报, 33(9): 1487-1491.

顾鑫, 郁杨天, 章青, 2016. 冲击载荷作用下颗粒材料动态力学响应的近场动力学模拟[J]. 力学学报, 48(1): 56-63.

郭猛, 2012. 沥青胶浆的界面行为与机理分析[D]. 哈尔滨: 哈尔滨工业大学.

郭猛, 2016. 沥青与矿料界面作用机理及多尺度评价方法研究[D]. 哈尔滨: 哈尔滨工业大学.

韩洪兴, 2018. 基于能量耗散机制的堆石料力学特性模拟[D]. 武汉: 武汉大学.

何思明, 罗渝, 吴永, 2011. 基于损伤理论的颗粒材料接触摩擦特性研究[J]. 工程科学与技术, 43(1): 231-235.

何越磊, 苏凤环, 姚令侃, 2005. 散粒体的自组织临界性与非均匀介质的元胞自动机模型[J]. 岩石力学与工程学报, 24(23): 4239-4246.

厚美瑛, 金峰, 孙其诚, 等, 2011. 颗粒物质物理与力学[M]. 北京: 科学出版社.

胡佳宽, 胡顺峰, 彭余华, 2014. AC-25 粒度分布对级配离析的影响[J]. 交通运输工程学报, 14(5): 1-7,18.

贾锦绣, 2011. 沥青路面与桥面铺装抗剪特性研究[D]. 西安: 长安大学.

蒋红英, 罗双华, 慕青松, 等, 2005. 散粒体的自组织临界性分析[J]. 深圳大学学报(理工版), 32(1): 96-101.

蒋玮, 沙爱民, 肖晶晶, 等, 2013. 多孔沥青混合料的空隙堵塞试验研究[J]. 建筑材料学报, 16(2): 271-275.

李晶晶, 2021. 基于离散元法的粗粒式沥青混合料三轴扭剪细观特性分析[D]. 大连: 大连理工大学.

凌天清, 魏鸿, 英红, 2010. 沥青混合料集料接触特性切片图像评价方法[J]. 土木建筑与环境工程, 32 (3): 69-74.

刘红瑛, 谭发茂, 叶松, 等, 2014. 大粒径沥青混合料级配离析测量和评价方法[J].郑州大学学报(工学版), 35(2): 24-27.

刘卫东, 高英, 黄晓明, 等, 2019. 沥青路面现场压实细观特性分析[J]. 哈尔滨工业大学学报, 51(3): 8.

刘卫东,高英,2016.基于离散元的粗集料静压过程的迁移与演化规律[J].东南大学学报(英文版), 32(1): 85-92.

卢家志, 吴文亮, 斯李, 2021. 基于虚拟单轴贯入试验研究集料对沥青混合料抗剪性能的影响[J]. 公路交通科技, 38(2): 1-8.

吕俊秀, 王修山, 张小元, 等, 2019. 沥青混合料高温抗剪强度及性能参数研究[J]. 浙江理工大学学报(自然科学版), 41(5): 682-687.

吕嵩巍, 陶家朴, 延西利, 1997. 沥青混合料内在参数的试验研究[J]. 西安公路交通大学学报, 9(3):35-39.

马刚, 杨舒涵, 周伟, 等, 2020. 粒间摩擦对岩土颗粒材料三维力学行为的影响机制[J]. 岩土工程学报, 42(10):1885-1893.

裴建中, 张嘉林, 常明丰, 等, 2010. 矿料级配对多孔沥青混合料空隙分布特性的影响[J]. 中国公路学报, 23(1): 1-6.

蒲磊. 2018. GAC-16 沥青混合料高温抗剪性能试验研究[D]. 重庆: 重庆交通大学.

秦雯, 2011. 基于颗粒物质特性的路面材料离析过程研究[D]. 西安: 长安大学.

秦雯, 沙爱民, 胡倩, 等, 2009. 混合料贮料仓离析现象试验研究[J]. 岩土力学, 30(S1): 99-102.

邱欣, 肖上霖, 杨青, 等, 2017. 压剪耦合条件下沥青-集料界面粘脱滑移特征行为研究[J]. 浙江师范大学学报(自然科学版), 40(1): 91-98.

沙爱民, 李亚非, 秦雯, 等, 2011. 基于数字图像处理技术的沥青混合料运动特性[J]. 长安大学学报(自然科学版), 31(6): 1-5

石燕, 张天辉, 2020. 自组织结构的控制:从平衡过程到非平衡过程[J]. 物理学报, 69(14):7-15.

孙佳琪, 2020. 颗粒运动及混合过程的离散单元模拟研究[D]. 北京: 中国石油大学.

谭忆秋, 邢超, 任俊达, 等, 2017. 基于颗粒堆积理论的沥青混合料细观结构特性研究[J]. 中国公路学报, 30(7): 1-8.

汪昊, 王民, 肖丽, 等, 2022. 基于三轴剪切强度的浇注式沥青混合料抗剪性能影响因素分析[J]. 重庆交通大学学报(自然科学版), 41(11): 118-122.

汪建伟, 2016. 正应力条件下的沥青混合料扭转剪切试验方法研究[D]. 长沙: 长沙理工大学.

汪建伟, 谢军, 2017. 正应力条件下沥青混合料扭转剪切试验方法研究[J]. 公路交通科技, 34(7): 1-7.

王晓威, 2018. 多孔沥青混合料强度机理及其多场耦合作用下的衰减过程[D]. 南京: 东南大学.

温诗铸, 黄平, 刘莹, 等, 2011. 界面科学与技术[M]. 北京: 清华大学出版社.

吴忠辉, 2017. 不同因素对沥青混合料抗剪性能影响研究[D]. 长沙: 长沙理工大学.

肖晶晶, 沙爱民, 蒋玮, 等, 2010. 多孔沥青混合料空隙率与关键筛孔相关性研究[J].武汉理工大学学报, 32(12): 29-32.

徐正红, 2011. 颗粒物质的力链压曲变形及本构模型研究[D]. 杭州: 浙江大学.

杨旭东, 马良, 张争奇. 2006.粗集料粒径对矿质混合料骨架稳定性影响分析[J].西安科技大学学报, (4): 480-484.

郑佳辉, 2018. 基于离散元法的沥青混合料单轴贯入的细观行为研究[D]. 扬州: 扬州大学.

中华人民共和国交通运输部, 2011. 公路工程沥青及沥青混合料试验规程: JTG E20—2011[S]. 北京: 人民交通出版社.

中华人民共和国交通运输部, 2017. 公路沥青路面设计规范: JTG D50—2017[S]. 北京: 人民交通出版社.

周永潮, 许恒磊, 陈佳代, 等, 2022. 渗流作用下多孔介质内颗粒迁移与堵塞规律研究[J].岩土工程学报, 44(2): 255-263.

Alrousan T, Masad E, Myers L, et al., 2005. New methodology for shape classification of aggregates[J]. Transportation Research Record: Journal of the Transportation Research Board, 1913(1): 11-23.

Alsunaidi A, Clarke J H R, Otter W, 2004. Liquid-crystalline ordering in rod-coil diblock copolymers studied by mesoscale simulations[J]. Philosophical Transactions of the Royal Society A: Mathematical, Physical and Engineering Sciences, 362: 1773-1781.

Aragao F T S, Motta L M G, Pazos A R G, et al., 2016. Effects of morphological characteristics of aggregate particles on the mechanical behavior of bituminous paving mixtures[J]. Construction and Building Materials, 123: 444-453.

Arasan S, Hattatoglu F, Yenera E, et al., 2011. Correlation between shape of aggregate and mechanical properties of asphalt concrete[J]. Road Materials and Pavement Design, 12(2): 239-262.

Bahia H, Sefidmazgi N R, Tashman L, 2012. Internal structure characterization of asphalt mixtures for rutting performance using imaging analysis[J]. Road Materials and Pavement Design, 13(sup1): 21-37.

Bai B, Li T, Yang G C, et al., 2019. A thermodynamic constitutive model with temperature effect based on particle rearrangement for geomaterials[J]. Mechanics of Materials, 139:103180.

Birgisson B, Kim S, Roque R, et al., 2009. Porosity of the dominant aggregate size range to evaluate coarse aggregate structure of asphalt mixtures[J]. Journal of Materials in Civil Engineering, 21(1): 32-39.

Cao W D, Liu S T, Xue Z C, et al., 2021. Laboratory method to characterize coarse aggregate segregation for HMA[J]. Journal of Materials in Civil Engineering, 33(1): 04020412.

Chen F, Denis J, Manfred N P, 2020. Vibration-induced aggregate segregation in asphalt mixtures[J]. Materials and Structures, 53(2):1-14.

Chen Z X, Fan Z P, Lin J, et al., 2021. Multiscale understanding of interfacial behavior between bitumen and aggregate: From the aggregate mineralogical genome aspect[J]. Construction and Building Materials, 217:121607.

Cong L, Shi J C, Wang T J, et al., 2019. A method to evaluate the segregation of compacted asphalt pavement by processing the images of paved asphalt mixture[J]. Construction and Building Materials, 224: 622-629.

Cui P, Xiao Y, Yan B X, et al., 2018. Morphological characteristics of aggregates and their influence on the performance of asphalt mixture[J]. Construction and Building Materials, 186: 303-312.

Dan H C, Liu X, Yang D, et al., 2020a. Experimental investigation on dynamic resp-onse of asphalt pavement using SmartRock sensor under vibrating compaction loading[J]. Construction and Building Materials, 247: 118592.

Dan H C, Yang D, Zhao L H, et al., 2020b. Meso-scale study on compaction characteristics of asphalt mixtures in Superpave gyratory compaction using SmartRock sensors[J]. Construction and Building Materials, 262: 120874.

Deacon J A, Sousa J B, Weiswnan S L, et al., 1994. Permanent pavement deform-ation response of asphalt aggregate mixes[R]. Washington D C: SHRP, National Research Council.

Deng C P, Jiang Y J, Li Q, et al., 2019. Effect of compaction methods on physical and mechanical properties of asphalt mixture[J]. Journal of Materials in Civil Engineering, 31(6):04019075.

Dong Z J, Liu Z Y, Wang P, et al., 2017. Nanostructure characterization of asphalt-aggregate interface through molecular dynamics simulation and atomic force microscopy[J]. Fuel, 189: 155-163.

Dong Z J, Liu Z Y, Wang P, et al., 2018. Modeling asphalt mastic modulus considering substrate- mastic interaction and adhesion[J]. Construction and Building Materials, 166: 324-333.

Endersby V, 1949. The history and theory of triaxial testing and preparation of realistic test specimens: A report of the triaxial institute [R]. San Francisco: ASTM Committee D-4 on Road and Paving Materials.

Feng X J, Ye S, Hao P W, et al., 2013. A new laboratory method to characterize gradation segregation of large stone asphalt mixtures[J]. Construction and Building Materials, 38: 1199-1203.

Flether T, Chandan C, Masad E, 2003. Aggregate imaging system for characterizing the shape of fine and coarse aggregates[J]. Transportation Research Record: Journal of the Transportation Research Board, 1832: 67-77.

Fu Y R, Tumay M T, Wang L B, et al., 2008. Quantification and simulation of particle kinematics and local strains in granular materials using X-ray tomography imaging and discrete-element method[J]. Journal of Engineering Mechanics, 134(2): 143-154.

Gao J F, Wang H N, Bu Y, et al., 2018. Effects of coarse aggregate angularity on the microstructure of asphalt mixture[J]. Construction and Building Materials, 183: 472-484.

Gao J F, Wang H N, Bu Y, et al., 2020. Influence of coarse-aggregate angularity on asphalt mixture macroperformance: Skid resistance, high-temperature, and compaction performance[J]. Journal of Materials in Civil Engineering, 32(5): 04020095.

Goddard J D, 2014. Edelen's dissipation potentials and the visco-plasticity of particulate media[J]. Acta Mechanica, 225(8): 2239-2259.

Gong F Y, Liu Y, Zhou X D, et al., 2018a. Lab assessment and discrete element modeling of asphalt mixture during compaction with elongated and flat coarse aggregates[J]. Construction and Building Materials, 182: 573-579.

Gong F Y, Zhou X D, You Z P, et al., 2018b. Using discrete element models to track movement of coarse aggregates during compaction of asphalt mixture[J]. Construction and Building Materials, 189: 338-351.

Gong H R, Hu W, Polaczyk P, et al., 2021. Improving asphalt pavement intelligent compaction based on differentiated compaction curves[J]. Construction and Building Materials, 301: 124125.

Guarin A, Kim S, Roque R, et al., 2008. Laboratory evaluation for rutting performance based on the DASR porosity of asphalt mixture[J]. Road Materials and Pavement Design, 9(3): 421-440.

Guarin A, Kim S, Roque R, et al., 2013. Disruption factor of asphalt mixtures[J]. International Journal of Pavement Engineering, 14(5): 472-485.

Gupta A, Clercx H J H, Toschi F, 2018. Computational study of radial particle migration and stresslet distributions in particle-laden turbulent pipe flow[J]. The European Physical Journal E, 41(34):17.

Haddock J E, Pouranian M R., 2020. Effect of aggregate gradation on asphalt mixture compaction parameters[J]. Journal of Materials in Civil Engineering, 32(9): 04020244.

Han H X, Chen W, Huang B, et al., 2017. Numerical simulation of the influence of particle shape on the mechanical properties of rockfill materials[J]. Engineering Computations, 34(7): 2228-2241.

Henries R G. 1960. Highways as an instrument of economic and social chance[C]. Chicago: Highway Research Board Special Report.

Hua K K, Li J, Qian G P, et al., 2020. Compaction process tracking for asphalt mixture using discrete element method[J]. Construction and Building Materials, 235: 117478.

Isella L, Drossinos Y, 2011. On the friction coefficient of straight-chain aggregates[J]. Journal of Colloid and Interface Science, 356(2): 505-512.

Jaeger H M, Nagel S R, Behringer R P, 1996. The physics of granular materials[J].Physics Today, 49(4): 32-38.

Jia M, Li J G, Wang Z X, 2021. Comprehensive analysis on influences of aggregate, asphalt and moisture on interfacial adhesion of aggregate-asphalt system[J]. Journal of Adhesion Science and Technology, 35(6): 641-662.

Jin C, Wan X, Yang X, et al., 2020. Three-dimensional characterization and evaluation of aggregate skeleton of asphalt mixture based on force-chain analysis[J]. Journal of Engineering Mechanics, 147(2): 4020147.

Kou C J, Pan X H, Xiao P, et al., 2020. Shear deformation behavior of a double-layer asphalt mixture based on the virtual simulation of a uniaxial penetration test[J]. Materials, 13(17): 3700.

Larriba C, Thajudeent T, Zhang C, et al., 2012. Determination of the scalar friction factor for nonspherical particles and aggregates across the entire knudsen number range by direct simulation monte carlo (DSMC) [J]. Aerosol Science and Technology, 46(10): 1065-1078.

Li H T, Wang R C, Wang S Y, et al., 2018. Numerical simulation of flow behavior of particles in a porous media based on CFD-DEM[J]. Journal of Petroleum Science and Engineering, 171: 140-152.

Li J G, Li P L, Su J F, et al., 2019. Effect of aggregate contact characteristics on densification properties of asphalt mixture[J]. Construction and Building Materials, 204: 691-702.

Li J G, Li P L, Su J F, et al., 2021. Coarse aggregate movements during compaction and their relation with the densification properties of asphalt mixture[J]. International Journal of Pavement Engineering, 22(8): 1052-1063.

Li L H, Yuan Y, Zhu X Y, et al., 2017. Identification of interfacial transition zone in asphalt concrete based on nano-scale metrology techniques[J]. Materials & Design, 129: 91-102.

Liu B R, Lin J Z, Ku X K, et al., 2019. Migration of spherical particles in a confined shear flow of Giesekus fluid[J]. Rheologica Acta, 58(6): 639-646.

Liu Q, Hu J, Liu P F, et al., 2021. Uncertainty analysis of in-situ pavement compaction considering microstructural characteristics of asphalt mixtures[J]. Construction and Building Materials, 279: 122514.

Liu Y, Gong F Y, You Z P, et al., 2018. Aggregate morphological characterization with 3D optical scanner versus x-ray computed tomography[J]. Journal of Materials in Civil Engineering, 30(1): 04017248.

Liu Y, You Z P, Zhou X D, et al., 2017. Discrete element modeling of realistic particle shapes in stone-based mixtures through MATLAB-based imaging process[J]. Construction and Building Materials, 14: 169-178.

Lohani T N, Shibuya S, Yokota S, et al., 2021. Evaluating the mechanical performance of asphalt mixtures in cyclic torsional shear test[J]. IOP Conference Series Materials Science and Engineering, 1075(1): 012007.

Masad E, Olcott D, White T, et al., 2001. Correlation of fine aggregate imaging shape indices with asphalt mixture performance[J]. Transportation Research Record: Journal of the Transportation Research Board, 1757: 148-156.

Masad E, Butto J, Papagiannakis T, 2000. Fine-aggregate angularity: Automated image analysis approach[J]. Transportation Research Record: Journal of the Transportation Research Board, 1721: 66-72.

Molenkamp F, Smith L. M, 1968. Dynamic displacements of offshore structures due to low frequency sinusoidal loading[J]. Geotechnique, 20(1): 179-205.

Norman W G, 1995. Nonlinear differential equation for modeling asphalt aging[J]. Journal of Materials in Civil Engineer, 7(4): 265-268.

Pan T, Tutumluer E, 2006. Quantification of coarse aggregate surface texture using image analysis[J]. Journal of Testing and Evaluation, 35(2):177-186.

Papagiannakis A T, Zelelew H M, 2011. Wavelet-based characterisation of aggregate segregation in asphalt concrete X-ray computed tomography images[J]. International Journal of Pavement Engineering, 12(6): 553-559.

Pérez-Jiménez F, Martínez A H, Miró R, et al., 2014. Effect of compaction temperature and procedure on the design of asphalt mixtures using Marshall and gyratory compactors[J]. Construction and Building Materials, 65: 264-269.

Qian G P, Shi C Y, Yu H N, et al., 2019. Experimental study on thermophysical properties of HMA during compaction[J]. International Journal of Pavement Engineering, 22(8): 1064-1075.

Rao C, Tutumluer E, 2002. Quantification of coarse aggregate angularity based on image Analysis[J]. Transportation Research Record: Journal of the Transportation Research Board, 1787: 117-124.

Sheng L T, Tai Y C, Kuo C Y, et al., 2013. A two-phase model for dry density-varying granular flows[J]. Advanced Powder Technology, 24: 132-142.

Takahashi O, Tran N T. 2019. A comprehensive evaluation of the effects of aggregate gradation on the shear strength properties of wearing course mixtures[J]. International Journal of Pavement Engineering, 22(5): 550-559.

Tang Y, Yao X Y, Zhou Y C, et al., 2020. Experiment research on physical clogging mechanism in the porous media and its impact on permeability[J]. Granular Matter, 22(2): 37.

Tian R C, Wang S Y, Li X, et al., 2021. Hydrodynamics of wet particles in liquid-solid fluidized beds using kinetic theory of rough spheres model[J]. Powder Technology, 392: 524-535.

Tu Z X, Wu W L, Zhu Z H, et al., 2019. Effect of gradation segregation on mechanical properties of an asphalt mixture[J]. Applied Sciences, 9(2): 308.

Wang C H, Moharekpour M, Liu Q, et al., 2021. Investigation on asphalt-screed interaction during pre-compaction: Improving paving effect via numerical simulation[J]. Construction and Building Materials, 289(3): 123164.

Wang C Z, Guo Z H,Zhang X Q, 1987. Investigation of Biaxial and triaxial compressive concrete strength[J]. ACI Materials Journal, 3(2): 92-100.

Wang H N, Wang C H, Yin B, et al., 2020. Correlate aggregate angularity characteristics to the skid resistance of asphalt pavement based on image analysis technology[J]. Construction and Building Materials, 242: 118150.

Wang H N, Wang D W, Liu P F, et al., 2017. Development of morphological properties of road surfacing aggregates during the polishing process[J]. International Journal of Pavement Engineering, 18(4): 367-380.

Wang H N, You Z P, Zhang C, et al., 2016. Compaction characteristics of asphalt m-ixture with different gradation type through Superpave gyratory compaction and X-ray CT scanning[J]. Construction and Building Materials, 129: 243-255.

Wang L B, Wang X R, Mohammad L, et al., 2005. Unified method to quantify aggregate shape angularity and texture using fourier analysis[J]. Journal of Materials in Civil Engineering, 17: 498-504.

Xiao G X, Guo Y L, Liu P F, et al., 2017. Evaluation of morphological characteristics of fine aggregate in asphalt pavement[J]. Construction and Building Materials, 139: 1-8.

Zeng L W, Zhang S X, Zhang X N, 2014. The research on aggregate microstructure uniformity image processing of asphalt mixture based on computer scanning technology[J]. Advanced Materials Research, 831: 393-400.

Zhang K, Zhang Z Q, Luo Y F, et al., 2017a. Accurate detection and evaluation method for aggregate distribution uniformity of asphalt pavement[J]. Construction and Building Materials, 152: 715-730.

Zhang X N, Liu T, Liu C L, et al., 2014. Research on skid resistance of asphalt pavement based on three-dimensional laser-scanning technology and pressure-sensitive film[J]. Construction and Building Materials, 69: 49-59.

Zhang Z Q, Huang S L, Zhang K, et al., 2017b. Accurate detection method for compaction uniformity of asphalt pavement[J]. Construction and Building Materials, 145: 88-97.

第 2 章　矿料几何特征及复合特性

在沥青混合料中，矿料约占总体积的 90%，是影响沥青混合料工作性和路用性能的关键因素，直接关系路面的服役性能。矿料颗粒的几何特征和粒径是集料的本质属性，与沥青混合料的嵌挤力和摩擦力密切相关。矿料颗粒的几何形态，如形状、棱角和表面纹理等，是颗粒间相互接触、界面摩擦的核心要素，决定了颗粒之间接触点的位置、接触面积以及接触力大小等，进而决定了骨架结构的稳定性。加入沥青后，沥青通过扩散浸入集料的孔隙或表面纹理，影响矿料-沥青的界面交互作用，在一定程度上改变了颗粒间的接触摩擦状态，骨架结构也随之发生变化。在沥青混合料的设计阶段，通常通过调整各级矿料的比例，设计具有不同结构特征以及路用性能的沥青混合料。

矿料颗粒的几何特征和尺寸效应共同影响沥青混合料内部颗粒间接触摩擦特性及力学性能。本章在讨论集料几何特征评价方法的基础上，从单档矿料的几何特征出发，分析粒径对矿料颗粒几何特征的影响，将矿料几何特征与尺寸分布进行统一，建立级配矿料复合几何特征的量化表征方法，针对不同级配结构、不同公称最大粒径、不同级配走向矿质混合料，进行复合几何特征参数的系统评价分析。

2.1　矿料几何特征及评价方法

颗粒的几何特征是集料的固有属性。不同岩质、料源及加工方式的集料往往在颗粒棱角、纹理等特征上存在差异。有研究表明，集料颗粒的几何特征影响沥青混合料高温性能和疲劳性能，其中颗粒形状接近立方体、棱角丰富、表面粗糙的集料常被视为理想的沥青路面材料。颗粒类材料通过颗粒间接触抵御荷载作用，如级配碎石，其几何特征直接决定了结构层的抗剪强度和承载能力。可见，几何特征对集料颗粒间接触、摩擦、滑移等行为有较大影响，认识集料的几何特征是揭示颗粒间细观力学特性的基础。

2.1.1　矿料几何特征评价指标

颗粒类材料的几何特征可从三个角度来描述，分别是颗粒的形状特征、棱角性以及表面纹理，如图 2.1 所示。其中，形状特征反映不同颗粒间宏观形态的差异；棱角性反映了同一颗粒上的局部轮廓差异；表面纹理反映了颗粒表面细微观尺度上的不规则特性。这三个特征的尺度不尽相同，彼此不存在必然相关性，共同完整地描述了矿料颗粒的几何特征。

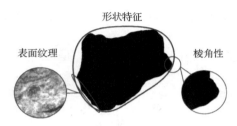

图 2.1　集料的几何特征示意图

2.1.1.1　颗粒形状特征

形状特征描述了颗粒的轮廓特性。常见的几何特征表征参数有扁平率、长宽比、形状系数、形状指数、球度和傅里叶级数等。

1) 扁平率

扁平率(FT)是表征颗粒形状的重要参数，即将颗粒二维图像中平面长边与侧面短边长度的比值作为衡量颗粒形状特征的指标，计算方法见式(2.1)。《公路工程集料试验规程》(JTG 3432—2024)中粗集料针片状含量标准测试方法(T 0312—2005)也采用扁平率作为评价指标。

$$FT = \frac{L}{t} \tag{2.1}$$

式中，L 为颗粒平面方向的最大长度，mm；t 为颗粒侧面厚度的最小长度，mm。

2) 长宽比

长宽比类似于扁平率，是颗粒等效椭圆的长轴与短轴长度之比。等效椭圆是指与颗粒面积、静矩、惯性矩相同的椭圆。

3) 形状系数

形状系数用于表征颗粒在二维空间上的形状特征，计算方法见式(2.2)：

$$形状系数 = \frac{4\pi S}{L^2} \tag{2.2}$$

式中，L 为颗粒横截面周长，mm；S 为颗粒横截面面积，mm^2。

也有研究人员使用圆度评价颗粒形状特征，圆度是形状系数的倒数。

4) 形状指数

形状指数指标是 Masad 提出的，其基本思想是用颗粒半径变化的累积增量来表征其在二维空间的形状特征，计算方法见式(2.3)。以二维圆形为例，因其轮廓线上任一点的半径 R 无变化，其形状指数为 0。

$$形状指数 = \sum_{\theta=0°}^{\theta=360°-\Delta\theta} \frac{\left|R_{\theta+\Delta\theta} - R_\theta\right|}{R_\theta} \tag{2.3}$$

式中，θ 为方位角，$(°)$；R 为颗粒重心至轮廓线上任一点连线长度，mm。

5) 球度

球度表征了颗粒在三维空间上的形状特征，是常用的颗粒形状特征指标，计算方法见式(2.4)：

$$球度 = \sqrt[3]{\frac{d_s \times d_i}{d_1}} \tag{2.4}$$

式中，d_1 为颗粒三维最长边长度，mm；d_i 为颗粒三维中长边长度，mm；d_s 为颗粒三维最短边长度，mm。

6) 傅里叶级数

采用傅里叶级数来定义的集料颗粒形状指标，即将颗粒轮廓定义为关于方向角的函数，并写成傅里叶级数形式，计算方法如式(2.5)所示：

$$R(\theta) = \sum_{n=1}^{\infty}\left[a_n\cos(n\theta) + b_n\sin(n\theta)\right] \tag{2.5}$$

式中，a_n、b_n 为傅里叶系数；$R(\theta)$ 为一周期函数，θ 为颗粒重心至轮廓线上任一点连线角度，$0° < \theta < 360°$，该周期函数的傅里叶系数计算方法见式(2.6)~式(2.8)：

$$a_0 = \frac{1}{2\pi}\int_0^{2\pi} R(\theta)\mathrm{d}\theta \tag{2.6}$$

$$a_n = \frac{1}{\pi}\int_0^{2\pi} R(\theta)\cos(n\theta)\mathrm{d}\theta \tag{2.7}$$

$$b_n = \frac{1}{\pi}\int_0^{2\pi} R(\theta)\sin(n\theta)\mathrm{d}\theta \tag{2.8}$$

如果按非连续取角方式，则积分可改写为式(2.9)~式(2.11)的形式：

$$a_0 = \frac{1}{2\pi}\sum_{\theta=0°}^{2\pi-\Delta\theta}\left[\frac{R(\theta+\Delta\theta) + R(\theta)}{2}\right] \tag{2.9}$$

$$a_n = \frac{1}{\pi}\left[\frac{R(\theta+\Delta\theta) + R(\theta)}{2}\right][\sin(\theta+\Delta\theta) - \sin\theta] \tag{2.10}$$

$$b_n = \frac{1}{\pi}\sum_{\theta=0°}^{2\pi-\Delta\theta}\left[\frac{R(\theta+\Delta\theta) + R(\theta)}{2}\right][-\cos(\theta+\Delta\theta) + \cos(n\theta)] \tag{2.11}$$

计算时，方位角增量宜取值为 $4°$ 左右，取样点数越大，则形状指数计算值越精确。

2.1.1.2 颗粒棱角性

颗粒的棱角性反映了矿料颗粒细观轮廓的连续程度，其度量方法主要是通过多角度二维投影图像反映颗粒的三维棱角特性。当前常用的棱角性表征方法及参数主要有梯度棱角系数、傅里叶级数棱角性系数、表面溶蚀-膨胀法棱角指标等。

1) 梯度棱角系数

梯度棱角系数采用梯度理论计算,是颗粒轮廓线上相邻两点方向矢量的差值。对棱角丰富的颗粒而言,两相邻点的方向矢量总是急剧变换;对于较圆润的颗粒而言,方向矢量是连续而缓慢变换的。要测定梯度棱角系数,需要先获得测试颗粒的数字图像,再使用 Sobel 算法对轮廓线上各点的方向梯度进行计算。

采用 Sobel 算法确定测试点的方向梯度,见式(2.12):

$$\theta(x, y) = \tan^{-1}\left(\frac{G_x}{G_y}\right) \tag{2.12}$$

式中, G_x、G_y 分别为测试点在 x、y 方向上的梯度; $\theta(x,y)$ 表征在坐标 (x,y) 处点的方向梯度。

为了表征颗粒的棱角性质,需要计算边界上相邻点的方向上的方向梯度差,用梯度差的累积值作为衡量颗粒棱角性的指标,见式(2.13):

$$梯度棱角系数 = \sum_{i=1}^{N-3}|\theta_i - \theta_{i+3}| \tag{2.13}$$

式中, i 为边界上第 i 个计算点; N 为边界上计算点的总数。

2) 傅里叶级数棱角性系数

利用傅里叶级数变化亦可表征颗粒棱角性,傅里叶级数棱角性系数 a_r 计算方法见式(2.14):

$$a_r = \sum_{j=5}^{25}\left[\left(\frac{a_n}{a_0}\right)^2 + \left(\frac{b_n}{a_0}\right)^2\right] \tag{2.14}$$

式中, a_n、a_0、b_n 为傅里叶系数,其计算参见式(2.6)~式(2.8)。

3) 表面溶蚀-膨胀法棱角指标

表面溶蚀-膨胀法是数字图像处理的主流方法之一,通常用作平滑图像或对图像形态进行分类。其中溶蚀(corrosion)的效果是收缩目标图像的边缘像素,逐层溶蚀能够起到平滑轮廓边缘的作用;膨胀(dilation)是溶蚀的逆过程,以达到重建原始图像的目的。经过若干次溶蚀-膨胀循环后,重建的图像更为简化。

通常,颗粒棱角处的部分像素群经过溶蚀-膨胀再造后无法重建。利用这种特性,假设那些经过溶蚀-膨胀后损失的像素群为集料的棱角,计算溶蚀-膨胀后损失的像素占原始图像总像素的百分比作为颗粒的棱角指标,见式(2.15)。因此,一次计算过程中,棱角性丰富的颗粒较圆润的颗粒将损失更多的像素点,其棱角指标值也更高。

$$表面溶蚀-膨胀法棱角指标 = \frac{A_1 - A_2}{A_1} \times 100\% \tag{2.15}$$

式中，A_1 为溶蚀-膨胀前像素面积；A_2 为溶蚀-膨胀后像素面积。

4) 霍夫变换棱角指标

霍夫变换(Hough transform)是针对相同几何共性形状体的一种图像处理手段，在医疗和航拍领域被广泛应用。Grishin 等(2012)利用霍夫变换原理建立了集料颗粒棱角性评价指标。主要思路是拾取图像上的直线，并计算两直线之间的角度，据此判断颗粒的棱角。其计算方法见式(2.16)：

$$霍夫变换棱角指标 = 1 - \frac{A}{A_{\max}} \tag{2.16}$$

式中，A 为集料颗粒各方向直线长度均值，mm；$A_{\max}$ 为颗粒最大直线长度，mm。

当颗粒出现极端棱角时，最大直线长度远大于其他方向直线长度，霍夫变换棱角指标接近 1；如果颗粒圆润，那么直线长度分布较为均匀，指标接近 0。

5) Masad 棱角性指数

Masad 等(2001，2000)提出了一种表征棱角性的指数，称为 Masad 棱角性指数，用同一方向角处不同的半径差来反映颗粒的棱角性。其计算方法见式(2.17)：

$$Massad棱角性指数 = \sum_{\theta=0°}^{\theta=360°-\Delta\theta} \frac{\left| R_{p\theta} - R_{EE\theta} \right|}{R_{EE\theta}} \tag{2.17}$$

式中，$R_{p\theta}$ 为颗粒在方向角处的半径；$R_{EE\theta}$ 为等效椭圆在相同方向角处的半径。

6) 伊利诺伊大学棱角指标

伊利诺伊大学棱角指标通过追踪颗粒图像外顶部、侧部和前部投影(三维方向)轮廓斜率的变化值来评价颗粒棱角性。该方法针对矿料颗粒不同部分获取二维图像棱角性，取权重计算三维棱角指标。二维棱角指标计算见式(2.18)，图 2.2 给出了单个颗粒示意图。

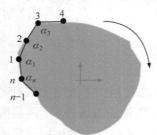

图 2.2 单个颗粒示意图

$$二维棱角指标 = \sum_{e=0°}^{170°} e \times P(e) \tag{2.18}$$

式中，e 为初始方位角，取值间隔为 10°；$P(e)$ 为方位角间的角度差值，其值在 $e \sim (e+10°)$ 变化。

对单一颗粒的棱角指标进行加权平均，其计算方法见式(2.19)：

$$棱角指标 = \frac{A_{前} \times S_{前} + A_{顶} \times S_{顶} + A_{侧} \times S_{侧}}{S_{前} + S_{顶} + S_{侧}} \tag{2.19}$$

式中，$A_{前}$、$A_{顶}$、$A_{侧}$ 分别为前部投影、外顶部投影和侧部投影中集料的棱角指标；$S_{前}$、$S_{顶}$、$S_{侧}$分别为前部面积、外顶部面积和侧部面积。

2.1.1.3 颗粒表面纹理

表面纹理反映了矿料颗粒表面微观形貌的特征，一般需要结合高倍率图像采集设备获取颗粒表面图像，再依托计算机程序计算。当前的表征方法主要有快速傅里叶变换法和小波分析法。

1) 快速傅里叶变换法

快速傅里叶变换(fast Fourier transform，FFT)法是将数据从空间域转换为频域的一种算法。当对颗粒灰度图像进行快速傅里叶变换时，主频率将变得清晰，变换后的图像包含灰度水平不同的像素点，纹理测试中的"频率"指图像上任一点距中心点处的距离，用于衡量所分析图像中各点的灰度水平。灰度水平与峰值频率对应，峰值的个数可作为表面纹理的衡量指标。

2) 小波分析法

颗粒的表面纹理在数字图像上主要表现为各像素点之间灰度强度的变化。小波(wavelet)分析法采用多尺度方法对颗粒纹理特征进行分析，主要步骤如下：

首先对高分辨率原始图像(图 2.3(a))做低辨化处理，用模糊滤镜功能反复处理原始图像，得到图 2.3(b)的效果。图 2.3(c)是原图在 y 轴发生图像损失，图 2.3(d)是原图在 x 轴发生图像损失，图 2.3(e)是原图同时在 x、y 轴发生图像损失。不同轴向的图像损失信息反映了不同尺度上的颗粒表面纹理，将各图像的平均能量作为纹理参数，能量越高表示集料颗粒表面纹理越粗糙，能量越低则表示表面纹理越细腻。

(a) 原始图像 (b) 低分辨率图像 (c) y 轴图像损失

(d) x 轴图像损失 (e) 双轴图像损失

图 2.3 小波分析法纹理指数的图像处理(Flether et al.，2003)

纹理指数的计算见式(2.20)：

$$纹理指数 = \frac{1}{3N}\sum_{i=1}^{3}\sum_{j=1}^{N}[D_{i,j}(x,y)]^2 \tag{2.20}$$

式中，N 为分析水平，取值为 1、2、3，分别对应图 2.3(c)、(d)、(e)水平；j 为小波系数。

快速傅里叶变换法只能从单一尺度表征颗粒的纹理特征，而小波分析法使用了多重尺度来表征，在评价材料表面纹理特性方面具有优势。

2.1.2　现有集料几何特征评价方法

目前世界各国对集料质量的重视程度和表征技术水平差异较大，其中美欧发达国家技术水平较高，对于集料生产和应用环节的控制较为严格，相关规范和标准也较为明确。

1) 国外评价方法

美国 Superpave 混合料设计方法中用粗集料棱角性、扁平及细长颗粒含量、细集料松装密度等指标评价集料的几何性质，被美国各州采纳并提出了相应的技术要求。

对于粗集料棱角性，美国材料与试验协会标准 ASTM D5821 规定了一种测试者主观判断棱角性的方法，即判断是否含有破碎面(fracture face)，但该方法主观性较强，难以有效区分集料颗粒的破裂面数量。美国国家合作公路研究项目(NCHRP)建议采用 AASHTO TP56 中"测试粗集料颗粒松装密度"来代替上述方法，该方法综合考虑了集料形状、棱角和表面纹理。

ASTM D4791 中"扁平颗粒、细长颗粒及扁平和长条颗粒标准测试方法"规定：颗粒最长边和最短边比值超过 5∶1 的颗粒含量不得超过总质量的 10%。该规范普遍被认为是一种变异性很高的测试方法，试验误差较大，阻碍了其与路用性能的相关性研究。

对于细集料棱角性，Superpave 规范 AASHTO T304 中采用"细集料松装空隙率测试方法"评定细集料的棱角性。这是一种间接测试方法，即不直接测试材料的棱角性，而是通过体积指标"松装密度"来反映细集料颗粒的棱角性。该方法的基本假设是扁平、细长以及棱角性更强的颗粒，或表面纹理更突出的细集料颗粒，其松装状态时空隙率更大。该假设是否可靠尚无定论，而且试验变异性往往较高。

英国标准 BS 812 将扁平率作为集料形状评价指标，其测试方法与各国测试方法相同。

2) 我国评价方法

《公路工程集料试验规程》(JTG 3432—2024)中采用粗集料堆积密度及空隙

率、粗集料针片状颗粒含量、细集料堆积密度及紧装密度、细集料棱角性等指标评价粗、细集料的几何特征。总体而言，我国对于集料几何性质的试验方法借鉴了美国的试验方法，但未对粗集料的棱角性提出具体的要求。

可见，传统集料几何特征的评价方法主要采用间接法，即根据矿料几何特征与其他性质的关系，通过体积指标等反映集料颗粒几何特征。通常，这些间接测试方法可以反映集料的整体几何性质，除扁平率等指标外难以单独获取集料颗粒单项几何特征，测试结果也具有较大的变异性。因此，评价方法的可靠性和参数有效性仍需进一步探讨。

2.1.3　新型集料几何特征测试方法

随着计算机技术的普及，基于图像处理技术的新型集料几何特征测试方法不断涌现，如 AIMS、UIAIA 系统、WipShape 测试仪等。

1) AIMS

AIMS 使用拍照摄像头和显微放大镜组合来捕捉集料图像，能够分析计算颗粒的形状、棱角和表面纹理三种指标，以表征其几何特征。其优点在于能够测量集料三维几何特征，并针对不同粒径采用不同分辨率捕捉颗粒图像，缺点是主要针对单档集料进行表征，难以获取不同粒径级配矿料的复合几何特征参数。

AIMS 能对 0.3～25.4mm(ASTM 标准)的全尺寸颗粒测试分析。采用球度指标(AIMSSPH)和二维形态系数(AIMSFORM)表征颗粒形状特性，使用梯度棱角系数(AIMSGRAD) 表征颗粒的棱角特性，使用基于小波分析法的纹理系数(AIMSTXTR)表征颗粒的纹理特性。

2) UIAIA 系统

UIAIA 使用三台摄像机从三个正交坐标系角度对测试对象拍照并建立颗粒的三维模型。该系统能够自动识别扁平和长条颗粒，度量粗集料的棱角性和纹理性。其优势在于可以针对性分析颗粒形状特性，获取集料的三维几何特征，缺点是使用相同的放大倍率分析不同粒径的特征存在一定的局限性。

UIAIA 系统可以对 4.75～25.4mm 粗集料和 2.36～4.75mm 细集料进行测试分析。采用扁平伸长率(UIFER)表征形状特征，采用棱角系数(UIA)表征棱角性，采用表面纹理系数(UISTI)表征表面纹理。

UIAIA 系统在测试精度方面与 AIMS 类似，对于扁平和长条率在 3∶1～5∶1 的颗粒测试变异性较高。

3) WipShape 测试仪

WipShape 测试仪使用两个成像照相机捕捉图像，拥有小型马达和转盘结构，能够在短时间内获取大量分析数据。该仪器能够获取球度、圆度和棱角性等颗粒几何特征参数，测试效率很高，但不能分析集料颗粒的纹理性质。

WipShape 测试仪能对 4.75～25.4mm 的粗集料颗粒测试分析，采用维度率(WSFER)表征颗粒的形状特征，用颗粒平均最小曲率(WSMACR)表征颗粒的棱角性。

4) 矿料颗粒图像采集仪

长安大学科研团队开发了一种矿料颗粒图像采集仪，能够分析粗集料颗粒形状、表面粗糙度、构造深度等特征，并提出了相应的表征参数。

2.2 基于 AIMS II 系统的矿料几何特征评价方法

2.2.1 集料图像采集系统

集料图像采集系统(AIMS)克服了传统方法的缺陷，能够对集料颗粒从宏观到细观进行快速而准确的测试。目前 AIMS 已发展至第二代 AIMS II，测量矿料颗粒形状、棱角和表面纹理等几何特征，成为应用范围最广、精确度最高、测试最便捷的矿料几何形态测量方法之一。

AIMS II 包括硬件和软件两部分，其中硬件部分主要由高分辨率数码相机、逆光照明设备、多倍率显微镜、对称光源设备和旋转托盘组成，如图 2.4 所示。AIMS II 内置软件能直接输出集料几何形态指标的计算结果，无需人工处理。

图 2.4　AIMS II

针对每一档矿料，系统需要执行三次扫描。第一次扫描，逆光照明设备投射集料的轮廓，高分辨率数码相机获取轮廓图像，计算机根据轮廓图像上凸出的尖锐部分的变化率计算棱角指标；第二次扫描，以平面质心为基点，采用数码相机对焦测量集料的三维尺寸，包括长度、高度和宽度；第三次扫描，在顶视灯和多倍率显微镜的作用下，集料的表面纹理清晰可见，对称光源设备消除产生的重影并协助相机将清晰的纹理图像传输至计算机，软件系统采用数字图像处理方法计算纹理指数，如图 2.5 所示。

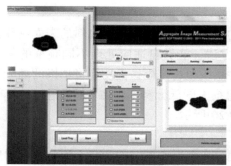

(a) 第一次扫描   (b) 第二次扫描

(c) 第三次扫描

图 2.5 系统扫描

2.2.2 评价指标

AIMS II 默认尺寸在 4.75mm 以上的集料为粗集料,分别采用球度(SP)、纹理指数(TX)和棱角梯度(GA)表征其三维形状、纹理和棱角特征;对于细集料而言,棱角梯度和纹理指数具有较好的相关性,且纹理指数测量难度较大,因此通过三维棱角梯度(GA)和二维形状指数(Form 2D)表征 0.3~4.75mm 细集料的几何特征。

2.2.2.1 粗集料的几何形态表征

1) 球度

球度的计算方法如式(2.4)所示。

在测量过程中,具有自动对焦功能的显微镜聚焦在集料表面,并以平面质心为基点沿 X 和 Y 方向移动,然后沿着 Z 方向向上移动,同时高分辨率数码相机连续拍摄图像,AIMS 软件根据二维图像对集料进行三维建模,并测量集料表面任意两点与平面质心连线的长度,通过对长度进行排序,确定 d_S、d_I 和 d_L 的取值,从而计算 SP。

2) 纹理指数

AIMS II 采用基于小波分析法理论的数字图像处理方法对集料的表面纹理进行度量。小波分析法是一种多尺度分析方法，能够自适应处理不同频率的信号 (Chen et al.，2021；Qiu et al.，2020)。软件系统通过模糊迭代功能将拍摄的高分辨率纹理图像分解为在 X、Y 和 XY 方向信息损失的低分辨率图像。最后通过计算不同方向能量的均值输出纹理指数，如式(2.20)所示。

3) 棱角梯度

对于形状不规则的集料来说，其表面分布着形态不一的凸起，因此通过梯度向量法对集料轮廓图像上相邻两点方向向量的变化进行量化，并计算其平均值，从而表征集料的棱角性。如图 2.6 所示，方向向量变化越快说明角度越尖锐，集料棱角性越丰富；反之，正圆形集料的方向向量变化非常缓慢。棱角梯度 GA 的计算如式(2.21)所示：

$$GA = \frac{1}{\frac{n}{3}-1} \sum_{i=1}^{n-3} \left| \theta_i - \theta_{i+3} \right| \tag{2.21}$$

式中，θ 为集料表面边缘处方向向量的角度，(°)；n 为凸起的个数。

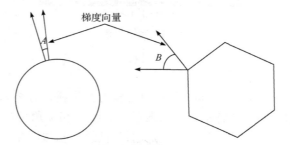

图 2.6　集料之间的梯度差异

2.2.2.2　细集料的几何形态表征

细集料棱角梯度的计算方法与粗集料基本相同，而对于形状特性，AIMS II 通过分析集料轮廓图像中不同方向上相邻两点的半径变化计算 Form 2D。在第一次扫描中，软件系统精准定位集料的平面质心，图像边缘上各点与平面质心的连线长度即为半径 R。Form 2D 计算方法如式(2.3)所示。

在 AIMS 评价体系中，根据不同的表征参数，集料的几何形态分成极高、高、中、低四级，具体如表 2.1 所示。

表 2.1 AIMS II 系统几何指标定量分级

测试指标	粗集料			细集料	
	SP	TX	GA	Form 2D	GA
取值范围	0~1	0~1000	0~10000	0~20	0~10000
极高	>0.8	>750	>5400	>10	>5400
高	0.6~0.8	500~750	3975~5400	8~10	3975~5400
中	0.5~0.6	200~500	2100~3975	6.5~8	2100~3975
低	<0.5	<200	<2100	<6.5	<2100

2.2.3 试验材料与方法

选择了两种产地不同的石灰岩(A、B)和一种玄武岩(C)开展几何特征试验研究，其中 A 产自广东省，B 和 C 产自陕西省，如图 2.7 所示。可以发现集料 A 和 B 直观形态比较相近，集料 C 颜色较深，且表面比较粗糙。三种集料的物理力学性能指标见表 2.2～表 2.5。

(a) 石灰岩A　　　　　　　(b) 石灰岩B　　　　　　　(c) 玄武岩C

图 2.7 三种不同类型的集料

表 2.2 粗集料的毛体积相对密度

集料	筛孔尺寸/mm				
	19.0	16.0	13.2	9.5	4.75
A	2.680	2.694	2.702	2.783	2.703
B	2.689	2.690	2.697	2.697	2.710
C	2.735	2.733	2.739	2.717	2.714

表 2.3 细集料的表观相对密度

集料	筛孔尺寸/mm					
	2.36	1.18	0.6	0.3	0.15	0.075
A	2.740	2.762	2.774	2.767	2.719	2.716
B	2.735	2.773	2.775	2.771	2.720	2.719
C	2.796	2.773	2.773	2.765	2.717	2.731

表 2.4　粗集料物理力学指标测试值

测试指标		测试结果			技术要求	试验方法
		A	B	C		
压碎值/%		20.4	22.2	16.8	≤28	T0318
针片状含量 /%	>9.5mm	9.8	11.6	4.3	≤15	T0312
	<9.5mm	12.6	13.1	13.4	≤20	
吸水性/%		0.81	1.22	0.44	≤3.0	T0304
磨耗性/%		22.4	25.3	17.9	≤28	T0317
坚固性/%		6.5	9.7	3.2	≤12	T0314
与沥青黏附性		5	5	4	大于 4 级	T0663

表 2.5　细集料物理力学指标测试值

测试指标	测试结果			技术要求	试验方法
	A	B	C		
砂当量/%	68	61	84	≥50	T0334
含泥量/%	1.6	2.1	1.7	≤3	T0333

对集料进行筛分，分别将 1.18~2.36mm、2.36~4.75mm、4.75~9.5mm、9.5~13.2mm、13.2~16mm、16~19mm、19~26.5mm 粒径范围的集料粒径表示为 1.18mm、2.36mm、4.75mm、9.5mm、13.2mm、16mm、19mm。由于集料表面黏附矿粉、泥沙等会产生较大的误差，因此对筛分后的集料进行水洗，如图 2.8 所示，然后在 110℃的烘箱中放置 4h 烘干，冷却至室温后开展试验。

图 2.8　集料的水洗过程

为了提高测量的准确性，粗集料的样本数量为 50，细集料为 150。AIMS II 的集料托盘卡槽型号与我国通用的标准筛孔存在差异，与 AASHTO 规范的筛孔尺寸一致，因此采用 12.5mm 的卡槽测试尺寸测试 13.2mm 集料的几何特征。

2.3 单粒径矿料颗粒几何特征

本书将工程中的单档集料和级配矿料分别视为单粒径颗粒体系和级配颗粒体系，不同公称最大粒径的单粒径颗粒体系按照一定的比例混合，可以组成级配颗粒体系。分析矿料颗粒几何特征随粒径的变化规律是揭示多级矿料颗粒复合几何特征的关键。因此，采用 AIMS II 对单粒径矿料颗粒进行测定，从形状特征、表面纹理及棱角性三个尺度进行表征。

2.3.1 矿料形状特征

采用球度指标 SP 描述粗集料三维形状的几何特征；采用二维形状指标 Form 2D 表征细集料颗粒几何特征，取值范围为 0～20，量纲一。集料的球度值越高，越趋近于球体，如图 2.9 所示。

(a) 低　　　　　　(b) 中等　　　　　　(c) 高　　　　　　(d) 极高

图 2.9　不同球度等级的粗集料(Alrousan et al.，2005)

不同粒径下 A、B、C 三种集料的 SP 和 Form 2D 如图 2.10 所示。

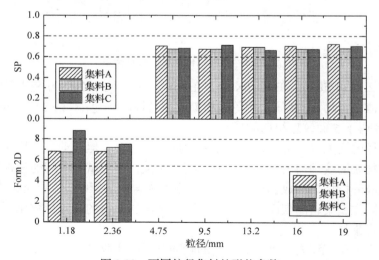

图 2.10　不同粒径集料的形状参数

由图 2.10 可知，随着粒径的增大，粗集料的 SP 在小范围内波动，主要分布在 0.6～0.8，但差异不显著且没有明显的规律，这是因为选择的三种粗集料形状均具有立方体的特征，SP 处于中等水平，而粒径大小对粗集料形状指标的影响不大。细集料的 Form 2D 指标波动范围较大，其中玄武岩 C 的 Form 2D 明显大于石灰岩 A、B，即 C 的立方体特征更强。这可能来自岩石硬度对破碎状态的影响，也可能是细集料尺寸或摆放方式带来的测量误差，具体原因还需结合纹理和棱角指标进一步探究。

2.3.2　矿料表面纹理

矿料的表面纹理是一个精细化指标，需要在具有放大功能的高倍率显微镜和高分辨率数码相机的协同作用下测得，由于细集料粒径太小，难以精确捕捉表面纹理特征，因此只测量了三种粗集料的纹理指数(TX)，如图 2.11 所示。

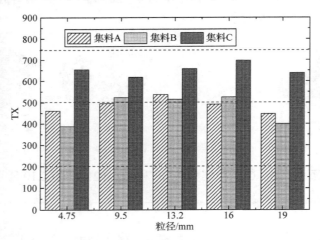

图 2.11　不同粒径集料的纹理指数

由图 2.11 可知，A、B 的 TX 分布在 380～540，而 TX = 500 是中等粗糙与粗糙的分界值，因此 A、B 属于中等偏粗糙纹理特性的矿料；C 的 TX 分布在 640～700，因此属于表面纹理粗糙的矿料。

随粒径的增大，三种集料的 TX 变化规律不显著，但波动范围均比较小。据分析，矿料表面纹理与岩质和加工方式密切相关，由于试验采用的三种集料均通过反击式破碎机加工而成，因此表面纹理主要受岩质的影响，与粒径的关系不大。可见，不同类型集料的表面纹理不尽相同，玄武岩集料的纹理指数显著大于其他两种石灰岩集料。

石灰岩属于沉积岩，是由脱水后的碳酸钙经压实胶结形成的岩石，成岩时间非常缓慢，主要矿物成分为具有大晶体结构的方解石，同时黏土、粉砂等杂质分散于石灰岩结构内部(李仁君，2020；李桐，2019)，因此石灰岩集料的表面纹理分布相对均匀，TX 相对较小。玄武岩属于岩浆岩，是由火山爆发时喷发出的岩浆冷却后形成的致密性岩石(胡芙蓉等，2020；陈贺，2016)，而且在玄武岩集料的纹理样张上有明显的山脊状结构和沟渠状结构，因此表面纹理间断且粗糙，测得的 TX 较大。三种集料纹理样张如图 2.12 所示。

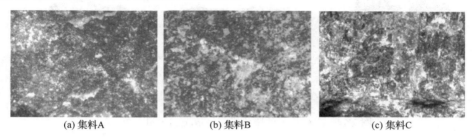

(a) 集料A　　　　　　　　(b) 集料B　　　　　　　　(c) 集料C

图 2.12　三种集料的纹理样张(胡芙蓉等，2020；李仁君，2020；李桐，2019；陈贺，2016)

2.3.3　矿料棱角性

采用棱角梯度 GA 评价不同粒径集料的棱角性，A、B、C 三种集料 GA 试验结果如图 2.13 所示。

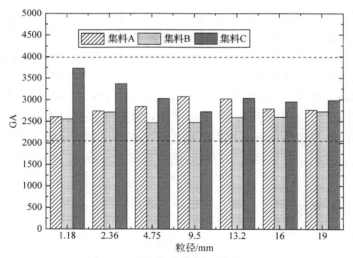

图 2.13　不同粒径集料的棱角梯度

由图 2.13 可以发现，随着粒径的增加，三种粗集料的 GA 在 2400～3750 波动，均属于中等棱角水平。对于细集料而言，石灰岩 A、B 的 GA 比较接近，显著低于玄武岩 C。在岩石反击式破碎过程中，破碎机转子带动岩石高速离心运动，岩石之间不断接触、碰撞、摩擦，破碎成尺寸不一的粗、细集料(廖科，2021；裴永，2020)。由于石灰岩的硬度小于玄武岩，破碎难度相对较小，粗、细集料棱角打磨程度差异不大；玄武岩质地坚硬，破碎难度较大，破碎功对粗集料的棱角打磨程度更大，因此粗集料的立方体特征和棱角特征相对细集料不显著。综上，石灰岩集料的棱角梯度分布与粒径关系不大，而玄武岩细集料棱角性更强。三种集料的棱角样张如图 2.14 所示。

(a) 集料A   (b) 集料B   (c) 集料C

图 2.14　三种集料的棱角样张(Alrousan et al.，2005)

2.4　级配矿料复合几何特征参数

级配颗粒体系具有典型的多级叠加特征，虽然单粒径矿料颗粒的几何参数与粒径大小的关系尚不明晰，但尺寸各异的矿料颗粒相互作用决定了颗粒体系的界面效应，进而影响沥青混合料的离析行为和压实效果。因此，深入探究颗粒几何形态和粒径的相互影响机制，面向级配矿料颗粒体系建立复合几何特征量化表征模型，对于矿料级配优化设计、沥青混合料施工控制及力学性能提升具有重要意义。

要获取级配颗粒体系的复合几何特征参数，需要将集料的几何形态和尺寸进行统一，体现各档集料几何特征对颗粒体系接触摩擦特性的综合作用(Li et al.，2016)。通过研究，提出采用铺展-重组法构建级配矿料颗粒体系复合几何特征计算模型。其基本思想是将每一档集料的几何特征进行空间铺展，然后根据不同维度的结构进行重组，并根据结构对应的维度确定几何特征的测度(Su et al.，2021；Ding et al.，2020)。

2.4.1　复合形状指数

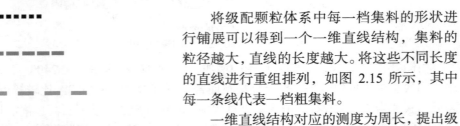

将级配颗粒体系中每一档集料的形状进行铺展可以得到一个一维直线结构，集料的粒径越大，直线的长度越大。将这些不同长度的直线进行重组排列，如图 2.15 所示，其中每一条线代表一档粗集料。

一维直线结构对应的测度为周长，提出级配颗粒体系粗集料的复合形状指数 CI_{SP} 计算

图 2.15　颗粒形状的一维铺展-重组

模型，见式(2.22)：

$$CI_{SP} = \frac{\sum_{i=1}^{m}\left[\left(\dfrac{a_i}{g_i \times V_{Wi}} \times C_{Wi} \times d_i\right) \times SP_i\right]}{\sum_{i=1}^{n}\left(\dfrac{a_i}{g_i \times V_{Wi}} \times C_{Wi}\right)} = \frac{\sum_{i=1}^{m}\left[\left(\dfrac{a_i}{g_i \times V_{Wi}} \times C_{Wi} \times \dfrac{P_{i+1}}{1.11}\right) \times SP_i\right]}{\sum_{i=1}^{n}\left(\dfrac{a_i}{g_i \times V_{Wi}} \times C_{Wi}\right)} \tag{2.22}$$

式中，a_i 为第 i 档集料的质量分数；g_i 为第 i 档集料的相对密度；m 为粗集料的粒径等级；n 为所有集料的粒径等级；C_{Wi} 为第 i 档集料的加权周长，cm，计算方法见式(2.23)：

$$C_{Wi} = C_{ci} \times SP_i + C_{si} \times (1 - SP_i) \tag{2.23}$$

式中，C_{ci} 为立方体周长，$C_{ci} = 4d_i = \dfrac{4P_{i+1}}{1.11}$，cm；$C_{si}$ 为球体周长，$C_{si} = \pi d_i = \dfrac{\pi P_{i+1}}{1.11}$，cm。

2.4.2　复合纹理指数

　　粒径对集料颗粒的表面纹理系数影响不大，但集料的粒径越大，单个颗粒表面纹理的接触面积越大。将级配颗粒体系内每一档集料颗粒的表面纹理进行铺展和重组，可以得到多个不同大小的二维平面图形，如图 2.16 所示。由于每档集料包含的颗粒数量不同，且不同尺寸颗粒的表面积也存在较大差异，因此在级配颗粒体系中单粒径颗粒体系的表面积不同。图 2.16

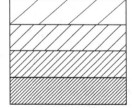

图 2.16　颗粒表面纹理的二维铺展-重组

中每一个矩形框表示一档集料颗粒的平铺结构，斜线代表颗粒表面的纹理形貌。
　　二维图形结构对应的测度为表面积，提出级配颗粒体系粗集料的复合纹理指数 CI_{TX} 计算模型，见式(2.24)：

$$CI_{TX} = \frac{\sum_{i=1}^{m}\left[\left(\dfrac{a_i}{g_i \times V_{Wi}} \times SA_{Wi} \times d_i\right) \times TX_i\right]}{\sum_{i=1}^{n}\left(\dfrac{a_i}{g_i \times V_{Wi}} \times SA_{Wi}\right)} = \frac{\sum_{i=1}^{m}\left[\left(\dfrac{a_i}{g_i \times V_{Wi}} \times SA_{Wi} \times \dfrac{P_{i+1}}{1.11}\right) \times GA_i\right]}{\sum_{i=1}^{n}\left(\dfrac{a_i}{g_i \times V_{Wi}} \times SA_{Wi}\right)}$$

$$\tag{2.24}$$

式中，SA_{Wi} 为第 i 档集料的加权表面积，cm²，计算方法见式(2.25)：

$$SA_{Wi} = SA_{ci} \times SP_i + SA_{si} \times (1 - SP_i) \tag{2.25}$$

式中，SA_{ci} 为立方体表面积，$SA_{ci} = 6d_i^2 = 6\left(\dfrac{P_{i+1}}{1.11}\right)^2$，$cm^2$；$SA_{si}$ 为球体表面积，

$$SA_{si} = 4\pi r_i^2 = 4\pi\left(\frac{P_{i+1}}{2.22}\right)^2，\quad cm^2。$$

2.4.3 复合棱角指数

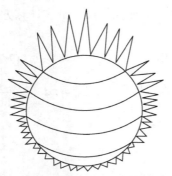

图 2.17　颗粒棱角的三维铺展-重组

集料颗粒表面的棱角类似于椎体，因此将级配颗粒体系内每一档集料颗粒的棱角进行铺展后可获得多个椎体组合，重组后可以得到一个三维立体结构，如图 2.17 所示。每一种高度的椎体代表一档集料，椎体的高度越大，表示颗粒体系内部相接触集料的棱角体积越大。

三维立体结构对应的测度为体积，提出级配颗粒体系粗集料的复合棱角指数 CI_{GA} 计算模型，见式(2.26)：

$$CI_{GA} = \frac{\sum\limits_{i=1}^{m}\left[\left(\dfrac{Ma_i}{g_i \times V_{Wi}} \times V_{Wi} \times d_i\right) \times GA_i\right]}{\sum\limits_{i=1}^{n}\left(\dfrac{Ma_i}{g_i \times V_{Wi}} \times V_{Wi}\right)} = \frac{\sum\limits_{i=1}^{m}\left[\left(\dfrac{a_i}{g_i} \times \dfrac{P_{i+1}}{1.11}\right) \times GA_i\right]}{\sum\limits_{i=1}^{n}\left(\dfrac{a_i}{g_i}\right)} \tag{2.26}$$

式中，M 为集料的总质量，g；GA_i 为第 i 档集料的棱角梯度；V_{Wi} 为第 i 档集料的加权体积，cm^3，计算方法见式(2.27)：

$$V_{Wi} = V_{ci} \times (1 - SP_i) + V_{si} \times SP_i \tag{2.27}$$

式中，SP_i 为第 i 档集料的球度；V_{ci} 为立方体体积，$V_{ci} = d_i^3 = \left(\dfrac{P_{i+1}}{1.11}\right)^3$，$cm^3$；$V_{si}$ 为

球体体积，$V_{si} = \dfrac{4}{3}\pi\left(\dfrac{P_{i+1}}{2.22}\right)^3$，$cm^3$。

2.5　级配矿料复合几何特征

采用 AMIS II 对产自陕西的石灰岩集料进行扫描测试，获取每一档集料的形状、纹理和棱角参数，基于铺展-重组法从矿料颗粒周长、表面积、体积三个维度，

构建了粗集料复合几何特征参数计算模型，可以精确计算任意颗粒粒级组合、任意级配的复合几何特征参数。

为了分析级配矿料的复合几何特征，针对我国沥青路面常用的 AC、SMA 和 OGFC 混合料，分别对 9.5mm、13.2mm、16.0mm、19.0mm 等不同的公称最大粒径，在规范级配范围内选择上限(S)、中值(Z)、下限(X)等 33 种级配曲线开展复合几何特征参数研究，如图 2.18 所示。

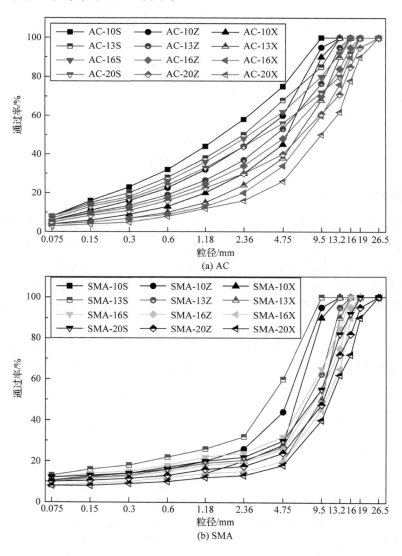

(a) AC

(b) SMA

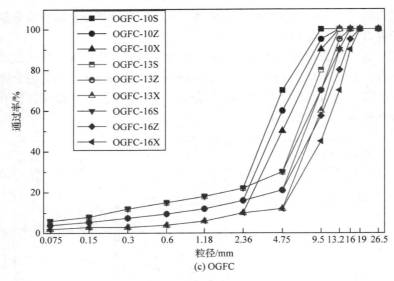

(c) OGFC

图 2.18　混合料的级配曲线

2.5.1　复合形状特征

不同类型及级配走向的矿料颗粒体系的复合形状指数 CI_{SP} 如图 2.19 所示。

由图 2.19 可知，AC、SMA、OGFC 颗粒体系复合形状指数 CI_{SP} 的变化趋势不同。随着公称最大粒径(NMAS)的增大，AC 颗粒体系的 CI_{SP} 呈增大趋势；SMA-X 的 CI_{SP} 则先减小后增大，当 NMAS 为 16mm 时达到最小；OGFC 三种级配走向颗粒体系的 CI_{SP} 均先增大后减小，且在 NMAS 为 13mm 时达到最大。

如图 2.19 所示，颗粒体系内粗集料的形状进行铺展-重组后得到的是一维直线。直线的总长度是颗粒个数与相应周长的乘积，各档集料周长相差不大，主要

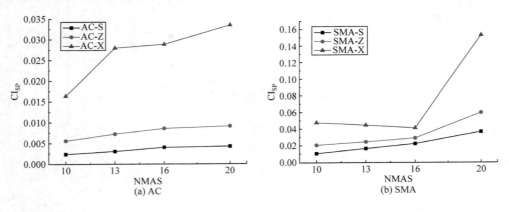

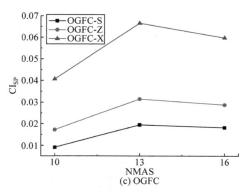

图 2.19　不同颗粒体系的复合形状指数

受颗粒个数的影响。NMAS 越大，颗粒体系中集料的数量特别是细集料的数量越少。AC 颗粒体系中矿料颗粒从大到小呈连续分布，但 AC-13X 中细集料的数量明显比 AC-10X 的多，因此 AC-13X 颗粒体系的 CI_{SP} 显著大于 AC-10X。对于 SMA-X 颗粒体系，随着 NMAS 的增大粗集料的数量逐渐减少，细集料的数量几乎不变，但 SMA-20X 中细集料的数量很少，因此 SMA-20X 颗粒体系的 CI_{SP} 最大。OGFC 颗粒体系中粗集料较多而细集料较少，且细集料的数量差异不大，OGFC-13 中 4.75～9.5mm 的颗粒最多，因此其 CI_{SP} 比 OGFC-16 和 OGFC-10 的大。

2.5.2　复合纹理特征

复合纹理特征是矿料尺寸和纹理特性的综合体现，不同类型及级配走向的矿料颗粒体系的复合纹理指数 CI_{TX} 如图 2.20 所示。

根据图 2.20 可知，所有颗粒体系的复合纹理指数 CI_{TX} 都随 NMAS 的增大而增大，这与 CI_{SP} 的变化趋势不同。纹理分布于集料颗粒的表面，经铺展-重组构建的 CI_{TX} 是一个二维平面指标。颗粒体系内集料的粒径范围很大(0.075～26.5mm)，以

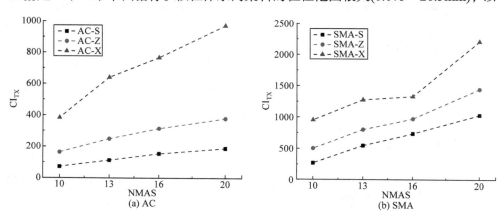

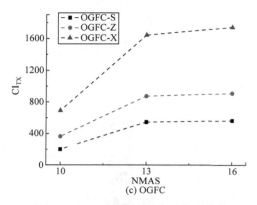

图 2.20　不同颗粒体系的复合纹理指数

4.75mm 为分界的粗细集料对 CI_{TX} 的贡献度有很大差异。与一维长度相比，粗集料颗粒二维面积间的差异大于细集料，在很大程度上增大了粗集料粒径对 CI_{TX} 的影响，减弱了细集料数量的影响。OFGC-13 颗粒体系中粗集料的数量虽然最多，但主要集中于 4.75～9.5mm，大粒径的颗粒比 OGFC-16 少，因此其 CI_{TX} 小于 OGFC-16 颗粒体系。SMA 颗粒体系中集料的分布不连续，其中粗、细数量都比较多，但中间档集料较少。SMA-10X、SMA-13X、SMA-16X 三种颗粒体系粗集料的面积加权依次增大，且细集料数量相同，因此 CI_{TX} 逐渐增大。SMA-20X 颗粒体系的不连续性最显著，大粒径的粗集料较多，细集料特别是 1.18mm 以下的颗粒较少，因此其 CI_{TX} 显著增大。

2.5.3　复合棱角特征

复合棱角特征计算模型将集料的粒径和棱角性进行统一，不同类型及级配走向的矿料颗粒体系的复合棱角指数 CI_{GA} 如图 2.21 所示。

由图 2.21 可知，随着 NMAS 的增加，三种颗粒体系的 CI_{GA} 均逐渐增大，变

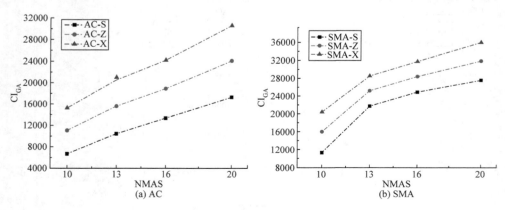

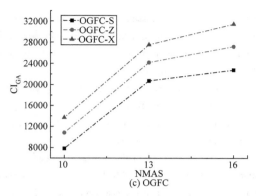

图 2.21　不同颗粒体系的复合棱角指数

化趋势比 CI_{SP} 和 CI_{TX} 平稳。复合棱角指数是一个三维立体指标，体现了粗集料棱角和尺寸效应的综合作用。不同粒径的矿料体积间的差异将被放大或缩小，集料的粒径越大，其数量的影响越大。对 AC、SMA、OGFC 三种级配类型而言，级配上限(S)、中值(Z)、下限(X)颗粒体系的 CI_{GA} 变化趋势基本一致，说明 4.75～9.5mm 粒径颗粒数量的影响较弱。结合图 2.19 和图 2.20 可知，指标突变大多发生在 NMAS 为 13mm 处，这是因为其在 4.75～9.5mm 档集料的质量分数较大，颗粒数量较多，CI_{SP} 受集料数量的影响最大，而 CI_{GA} 主要对大粒径粗集料数量敏感。

参 考 文 献

陈贺, 2016. 基于差异磨耗原理的 SMA 路面抗滑性能优化研究[D]. 哈尔滨:哈尔滨工业大学.

胡芙蓉, 李仁君, 涂崇志, 等, 2020. 不同集料表观特性对沥青-集料黏附性能的影响[J]. 武汉理工大学学报(交通科学与工程版), 44(2): 363-368.

李仁君, 2020. 集料化学组分与表观特性对其表面能的影响研究[D]. 武汉: 武汉理工大学.

李桐, 2019. 石灰岩集料表面微观构造对集料-沥青粘附性影响[D]. 重庆: 重庆交通大学.

廖科, 2021. 反击式破碎机破碎作用分析及对集料颗粒形状的影响研究[D]. 重庆: 重庆交通大学.

裴永, 2020. 冲击荷载作用下的再生混合集料相互作用与破碎机制探讨[D].太原: 中北大学.

中华人民共和国交通运输部, 2004.公路沥青路面施工技术规范: JTG F40—2004[S]. 北京: 人民交通出版社.

中华人民共和国交通运输部, 2011. 公路工程沥青及沥青混合料试验规程: JTG E20—2011[S]. 北京: 人民交通出版社.

中华人民共和国交通运输部, 2024. 公路工程集料试验规程: JTG 3432—2024[S]. 北京: 人民交通出版社.

Alrousan T, Masad E, Myers L, et al., 2005. New methodology for shape classification of aggregates[J]. Transportation Research Record: Journal of the Transportation Research Board, 1913(1): 11-23.

Chen Y, Song H S, Yang Y N, et al., 2021. Fault detection in mixture production process based on wavelet packet and support vector machine[J]. Journal of Intelligent & Fuzzy Systems, 40(5): 10235-10249.

Ding Z, Li P L, Wu X, et al., 2020. Evaluation of the contact characteristics of graded aggregate using coarse aggregate composite geometric indexes[J]. Construction and Building Materials, 247: 118608.

Flether T, Chandan C, Masad E, 2003. Aggregate imaging system for characterizing the shape of fine and coarse aggregates[J]. Transportation Research Record: Journal of the Transportation Research Board, 1832: 67-77.

Grishin I, Thomson K, Migliorini F, 2012. Application of the Hough transform for the automatic determination of soot aggregate morphology[J]. Applied Optics, 51(5): 610-620.

Li P L, Ding Z, Rao W Y, et al., 2016. Evaluation of deformation properties of asphalt mixture using aggregate slip test[J]. International Journal of Pavement Engineering, 17(6): 542-549.

Masad E, Butto J, Papagiannakis T, 2000. Fine-aggregate angularity: Automated image analysis approach[J]. Transportation Research Record: Journal of the Transportation Research Board, 1721: 66-72.

Masad E, Olcott D, White T, et al., 2001. Correlation of fine aggregate imaging shape indices with asphalt mixture performance[J]. Transportation Research Record: Journal of the Transportation Research Board, 1757: 148-156.

Qiu X, Wang Y J, Xu J X, et al., 2020. Acoustic emission propagation characteristics and damage source localization of asphalt mixtures[J]. Construction and Building Materials, 252: 119086.

Su J F, Li P L, Sun S F, et al., 2021. Effects of composite geometric characteristics of coarse particles on interface interactions of aggregate-asphalt system[J]. Construction and Building Materials, 287: 122750.

第 3 章 矿料颗粒体系界面接触摩擦特性及迁移行为

本章彩图

集料构成了沥青混合料的骨架，大小不等、形态各异的矿料颗粒可以看作矿料颗粒体系。矿料颗粒体系是一个能量耗散结构，在沥青混合料拌和、摊铺、碾压及服役等不同阶段，矿料颗粒在机械外力或车辆荷载的作用下发生滚动、滑移等运动迁移行为，颗粒接触状态不断变化，伴随着复杂的界面摩擦行为。因此，矿料颗粒体系的界面接触摩擦特性在很大程度上决定了沥青混合料的摊铺均匀性、压实效果和力学性能。然而，传统的试验手段及评价方法难以有效地分析矿料颗粒体系的接触摩擦特性。

3.1 矿料颗粒体系接触摩擦测试方法

3.1.1 颗粒性材料接触特性评价方法

近年来，国内外学者采用高精度电子天平称重法(Lovoll et al.，1999)、复写纸压痕法(苗天德等，2007；Erikson et al.，2002)、磁共振弹性成像法(Sanfratello et al.，2009)和光弹应力分析法(计欣华等，2005)等试验方法和数值模拟等手段，对颗粒材料间接触特性进行表征分析。

(1) 高精度电子天平称重法是在容器内放入约 12 万个粒径为 2mm±0.05mm 的玻璃球，总质量为 1.2kg，把探针竖直放入颗粒底部，下面连接电子天平。在重力的作用下，颗粒在容器内相互嵌挤、摩擦，通过电子天平测得颗粒间接触力的大小。然而探针只能与底部单个颗粒接触，无法测量颗粒体系的内部接触力，也无法克服微小力对接触力的干扰。

(2) 复写纸压痕法是将粒径为 30mm±0.15mm 的大钢珠以六角密排晶体点阵的形式放入直径为 310mm 的圆柱形容器中，钢珠之间的空隙用粒径为 3mm 的小钢珠填充，在钢珠层间铺上复写纸和铝塑板，采用 500t 的压力机进行加载，通过复写纸上的压痕确定颗粒间的接触力大小。由于复写纸水平铺在钢珠层间，因此只能用来测量颗粒间的法向力，无法确定切向力大小。

(3) 磁共振弹性成像法是将粒径分别为 3mm 和 4mm 的塑料球放入 50mm×50mm×50mm 的容器中，然后发射 X 射线照射容器，将容器内部颗粒接触状态放大并拍照，通过旋转容器，收集全方位内部结构图像，并对颗粒体系进行三维建模，从而获取颗粒体系内部的三维力链分布情况。由于该方法只能在静止状态下进行测量，因此无法实时观测颗粒间动态接触力的变化。

(4) 光弹应力分析法依托二维试验，将厚度为 3mm，直径分别为 6mm、8mm、10mm 的聚碳酸酯颗粒材料放入 60cm×80cm 的偏振光场中，聚碳酸酯材料具有双折射效应，在外力作用下能产生干涉条纹，通过测量干涉条纹，可以获取颗粒体系内部的应力大小和方向。该方法测量准确度高，而且能测量不同方向的接触力大小，但仅限于二维结构，无法对三维颗粒体系进行测量。

(5) 离散元数值模拟方法是探究颗粒性材料内部结构的有效手段。随着计算机技术的发展，PFC 离散元模拟逐渐用于道路工程领域。颗粒体系具有非连续性、随机性的特点，通过装配集料模型、设置接触模型，可统计任意颗粒间的接触力大小、方向、接触面积等。但由于缺乏真实接触试验的标定，且在计算效率的限制下，模型可靠性和精度还需进一步提高。

由于计算机计算效率和精度的限制，矿料颗粒迁移过程中接触状态的演化难以准确测量和表征，因此开发了矿料接触摩擦测试仪，分析矿料颗粒体系在迁移过程中的接触摩擦特性，以期通过宏观试验现象反映颗粒体系的微细观力学行为。

3.1.2　矿料颗粒体系接触摩擦试验方法

3.1.2.1　测试原理

具有不同几何特征的矿料颗粒相互接触，产生界面摩擦力是维持颗粒体系稳定的关键。当集料所受外力大于所能提供的最大摩擦力时，集料会发生滑动或滚动等迁移行为。集料间的接触作用力非常复杂，可以采用黏壶、弹簧、滑动器和耦合器来简化接触模型，如图 3.1 所示。

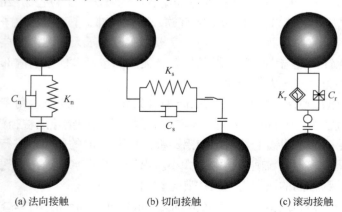

(a) 法向接触　　　　　　(b) 切向接触　　　　　　(c) 滚动接触

图 3.1　集料颗粒接触模型(孙珊珊等，2009)

集料间的抗滑动摩擦力 F_s 计算方法见式(3.1)：

$$F_{s} = -\text{sign}(x_{s})\min(|K_{s}x_{s} - C_{s}\overline{x}_{s}|, \mu F_{N}) \tag{3.1}$$

式中，x_{s} 为两接触点或接触面间的相对滑动位移；K_{s} 为切向刚度；C_{s} 为切向黏性系数；μ 为滑动摩擦系数；F_{N} 为法向接触作用力；$\overline{x}_{s}$ 为 x_{s} 对时间的变化率。

集料间的抗转动摩擦力 M_{r} 计算方法见式(3.2)：

$$M_{r} = -\text{sign}(\theta_{r})\min(|K_{r}\theta_{r} - C_{r}\overline{\theta}_{r}|, \eta F_{N}) \tag{3.2}$$

式中，θ_{r} 为两接触点或接触面间的相对转角；K_{r} 为转动刚度；C_{r} 为转动黏性系数；η 为转动摩擦系数；$\overline{\theta}_{r}$ 为 θ_{r} 对时间的变化率。

当不考虑颗粒间的黏滞力时，抗滑动摩擦力和抗转动摩擦力随相对位移和相对转角的增加呈线性增大趋势，直至 ηF_{N}。颗粒从相互接触到发生迁移，摩擦力经历静摩擦力、启动摩擦力、动摩擦力三个阶段。因此，可以通过测量矿料颗粒体系的接触作用力反映颗粒间的界面摩擦特性，不仅有助于从微细观水平认识沥青混合料的力学行为，还可为建立离散元接触模型提供模型参数。

矿料接触摩擦测试仪可用于研究颗粒在迁移过程中集料间的接触摩擦效应，解释矿料颗粒体系结构的失稳-重建现象(Li et al.，2016)，如图 3.2 所示。

图 3.2　矿料接触摩擦测试仪

矿料接触摩擦测试仪为恒体积、封闭式结构，主要包括三个腔体用以填充集料，在外力作用下中间腔体可沿导轨向上移动，同时腔体内的集料产生相对位移，从而与左右两个腔体内的集料形成两个接触滑移面，如图 3.3 所示。在试验过程中，接触滑移面上的集料受切向力和法向力作用，一开始处于准静态平衡状态，随着外力的增大，当切向力达到最大启动摩擦力时，集料发生滑动或转动或二者同时发生。在外力的持续作用下，接触作用力沿着力链传播，非剪切滑移面上颗粒间的接触状态受到扰动，当达到最大启动摩擦力时颗粒发生迁移，同时矿料颗粒体系进行结构调整，这可以看作颗粒性材料的结构自组织行为，进而促使骨架结构达到平衡状态或组织结构失稳。

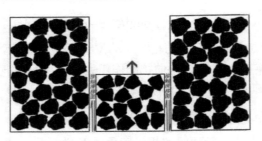

图 3.3　矿料颗粒体系的接触滑移面

3.1.2.2　试验条件

接触摩擦特性的试验条件主要包括加载行程、加载速率和计算机的采样间隔。为了准确表征集料的接触摩擦特性，选择石灰岩集料筛分得到的 6 组单粒径矿料颗粒体系进行试验，粒径分别为 1.18mm、2.36mm、4.75mm、9.5mm、13.2mm、16mm。由于粒径大于 19mm 的集料在试验过程中容易出现明显的剪胀现象，集料发生过度嵌锁，容易破坏装置，以及受仪器精度的限制，粒径过小难以得到有效的测试数据，因此暂未对公称粒径大于 19mm 及小于 1.18mm 的集料开展试验研究。在试验过程中，通过电子万能材料试验机(MTS)对颗粒体系施加的拉力由计算机系统实时采集。以主室向上运动的位移为横坐标，MTS 施加的力为纵坐标，绘制矿料接触摩擦特性曲线，如图 3.4 所示。

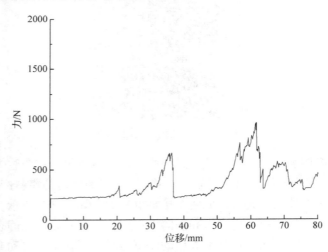

图 3.4　接触摩擦特性曲线

加载速率是重要的试验条件之一，直接影响矿料颗粒体系的接触摩擦响应。由于界面上没有润滑介质，呈干摩擦状态，荷载作用力远大于沥青混合料颗粒体系，接触摩擦的各向异性显著，粒径越大、颗粒组成越复杂，数据离散性越大。为了提高测量的可靠性，对不同矿料颗粒体系设置了不同的平行试验次数，如表3.1所示。通常认为试验速率越低，试验结果越准确，但考虑矿料在沥青混合料摊铺、压实过程中的迁移状态以及试验效率，备选试验速率为 10mm/min、15mm/min 和 20mm/min。

表 3.1　不同颗粒体系对应的平行试验数量

颗粒体系类别	单粒径矿料颗粒体系		级配矿料颗粒体系
粒径范围	小于 9.5mm	大于 9.5mm	—
平行试验次数/次	3	5	8

为了确定合适的试验速率，根据接触摩擦特性曲线，初步提出最大滑移作用力和作用力均值来表征颗粒体系的接触摩擦特性。

1) 最大滑移作用力

最大滑移作用力 F_m 是接触摩擦特性曲线最高点对应的作用力。在荷载作用下，剪切滑移面上的颗粒相互接触摩擦，在颗粒表面产生大小不同的应力，应力通过力链在颗粒体系内部传递，从而驱使不同位置的集料进行迁移，在此过程中矿料颗粒体系的结构发生失稳或重建。当整个结构处于最稳定状态时，MTS 施加的拉力最大，即为最大滑移作用力，计算方法见式(3.3)：

$$F_m = \text{Max}(F_i) \tag{3.3}$$

式中，F_i 为各采样点的作用力大小，N。

2) 作用力均值

作用力均值 F_u 反映矿料颗粒体系在结构失稳和重建过程中对外界扰动的平均抵抗能力，是不同采样点对应的拉力截尾平均值，计算方法见式(3.4)：

$$F_u = \frac{\sum_a^b F_i}{b-a+1} \tag{3.4}$$

式中，a 和 b 分别为第 5%分位数序号和第 95%分位数序号。

在不同加载速率下 6 组单粒径矿料颗粒体系的最大滑移作用力 F_m 和作用力均值 F_u 的变异系数如图 3.5 所示。

由图 3.5 可知，三种加载速率中，10mm/min 试验结果整体离散程度最低。当加载速率为 10mm/min 时，F_m 和 F_u 的变异系数最大值均最小；当加载速率为 15mm/min 时，F_m 和 F_u 的变异系数最大，其中 F_m 变异系数的最大值高达 50%，F_u 的接近 40%，加载速率为 20mm/min 的变异系数居中。整体而言，加载速率为 10mm/min 的试验结果的离散性最小，采用 10mm/min 作为矿料接触摩擦测试的加载速率。

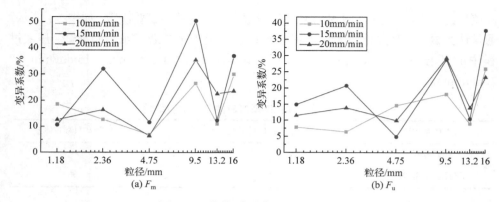

图 3.5　不同加载速率下的变异系数

可见，不同尺寸颗粒的接触状态存在显著差异。粒径较大的矿料，颗粒之间接触以面接触为主，依据界面力学中的经典赫兹(Hertz)接触理论，理想的两个弹性接触体的接触带宽度与接触当量曲率半径成正比。半径越大，接触带宽度越长，接触面积越大，其摩擦、滚动、滑移等接触行为越复杂。复杂的接触行为可能使宏观试验现象及参数差异越显著。此外，不同粒径的颗粒填充密实度不同，颗粒粒径越大填充密实度越小，空隙较大，分析其骨架结构稳定性还需要考虑界面摩擦效应。总之，粗集料颗粒间的相互作用较为复杂，试验结果的变异性较大。

MTS 携带的软件系统的采样频率为 60 次/s，在该条件下，采样点的数量约为 28800 个，为了提高计算效率，在不影响统计精度的前提下，设定采样间隔为 1/45。由于接触摩擦测试仪主室与侧室之间接触窗口的尺寸为 80mm×80mm，为了确保剪切滑移面左右两个腔体内的集料能够充分接触且接触面积保持不变，加载行程设置为 80mm。

3.2　单粒径矿料颗粒体系的界面接触摩擦特性

为了分析不同粒径的矿料颗粒在级配矿料颗粒体系中发挥的作用以及对接触摩擦特性的贡献，采用开发的接触摩擦测试仪对不同尺寸的单粒径矿料颗粒体系进行试验研究，分析矿料粒径对接触摩擦特性的影响，为探究级配矿料颗粒体系接触摩擦效应奠定基础。

3.2.1　评价指标

分别对前述的 A、B、C 三种单粒径集料进行接触摩擦试验，将最大滑移作用力(F_m)和作用力均值(F_u)作为表征矿料颗粒体系接触摩擦特性的力学指标，并采用极差(R_r)和波动差(S_s)表征接触摩擦曲线的波动特性。

1) 极差

极差 R_r 反映接触摩擦特性曲线的波动范围，是 F_m 与试验力基线的差值，计算方法见式(3.5)：

$$R_r = F_m - SF_1 \tag{3.5}$$

式中，SF_1 为波动基准线对应的作用力，N。

2) 波动差

波动差 S_s 反映接触摩擦特性曲线的平均波动程度，是各采样点接触作用力偏离均值状况的表征参数，计算方法见式(3.6)：

$$S_s = \sqrt{\frac{\sum_{1}^{n}(F_i - F_u)^2}{n}} \tag{3.6}$$

式中，F_i 为各采样点的作用力，N；$i = 1, 2, 3, \cdots, 629$；$n = 629$。

各评价指标的物理含义及其与试验曲线的关系如图 3.6 所示。

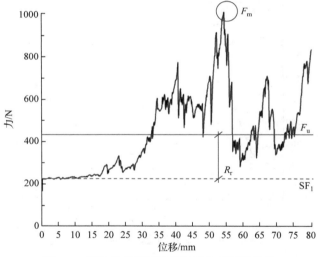

图 3.6 单粒径矿料颗粒体系的各项评价指标

3.2.2 界面接触摩擦特性

3.2.2.1 力学指标

单粒径矿料颗粒体系接触摩擦特性主要通过力学指标和波动特性体现(Su et al.，2020)。F_m 和 F_u 随粒径的变化分别如图 3.7 和图 3.8 所示，随着粒径的增大，F_m 和 F_u 整体均呈上升趋势，其中 F_m 在 4.75mm 档集料附近出现一些波动，此外大粒径粗集料颗粒体系的离散程度比细集料颗粒体系的大；F_u 的变化趋势与 F_m 相似，但离散程度相对较小。

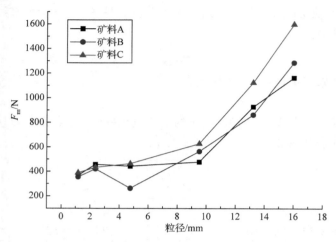

图 3.7　单粒径矿料颗粒体系的最大滑移作用力

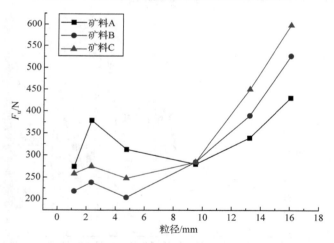

图 3.8　单粒径矿料颗粒体系的作用力均值

　　分析可知，矿料颗粒体系的接触摩擦特性取决于集料间的摩擦系数、接触面积和接触长度，其中接触面积和接触长度与粒径密切相关。外界输入的能量主要在接触面上耗散，对于粗集料颗粒体系来说，集料间的接触形式以面接触为主，而细集料间主要是点接触或微小面接触。集料的尺寸越大，接触面上应力分布的范围越广，集料颗粒通过进行滑动、滚动等行为促使颗粒体系进行自组织、维持自身结构稳定的能力越强。在试验过程中，颗粒间持续接触，接触长度越大，对应力的传播能力越强。研究表明颗粒接触产生的弹性波以光速 v_s 在颗粒体系内传播，弹性波通过一个颗粒所需的时间 t_s 为(孙其诚等，2017)

$$t_{s} = \frac{d}{v_{s}} \approx (4 \sim 8)\mu_{s} \tag{3.7}$$

式中，d 为颗粒的直径；μ_{s} 为颗粒表面的摩擦系数。

颗粒间接触分离所需的时间 t_{fc} 为

$$t_{fc} \approx \frac{1}{\gamma} \approx \left(\frac{d}{g}\right)^{1/2} \tag{3.8}$$

由式(3.7)和式(3.8)可知，集料的粒径越大，集料颗粒保持接触、抵抗外力扰动的能力越强，因此矿料颗粒体系的两个力学指标 F_{m} 和 F_{u} 呈增大趋势，但在 4.75mm 和 2.36mm 处存在一些波动。细集料颗粒的棱角、纹理等几何特征对接触摩擦的贡献虽然比粗集料小，但相应的矿料颗粒体系的密实程度相对较大，对应力的消散能力比较强，因此其结构稳定性虽然弱于大粒径粗集料，但与小粒径 4.75mm 矿料颗粒体系的相差不大。

3.2.2.2　波动特性

随着粒径的增大，单粒径矿料颗粒体系的 R_{r} 和 S_{s} 分别如图 3.9 和图 3.10 所示，其变化趋势与力学指标相似。在外力的作用下，集料颗粒发生的迁移并不是无序的，矿料颗粒体系是一个能量耗散结构，在矿料的迁移过程中，颗粒间的接触状态频繁变化，结构不断的演化。当局部结构达到相对稳定状态时，试验力曲线会发生不同幅度的波动，但若局部结构稳定不利于整个颗粒体系的结构向极限平衡态演化，则会通过调整集料颗粒的位置以及接触状态继续进行结构自组织，直至达到更为稳定的结构，此时曲线会出现最高的波峰，因此曲线的波动特征反

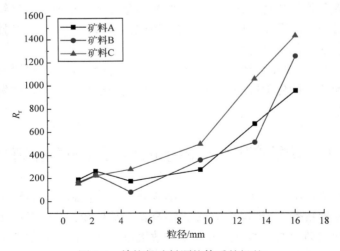

图 3.9　单粒径矿料颗粒体系的极差

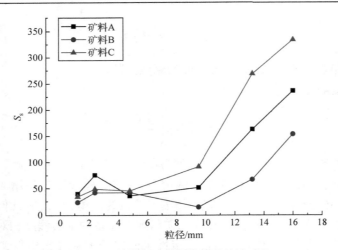

图 3.10　单粒径矿料颗粒体系的波动差

映了矿料颗粒体系的结构自组织能力。自组织能力越强，矿料颗粒体系的结构稳定性越好，这与四个评价指标反映的接触摩擦特性一致。

对粗集料而言，粒径越大，颗粒间的接触摩擦越剧烈，越容易形成稳定的接触；对于细集料来说，粒径越小，颗粒间的空隙越少，结构越密实，这可以提高颗粒体系对外力的抵抗能力，但由于小粒径集料的几何特征对接触摩擦的贡献较小，因此细集料颗粒体系的结构一般不如粗集料颗粒体系的稳定。2.36mm 颗粒体系中矿料几何特征对接触摩擦强度的贡献相对其他细集料要多一些，这使得2.36mm 颗粒体系既具有密实的结构，也有一部分颗粒通过接触形成的骨架结构，因此其结构自组织能力比 4.75mm 颗粒体系的强。可见，粗集料颗粒体系主要通过集料间的接触摩擦进行结构自组织，细集料颗粒体系主要从调整结构的密实程度以及调整接触状态两个方面进行结构自组织，但粒径越小，颗粒接触摩擦特性对结构自组织能力的贡献越小。

综上，粒径大小对单粒径矿料颗粒体系的力学特性和波动特性均有显著影响。级配矿料颗粒体系的界面接触摩擦特性以及单粒径矿料颗粒在其中发挥的作用有待进一步探索。

3.3　级配矿料颗粒体系的界面接触摩擦特性

矿料级配不仅决定了沥青混合料的结构类型，而且影响矿料颗粒的分布状态及界面接触摩擦特性。不同结构的沥青混合料，其拌和、摊铺及压实特性存在较大差异，因此流动状态、离析程度和压实效果也不同。国内外学者从级配设计及其对沥青混合料施工特性和力学性能的影响开展了积极的探索，但对各环节矿料颗粒界面效应及演化机制仍缺乏深入的认识，沥青混合料离析控制、压实控制以及力学性能提升缺乏理论基础。

3.3.1　评价指标

级配矿料颗粒体系内部粗、细集料颗粒数量及功能各异，在荷载作用下矿料颗粒发生不同程度的迁移，其界面接触摩擦效应非常复杂。选择 AC-16、SMA-16 和 OGFC-16 三种级配矿料颗粒体系进行试验研究，从力学指标和波动特性两个角度，分析级配矿料颗粒体系的接触摩擦特性和结构演化行为，其中最大滑移作用力(F_m)作为表征接触摩擦特性的力学指标。

与单粒径矿料颗粒体系相比，级配矿料颗粒体系的滑移作用力水平较低，接触摩擦曲线波动幅度较小，如图 3.11 所示。在同一尺度下三种矿料颗粒体系的波动幅度基本相同，因此波动差和极差难以用于评价级配矿料颗粒体系的波动特性。

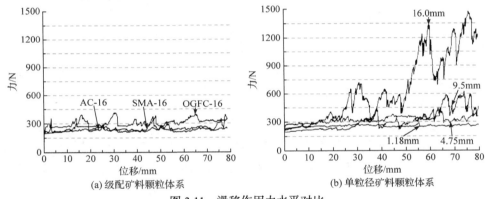

(a) 级配矿料颗粒体系　　　　　　　(b) 单粒径矿料颗粒体系

图 3.11　滑移作用力水平对比

接触摩擦特性曲线的起伏反映了颗粒体系结构的调整，作用力峰值越高、峰距越大，说明结构调整的规模越大；作用力峰值低、峰距小，说明结构调整幅度较小。根据曲线的波动规律，采用波峰特征参数表征级配矿料颗粒体系的波动特性，根据波峰的峰值和峰距大小将其分为宏峰和微峰，并提出了宏峰和微峰的定义及判定方法(张栋等，2021；汪雪元等，2020)。

(1) 宏峰反映颗粒迁移的程度和颗粒体系进行结构自组织的能力，具有以下几个特征：①作用力峰值显著大于作用力均值，且在宏峰左右 5mm 范围内所有采样点的作用力均小于作用力峰值；②衰减速度快，衰减时间小于 15s；③衰减幅度大于 15%。

宏峰可通过滑动窗口寻峰法(图 3.12)进行判定。先生成一个窗宽为 5mm 矩形框，窗高为作用力峰值的 15%；然后使矩形框从左至右遍历所有的采样点，其下边框与曲线相交，交点记为 $A_1(x_1, y_1)$、$A_2(x_2, y_2)$，同时识别 $x_1 \sim x_2$ 范围曲线最高点

P 的坐标 (x_3, y_3)。计算 P 点与下边框之间的作用力差值 Diff，Diff = y_3-max(y_1, y_2)。当 Diff 大于窗高时，则判定 P 点为宏峰，反之继续寻峰。

(2) 微峰反映了颗粒体系的局部结构自组织的能力，通过局部动态调整，向平衡稳定态发展以防止或延缓失稳。其具有以下特征：①作用力峰值比作用力均值大；②峰的范围小于 13 个采样点；③作用力峰值的衰减幅度在 10%以内。

微峰可通过邻点最大值寻峰法(图 3.13)进行判定，从左至右遍历所有采样点，当采样点的作用力大于相邻 $2n+1$ 个点的作用力时，判定为微峰，n 一般取 5。

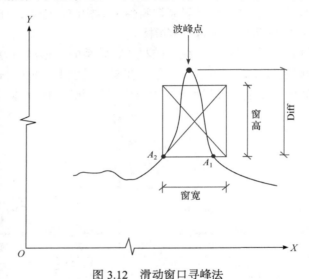

图 3.12　滑动窗口寻峰法

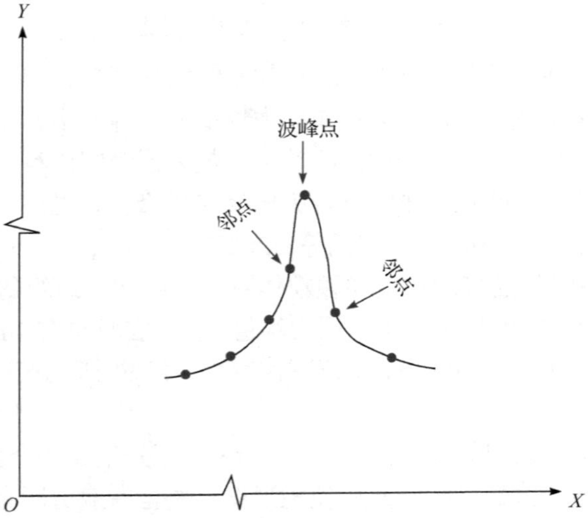

图 3.13　邻点最大值寻峰法

在荷载作用下，矿料发生运动迁移，颗粒间接触摩擦状态持续转变，即接触摩擦曲线处于频繁波动状态，高度不同、频率多样的宏峰和微峰频繁、交替出现，如图 3.14 所示。

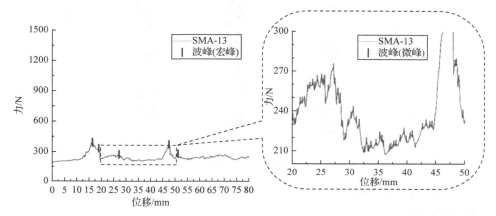

图 3.14 接触特性曲线波峰

可见，宏峰体现了矿料颗粒体系结构相对稳定态的极限性质。峰值出现后，荷载作用力骤降，颗粒接触结构发生失稳并伴随着结构调整重建，随后达到新的平衡稳定状态，即出现新的宏峰。在外荷载作用下，颗粒体系结构在稳定态和失稳态间不断循环。采用宏峰数 N_H 和微峰数 N_S 表征颗粒体系进行不同规模结构调整的次数，也可以反映颗粒体系内部经历失稳周期的次数。其中 N_H 体现了结构重建循环的次数，N_H 越大，颗粒体系在单位时间内进行状态循环的次数越多，稳定态保持的时间越短，即维持自身稳定的能力越差。

3.3.2 接触摩擦力学指标

滑移作用力的大小和量级是矿料颗粒体系骨架稳定性的反映，滑移作用力越大，矿料颗粒体系在外界荷载作用下维持骨架稳定性的能力越强(Li et al.，2020)。AC-13、SMA-13 和 OGFC-13 三种级配矿料颗粒体系的 F_m 如图 3.15 所示。

由图 3.15 可知，OGFC-13 矿料颗粒体系的 F_m 最大，SMA-13 次之，AC-13 最小，即公称最大粒径相同时，结构稳定性排序为 OGFC>SMA>AC。在级配矿料颗粒体系中，细集料填充粗集料间空隙，对粗集料间的摩擦、滑动、滚动起到了润滑干涉作用，减弱了粗集料间的接触摩擦强度。OGFC 矿料颗粒体系的组成主要以粗集料为主，大粒径集料颗粒的接触概率更大，使得矿料颗粒体系更容易形成稳定的接触结构。SMA 矿料颗粒体系属于密实骨架结构，粗集料形成骨架，但受细集料的干涉与润滑作用，结构的稳定性弱于 OGFC。AC 矿料颗粒体系中粗集料含量较少，而细集料较多，既无法形成骨架，又容易受到细集料的润滑干涉作

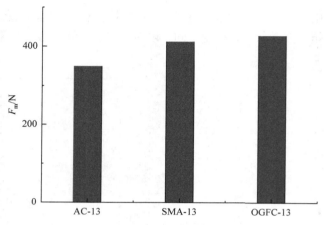

图 3.15   三种级配矿料颗粒体系的 F_m

用，因此结构稳定性最差。若仅从骨架结构的稳定性角度出发，OGFC 是性能优异的级配结构。

3.3.3   接触摩擦曲线波动特性

对于不同的级配类型而言，粗集料的接触状态以及细集料的填充作用不同，矿料颗粒体系的稳定-失稳状态及循环特性也存在差异。三种级配矿料颗粒体系的 N_H 和 N_S 如图 3.16 所示。

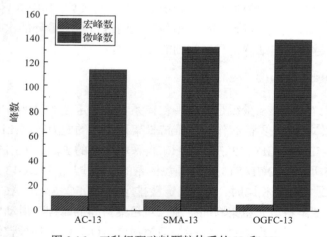

图 3.16   三种级配矿料颗粒体系的 N_H 和 N_S

由图 3.16 可以看出，三种级配矿料颗粒体系的 N_H 和 N_S 均存在显著的差异。对 N_H 而言，AC-13 颗粒体系的最大，OGFC-13 颗粒体系的最小，说明 AC-13 在单位时间内"稳定-失稳"循环次数较多，OGFC-13 的稳定态保持时间长，即维持结构稳定的能力最强。在试验过程中，滑动面上的颗粒受法向力和切向力作用发生强烈的摩擦、滚动和滑移，颗粒体系内部结构发生嵌挤、密实，当荷载超过结构的承受能力时，颗粒体系失稳，整个结构发生调整。OGFC 和 SMA 属于骨架型结构，抵抗外力的能力更强，但 SMA 颗粒体系中含有较多的细集料，对粗集料的接触起到润滑作用，因此维持结构稳定的能力弱于 OGFC 颗粒体系。

将颗粒体系处于两个相对稳定状态之间的状态称为"亚稳定态"，可以通过 N_S 反映。系统内部颗粒通过频繁的接触、摩擦、滚动、滑移促使颗粒体系结构朝稳定态发展，或阻止骨架结构失稳。由图 3.16 可知，OGFC-13 颗粒体系出现的微峰的次数最多，AC-13 颗粒体系最少，说明 OGFC-13 颗粒体系为维持骨架结构稳定进行了频繁的动态微调整。与单粒径矿料颗粒体系相比，级配矿料颗粒体系亚稳态作用显著。AC-13 颗粒体系中粗集料少、细集料多，因此相同体积下，AC-13 中颗粒的数量最多，接触作用最频繁。可见，并不是接触作用越频繁，颗粒体系越容易形成或维持稳定结构。粗集料以面接触为主，接触摩擦作用非常显著，细集料以点接触为主，在一定区域内细集料相对集中则会形成干涉效应，两个粗集料之间的接触摩擦作用可能因之间的细集料而受到削弱产生滑移失稳。

3.3.4　复合几何特征与接触摩擦特性的关系

为了分析粗、细集料在颗粒体系中发挥的作用，进一步揭示矿料迁移过程中颗粒间的接触摩擦机制，重点针对 AC 类沥青混合料，选择 AC-13S、AC-13Z、AC-13X、AC-16Z、AC-20Z 级配，分析级配走向、集料粒径和几何特征对颗粒体系接触摩擦特性的联动作用。级配矿料复合几何指数(复合形状指数 CI_{SP}、复合纹理指数 CI_{TX}、复合棱角指数 CI_{GA})和最大滑移作用力 F_m 的关系如图 3.17 所示。分

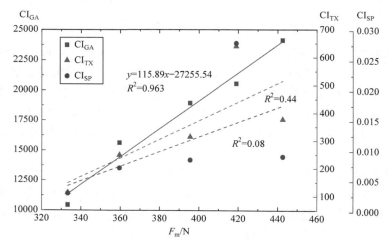

图 3.17　复合几何指数与最大滑移作用力之间的关系

析可知，CI_{GA} 与 F_m 呈较好的线性关系，决定系数高达 0.963，说明复合棱角特征是影响颗粒间接触摩擦状态的主要因素。

由图 3.18 可知,不同颗粒体系的 CI_{GA} 排序均为 AC-20Z > AC-13X > AC-16Z > AC-13Z > AC-13S。对于同一级配走向的颗粒体系而言，NMAS 越大，CI_{GA} 越大。矿料颗粒的体积越大，棱角间发生的嵌挤、摩擦的强度越大；粗集料的数量越多，棱角间相互接触的概率越大。颗粒体系中的细集料，特别是粒径小于 1.18mm 的颗粒附着在粗集料的表面，减弱了粗集料几何特征对接触摩擦特性的贡献，因此在计算粗集料的复合几何特征时考虑细集料的影响是合理的。另外，细集料在填充粗集料间骨架空隙的过程中会撑开骨架，减小棱角和纹理的接触面积，使颗粒体系容易滑移失稳。

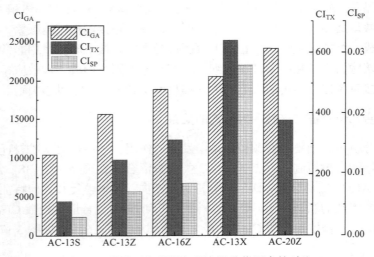

图 3.18　复合几何指数与最大滑移作用力的对比

颗粒体系的接触摩擦特性是不同尺寸集料的数量和几何特征综合作用的结果。对于单粒径矿料颗粒体系来说，颗粒的粒径越大，接触效应越显著，说明接触摩擦特性对颗粒尺寸的变化更敏感，这与 CI_{GA} 对粒径变化的敏感性一致。然而 CI_{SP} 和 CI_{TX} 更易受集料数量变化的影响，尤其是 4.75～9.5mm 和 1.18mm 以下的集料，AC-13X 颗粒体系中粗集料数量最多，细集料数量最少，因此 CI_{SP} 和 CI_{TX} 最大。

颗粒体系是典型的能量耗散结构，具有结构自组织能力。由于粗、细集料分布不均，在级配矿料颗粒体系内部产生了不同平衡状态的子系统，各子系统既相互竞争又互相协同，使颗粒系统平衡稳定状态不断演化，颗粒几何特征尤其是复合棱角特征是影响界面接触摩擦及稳定状态的关键因素。

3.4　矿料颗粒体系细观力学特性

3.4.1　接触摩擦虚拟试验方法

采用离散单元法，进行虚拟接触摩擦试验以及数值模拟，分析矿料颗粒体系的接触摩擦状态及颗粒迁移行为。

3.4.1.1　模型建立

模型中装置墙体由 WALL 组件构建，其尺寸与实际尺寸相同，试验装置中两侧挡板由大刚度弹簧控制其运动，1=SPRING 组件为弹簧侧限墙体，1=SLIP 组件为主室墙体，如图 3.19 所示。

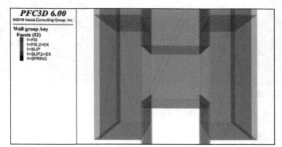

图 3.19　虚拟接触摩擦测试仪示意图

采用蓝光三维扫描方法，获取矿料颗粒表面三维点云，并将其与各扫描面拼接后，通过 Geomagic 软件处理为.STL 格式文件导入 PFC3D 中 Geometry 模块，作为生成颗粒模板的基本模型文件。根据 Geometry 模块中模型文件调用 Bubble-pack 算法生成刚性簇(clump)作为粗集料的投放模板。颗粒模型如图 3.20 所示。刚性簇为一个不可破碎的整体，其通过多个小球(pebble)的合理叠加来近似实现真实颗粒的形状及棱角，近似的精度在算法中受参数比率(ratio)和距离(distance)共同

(a) STL模型　　　　　　(b) Geometry模型　　　　　　(c) clump模型

图 3.20　颗粒模型

影响。考虑计算效率及计算精度，选择使用的 ratio 为 0.3，distance 为 110。

3.4.1.2 数字矿料颗粒投放

PFC3D 中可供使用的投放方式包括 Distribute 和 Generate 两种。使用 Generate 命令生成不重叠颗粒，并令其仅在重力作用下下落至密实，生成颗粒体积根据实际试验称重换算，虚拟试验中颗粒密度统一设置为 2700kg/m³。颗粒投放过程及投放完毕状态如图 3.21 所示。

(a) 投放过程　　　　　　　　　　　　　(b) 投放完毕

图 3.21　颗粒的投放

3.4.1.3 模型参数标定

在 PFC3D 中，可供设置的 Hertz 模型参数包括颗粒的剪切模量 G、泊松比 ν 以及摩擦系数 f，根据《公路沥青路面设计规范》(JTG D50—2017)的砂石类材料参数，矿料泊松比选用 0.25。通过石灰岩实测数据进行剪切模量标定。

通过斜面法将集料置于与测试仪材质相同的铸铁板上一端(Li et al.，2005)，以另一端作为转动轴，测量矿料在铸铁斜面开始滑动时的倾角 φ，进行墙体与颗粒间摩擦系数标定，如图 3.22 所示。

(a) 测试初始状态　　　　　　　　　　　　(b) 颗粒开始滑移

图 3.22　墙体-颗粒间摩擦试验

当取消两侧室盖板时，颗粒可发生自由转动且接触摩擦特性曲线稳定，试验数据可用于标定颗粒间的摩擦系数，颗粒-颗粒间摩擦试验结果如图 3.23 所示。

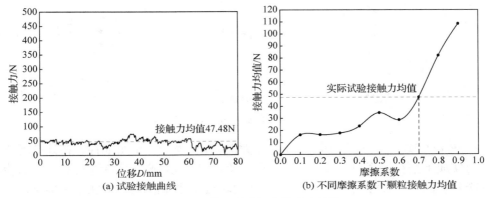

图 3.23　颗粒-颗粒间摩擦试验结果

3.4.2　接触摩擦虚拟试验评价参数

1) 配位数与平均接触数

对于堆积的颗粒体材料而言，颗粒间呈接触状态，相互接触的颗粒个数很大程度上决定了颗粒体材料的宏观力学性质(Zhang et al., 2014)。

配位数是指颗粒体系中各颗粒周围与其接触的颗粒数量的均值，而平均接触数是指各颗粒与周围其他颗粒接触点数量的均值，两个指标均反映颗粒间接触的紧密程度。若设颗粒中颗粒总数为 N，则配位数 N_{coor} 和平均接触数 N_{con} 计算方法分别见式(3.9)、式(3.10)：

$$N_{coor} = \frac{\sum\limits_{i=1}^{N} N_{pi}}{N} \tag{3.9}$$

$$N_{con} = \frac{\sum\limits_{i=1}^{N} N_{ci}}{N} \tag{3.10}$$

式中，N_{pi} 为与第 i 个颗粒相接触的颗粒数量；N_{ci} 为第 i 个颗粒上存在的接触点数。

当颗粒形状为球体时，每两个颗粒间有且仅存在一个接触，因此平均配位数与平均接触数在数值上相等。但对于真实集料而言，其形状是非球形颗粒模型，两颗粒间并不是仅存在简单的点接触，可能由于形状契合而形成嵌挤结构，存在两个及以上的接触点，构成线接触或面接触。对于两个互相接触的颗粒，若其接触点数等于 1，则定义为点接触；若等于 2，则定义为线接触；若大于等于 3，则定义为面接触，如图 3.24 所示。因此，点、线、面接触虽然均为两颗粒间接触，但更为细致地描述了颗粒间的接触状态。

(a) 点接触　　　　　　　　(b) 线接触　　　　　　　　(c) 面接触

图 3.24　颗粒间不同接触状态

在 PFC3D 中，由于两个 clump 间接触点存在大于 1 的可能性，在计算配位数时实质上是在计算颗粒的平均接触数，计算结果往往高于实际配位数。为消除两个颗粒间多余接触数的影响，编写 FISH 函数，将相同编号的颗粒间接触在数量上等效为 1，计算颗粒的配位数。

2) 平均接触力

在矿料颗粒体系中，平均接触力是颗粒之间接触力大小的平均值，既可以反映颗粒体系中接触力整体水平，也可以作为区分颗粒体系中强弱力链的标准(毕忠伟等，2011)。当某接触力大于平均接触力时，可视为强接触，否则为弱接触。若设颗粒间的总接触数为 N'，则平均接触力 $\overline{F}$ 可按式(3.11)计算：

$$\overline{F} = \frac{\sum_{i=1}^{N'} F_i}{N'} \tag{3.11}$$

式中，F_i 为模型中第 i 个接触的作用力大小。

3) 颗粒的运动参数

颗粒运动可分为移动与转动，其中移动在 PFC3D 中用 Displacement 指标表征，是指颗粒在每一时步下的位移矢量的累加值；颗粒的转动以欧拉(Euler)指标表征，包含三个分量 Euler(x, y, z)，即代表颗粒分别以 X、Y、Z 轴为旋转轴顺时针旋转角度 x、y、z。

3.4.3　接触摩擦细观特性

3.4.3.1　加载过程中的力链分布状态

矿料颗粒体系的接触摩擦虚拟试验曲线与前述室内试验规律一致，具有典型的波动特征。为了进一步分析矿料颗粒体系的接触摩擦状态，在波动曲线上计算了宏峰的位置，并调取宏峰前一个采样点至宏峰完全衰减后的采样点的数据，从细观角度解析宏峰的形成过程。

以 AC-20Z 接触摩擦特性曲线为例，在滑移过程中确定宏峰采样点 9 处，如图 3.25 所示，取其中作用力衰减最大的峰($F = 537.57$N)作为研究对象，相关数据列于表 3.2 中。

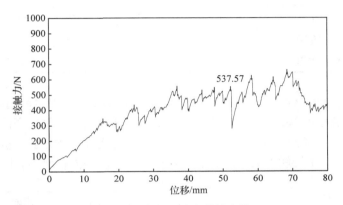

图 3.25　虚拟试验中曲线宏峰

表 3.2　取样宏峰点参数

采样点	峰时接触力/N	峰后接触力/N	峰后衰减力/N	衰减时长
9	537.57	277.21	260.36	3 个采样点

虚拟试验中测得的接触力实质是主室墙体上的接触力。根据法向向量的方向，将主室各墙体分为顶部墙体、侧部墙体和底部墙体三组，如图 3.26 所示。

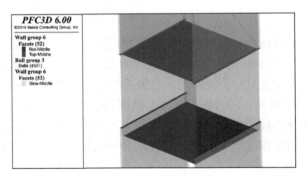

图 3.26　主室墙体分组

通过软件，导出各墙体在波峰前后受到的总接触力，如表 3.3 所示，其中正值表示该墙体对颗粒的接触力向上，负值则方向相反。在各主室墙体中，底部墙体承受主要荷载，占主室墙体受力的 80%以上，故主要以底部墙体接触力分析其在峰值前后的接触变化。

表 3.3　不同墙体的接触力分配

采样点	接触力/N			
	顶部墙体	底部墙体	侧部墙体	总和
峰时(Peak)	−47.656	510.825	69.166	532.335
峰后一个采样点(AP1)	−48.618	515.263	63.636	530.281
峰后两个采样点(AP2)	−39.388	307.108	4.060	271.780

底部墙体颗粒接触数及接触力分布如图 3.27 所示，其中底面上接触力 F_{bot} 小于 1N 的接触数占总数的 73.89%～78.25%，但其总接触力仅占底面上接触力的 5.9%～7.94%。试验过程中，在接触力突降前后，与底部墙体较弱的接触力并未发生显著变化，但是接触力大的区域受力减小，导致测得的接触力骤降。

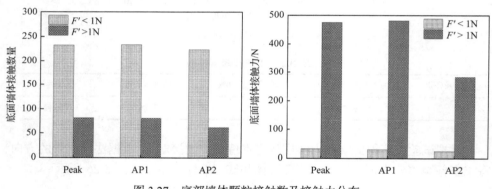

图 3.27　底部墙体颗粒接触数及接触力分布

结合接触摩擦特性曲线，对波峰处力链情况进行分析，如图 3.28 所示，在颗粒体系中，力链在峰后一个采样点及之前均未发生显著变化，此时接触摩擦特性曲线也较平缓；当接触力发生突降时，右侧接触窗口处的强接触(红、绿颜色线段见二维码对应彩图)消失，同时底部墙体上的强接触也消失。可见，在矿料相对滑移过程中，强接触表现为少数几条接触力较大的力链，是荷载传递的主要路径。如果强接触力链在滑移过程中发生断裂，则会导致接触力发生突降。

3.4.3.2　宏峰处的颗粒运动情况

在加载过程中，颗粒处于不断运动当中，为便于观察峰值前后颗粒的运动状态差异，将峰前存档中的颗粒转动量与位移量清零。图 3.29(a)～(f)分别为仪器监测的峰前、峰时、峰后内部颗粒的转动情况，颗粒颜色代表颗粒转角的大小。为了便于观察，将颗粒转角阈值设为 1°，以消除转动较少的颗粒。

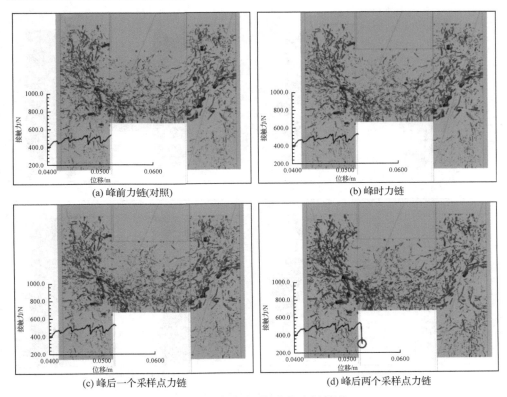

(a) 峰前力链(对照)　　　　　　　　　(b) 峰时力链

(c) 峰后一个采样点力链　　　　　　　(d) 峰后两个采样点力链

图 3.28　波峰处颗粒内部力链情况

由图 3.29(a)、(b)可知，由"峰前"至"峰时"过程中颗粒存在少量转动，且多为小粒径颗粒，颗粒转动幅度较小，此时接触力仍处于小幅上升阶段，在主室的拉升力作用下颗粒朝向微调，颗粒间接触作用增强。由图 3.29(c)、(d)可以看出，随主室继续滑移，到达峰后一个采样点时，接触力存在小幅下降，与"峰时"相比大颗粒发生转动，但转动幅度较小；当到达"峰后"第二个采样点处，接触力

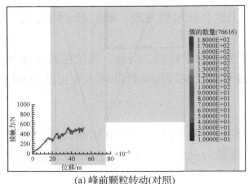

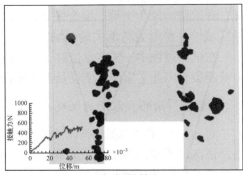

(a) 峰前颗粒转动(对照)　　　　　　　(b) 峰时颗粒转动

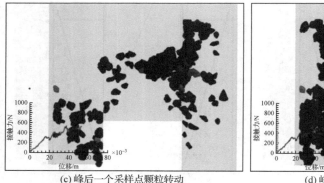

(c) 峰后一个采样点颗粒转动

(d) 峰后两个采样点颗粒转动

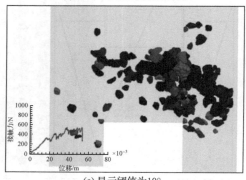

(e) 显示阈值为10°

(f) 颗粒位移矢量图

图 3.29　波峰处颗粒运动情况

出现大幅下降，发生转动的颗粒数量显著增多，其中标记的红色颗粒(见二维码对应彩图)的转角超过 180°，同时大颗粒转动幅度增大。如果调整转动颗粒的显示阈值为 10°，则发现转动较大的颗粒主要位于接触窗口处，即在接触力发生大幅改变时，对应接触窗口处的颗粒也发生大幅度转动，如图 3.29(e)所示。

从图 3.29(f)可以看出，大幅转动区域的集料位移量也较大，且在接触窗口两侧移动方向相反，表明大颗粒间形成的嵌挤结构可能因颗粒转动、滑移而发生破坏，骨架结构发生失稳。结合图 3.28 中的力链变化可以发现，颗粒运动幅度较大的区域恰是接触力链消失的区域。

在试验过程中，随主室位移，接触面上颗粒发生转动、滑移，致使颗粒间接触力链断裂，因此主室墙体所受接触力不断变化，接触摩擦特性曲线表现出波动性。

3.4.3.3　滑移接触面的细观变化

对加载过程中的颗粒整体力链分析，发现力链在两侧接触滑移窗口处发生扭曲，该区域颗粒的粒径组成对颗粒整体的接触力有影响。作为两室颗粒直接接触并形成滑移面的区域，接触窗口附近的颗粒运动最为剧烈。

　　由于矿料颗粒形态各异，因此加载过程中形成的接触面并不规则。为深入研究接触面上颗粒接触特性，并便于对颗粒信息进行统计分析，根据颗粒的空间位置，将其分为左侧室、主室(中)和右侧室三组颗粒，如图 3.30 所示，主室与左、右侧室的颗粒间形成了滑移接触面。

(a) 各室颗粒分组　　　　　　　　　　　　　　(b) 接触面接触分组

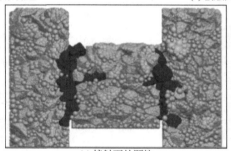

(c) 接触面处颗粒

图 3.30　滑移接触面

　　空隙率可以在很大程度上反映矿料颗粒间的接触状态。为了分析滑移过程中的空隙率变化，在两侧接触窗口处设置半径为 30mm 的测量球如图 3.31(a)所示。接触面上接触数随位移的变化(空隙率变化)如图 3.31(b)所示，在接触面上模型中的初始空隙率为 39.3%。随滑移的进行，空隙率逐渐增大并达到 46.4%，可见随着滑移面上的颗粒受力滑移，转动间距和空隙率增大，单位体积内颗粒数相对减少。由图 3.31(c)、(d)可以看出，在加载过程中平均接触数总体为上升趋势，其中接触面上平均接触数显著高于整体配位数，且波动性较大，说明接触面上的颗粒比整体颗粒的接触更加紧密，而较大的配位数波动性表示颗粒间接触存在频繁的断裂与重组。

　　接触面上颗粒的接触状态如图 3.32 所示。接触面上颗粒接触以点接触为主，而线接触和面接触数相对较少。然而，尽管面接触数相对较少，但接触力所占的比例最高。在接触力发生突降时，接触面上点接触、线接触及面接触数均显著降低。当接触力降至谷底又开始增大时，颗粒间点接触及线接触数恢复最快，说明

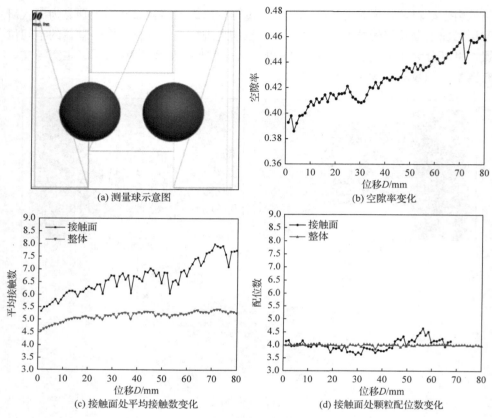

(a) 测量球示意图

(b) 空隙率变化

(c) 接触面处平均接触数变化

(d) 接触面处颗粒配位数变化

图 3.31　加载过程中接触面上颗粒的细观状态

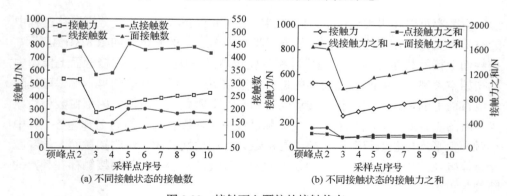

(a) 不同接触状态的接触数

(b) 不同接触状态的接触力之和

图 3.32　接触面上颗粒的接触状态

颗粒结构在重建初期以点接触和线接触的增加为主。随着接触力的继续增大，点接触及线接触数基本保持不变，面接触数开始持续增加。如图 3.32(b)所示，面接触力之和远大于其他两种接触状态。当接触力发生突降时，以面接触力降低为主，其次是线接触力；在接触力降低至谷值后，接触力增大过程中主要以面接触力的增大为主。综上所述，颗粒间因抵抗外力滑移而呈现出的接触力主要受面接触的影响。当颗粒数量较多时，集料间的接触以接触力大的面接触为主，从而导致作用力宏峰值增大。

3.5　矿料颗粒体系的动态迁移行为

在加载过程中，矿料接触摩擦测试仪主、侧室间的颗粒始终处于动态迁移接触状态，颗粒间接触摩擦响应呈现波动性。本节以 AC-20Z 级配矿料颗粒体系为例，通过颗粒体系细观参数演变规律分析动态迁移行为。

3.5.1　颗粒运动状况

图 3.33 给出了加载结束时颗粒运动状况统计结果。图 3.33(a)中不同颗粒颜色反映集料的累计转角差异，可见转动较大的集料主要分布在主、侧室界面上，两侧室外部和主室中间部位颗粒转动幅度较小。图 3.33(b)为集料位移矢量图，其中箭头方向代表集料的移动方向，箭头颜色代表集料的位移大小(见二维码对应彩图)，可见在主室内的集料以向上位移为主，而两侧室远离接触窗口的集料则以水平方向位移为主。在主侧室接触面上，受迫滑移的集料会带动临近集料朝滑移方向运动，发生转动幅度较大，并挤压相对较远的集料沿接触面法线方向运动。

　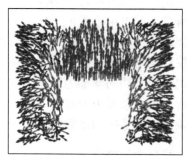

(a) 加载结束时颗粒转动状况　　　　　　　(b) 加载结束时颗粒位移状况

图 3.33　加载结束时颗粒运动状况

3.5.2　配位数与接触数

在加载全行程 80mm 范围内，颗粒整体平均配位数及平均接触数变化如图 3.34 所示。

由图 3.34(a)可知，颗粒整体平均配位数在 3.8～4.1 波动，平均接触数在 4.4～5.4；随着迁移运动的进行，平均接触数与接触力均呈较一致的波动上升趋势，但

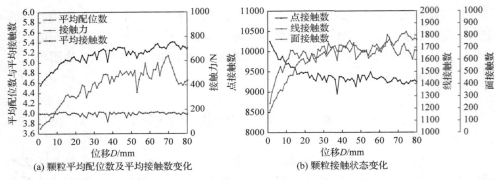

(a) 颗粒平均配位数及平均接触数变化　　　　(b) 颗粒接触状态变化

图 3.34　加载过程中颗粒接触参数及状态变化

平均配位数变化幅度较小，随滑移距离增加无显著差异，且配位数相对较少，说明模型中存在两颗粒间有多个接触点的情况。

为进一步探究级配颗粒在滑移过程中接触状态的演变，根据点、线、面接触定义编写 FISH 程序，通过读取每颗模型颗粒上的接触信息可以统计其中颗粒整体的点、线、面接触数，如图 3.34(b)所示。随加载的进行，颗粒整体中的点接触数减少，由 10250 减少至 9250 附近波动，而线、面接触则分别由 1250、200 增加至 1700、700 左右。说明在颗粒体相对滑移过程中，颗粒自身发生转动或移动，使得颗粒间接触状态发生改变，由点接触逐渐转化为线接触与面接触，而且线、面接触的变化趋势与模型中测得的整体接触力趋势一致。

当两颗粒间仅有点接触时，颗粒可绕接触点在另一个颗粒的一侧进行自由转动和滑移，其自由度类似于球铰；当两颗粒间接触状态变为线接触时，颗粒仅能进行绕轴转动和滑移，相较于点接触下降一个自由度；当两颗粒间形成面接触，则其仅能相对于另一颗粒发生滑移。矿料间发生转动的难度与其法向接触力的大小无关，但其切向摩擦力会随法向接触力增大而增大。可见，相对线接触和点接触而言，面接触要更为稳定。因此，线、面接触尤其是面接触数的提升，能够颗粒体系形成更稳定的接触结构，能具有更强的抵抗外界荷载能力。

3.5.3　接触力的变化

接触力是反映矿料颗粒间接触和界面迁移状态的重要力学指标。矿料颗粒体系内部的细观接触力变化如图 3.35(a)所示，颗粒体系内部的平均接触力在 0.0～2.0N，而最大接触力在 0～100N 波动，说明颗粒体系在滑移过程中应力分布不均匀，大部分接触均是弱接触，而且强、弱接触之间差异很大。但中间腔室所受的滑移阻力最大是 641.17N，亦远大于颗粒体系中最大接触力。颗粒体内部荷载的传递路径不唯一，外部荷载往往由多条力链共同承担，接触力大小是颗粒间多条力链强度的综合体现。

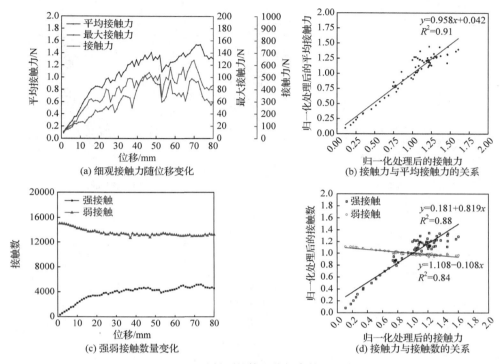

图 3.35　矿料颗粒体系接触参数的变化

由于平均接触力在滑移过程中不断变化,因此取全行程中平均接触力的均值作为判断强弱力链的标准,大于均值的为强接触,反之为弱接触。将接触力和接触数归一化处理后拟合发现,强、弱接触数与接触力均有良好的相关性,如图 3.35(d)所示,滑移过程中,弱接触数由初始的 15000 降低至 13000,而强接触数则由 0 逐渐上升至 5000,与颗粒整体的接触滑移阻力变化趋势相符。可见,颗粒细观接触状态对力学性能有重要影响,随着级配颗粒内部强接触数增多,各集料颗粒间的接触力由弱增强。

3.5.4　接触力链的变化

矿料属于无黏性颗粒,其切向相对运动的阻力由摩擦力提供;当颗粒形成嵌挤结构后,主要由颗粒间法向接触传递荷载,该传递路径经可视化后被形象称为"力链"。可将模型中各接触按其力值大小用不同粗细的线段表示,如图 3.36 所示,色阶表明了不同接触颜色所对应的力值大小,由蓝到红对应的颗粒间接触力值逐渐增大(见二维码对应彩图)。

以主室位移量作为自变量进行分析。在加载前(即主室位移量为零),颗粒体系内接触上部较细,下部略粗,颜色多为蓝色,表明颗粒内部接触力较小,且大

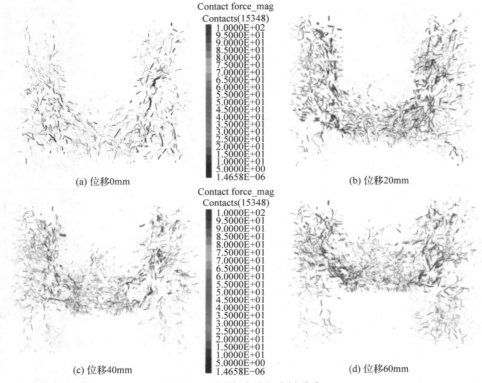

图 3.36　不同位移处的力链分布

多数接触沿竖直方向。此时颗粒仅受重力作用自由堆积，因此颗粒间应力较大处主要分布于整体的中下部分。

随着加载的进行，各接触的接触力上升，且接触朝向在两滑移面处发生扭曲，即在加载初期颗粒内部仍较松散，接触尚不稳定。在主室位移达到 20mm 后颗粒间接触形成"拱形"的链状结构。颗粒体系已初步形成稳定接触，此后的颗粒接触力将随接触面相对滑移在一定值附近波动。随加载继续进行，主室的位置上升，在位移量到达 40mm、60mm 时两侧室下部的颗粒中接触力显著变弱，不再参与形成"拱形"力链。

为进一步探究强接触的空间分布及响应，在主室位移量不大时，取颗粒整体接触力分别为 100N、200N、300N、400N 作为特征采样点，各点的强接触分布如图 3.37 所示。

由图 3.37 可知，随着接触力的增大，两侧室顶面到主室底面的 U 型区域内局部强接触密度不断增加，颗粒整体的强接触分布不均匀。颗粒体系的荷载主要在 U 型区域内以"拱状"力链进行传递，其整体力学响应的差异是该区域内颗粒细观接触状态差异引起的，级配矿料颗粒的接触特性曲线也表现出显著的波动性。

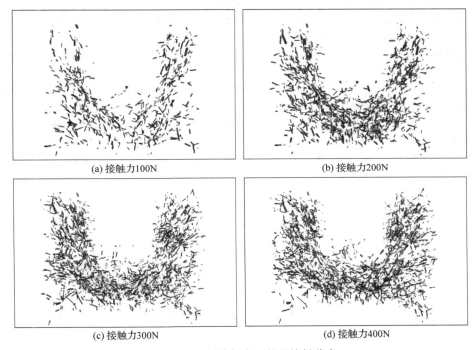

(a) 接触力100N　　　　　　　　　　　(b) 接触力200N

(c) 接触力300N　　　　　　　　　　　(d) 接触力400N

图 3.37　不同接触力下的强接触分布

参 考 文 献

毕忠伟, 孙其诚, 刘建国, 等, 2011.点载荷作用下密集颗粒物质的传力特性分析[J]. 力学与实践, 33(1): 10-16.

计欣华, 邓宗白, 鲁阳, 2005. 工程实验力学[M]. 北京: 机械工业出版社.

苗天德, 齐艳丽, 宜晨虹, 等, 2007. 集中力作用下球形颗粒六角密堆积体的传力研究[J]. 物理学报, 56(8): 4713-4721.

孙其诚, 刘晓星, 张国华, 等, 2017. 密集颗粒物质的介观结构[J]. 力学进展, 47(1): 263-308.

孙珊珊, 苏勇, 季顺迎, 2009. 颗粒滚动-滑动转换机制及摩擦系数的试验研究[J].岩土力学, 30(S1):110-115.

汪雪元, 何剑锋, 刘琳, 等, 2020. 小波变换导数法 X 射线荧光光谱自适应寻峰研究 [J]. 光谱学与光谱分析, 40(12): 3930-3935.

张栋, 杜康, 韩文念, 等, 2021. 基于级联卷积神经网络的荧光免疫层析图像峰值点定位方法研究[J].仪器仪表学报. 42 (1): 217-227.

中华人民共和国交通运输部, 2017. 公路沥青路面设计规范: JTG D50—2017[S]. 北京: 人民交通出版社.

Erikson M J, Mueggenburg N W, Jaeger H M, et al., 2002. Force distributions in three dimensional compressible granular packs[J].Physical Review Journals, 66(4): 040301.

Li P L, Ding Z, Rao W Y, et al., 2016. Evaluation of deformation properties of asphalt mixture using aggregate slip test[J]. International Journal of Pavement Engineering, 17(6):542-549.

Li P L, Ma S S, Su J F, et al., 2020. Effect of aggregate contact condition on skeleton stability in asphalt mixture[J]. International Journal of Pavement Engineering, 21(2): 196-202.

Li Y J, Thornton C, Yong X, 2005. A comparison of discrete element simulations and experiments for 'sandpiles' composed of spherical particles[J]. Powder Technology, 160(3): 219-228.

Lovoll Q, Moldy K J, Flekkoy E G, et al., 1999. Force measurements on static granular materials[J]. Physical Review E, 60: 5872-5878.

Sanfratello L, Fukushima E, Behringer R, et al., 2009. Using MR elastography to image the 3D force chain structure of a quasi-static granular assembly[J]. Granular Matter, 11(1): 1-6.

Su J F, Li P L, Dong C, et al., 2020. Evaluation on contact characteristics of particle system based on mesostructure[J]. Journal of Materials in Civil Engineering, 32(12): 04020391.

Zhang X N, Liu T, Liu C L, et al., 2014. Research on skid resistance of asphalt pavement based on three-dimensional laser-scanning technology and pressure-sensitive film[J]. Construction and Building Materials, 69: 49-59.

第4章　矿料−沥青混合颗粒体系界面黏结与润滑效应

本章彩图

在生产、摊铺、压实及服役等不同阶段，沥青混合料在外力作用下呈现松散流动、颗粒错动以及相对密实稳定等不同状态。矿料与沥青拌和后，沥青以薄膜状态裹覆于颗粒表面，接触界面将从嵌挤、摩擦效应转变为兼具嵌挤、摩擦、黏结、润滑等多重效应状态，其摩擦状态也由矿料颗粒体系的"干摩擦"转变为"混合摩擦"，因此与矿料颗粒体系相比，矿料和沥青构成的混合颗粒体系界面效应及作用行为更为复杂。沥青属于强感温性材料，在高温条件下，流动性较强，润滑效应显著，在低温条件下，呈固体状态，以黏结效应为主，导致在不同温度域，混合颗粒体系的微细观力学行为存在较大差异。在沥青混合料的拌和、摊铺、压实过程中，混合颗粒体系的界面效应不断演化，使得混合料在不同施工阶段所表现出的宏观工程特性不同，进而影响沥青混合料的摊铺均匀性和压实效果。

基于此，采用开发的矿料接触摩擦测试仪，对混合颗粒体系开展试验研究并提出表征参数，分析不同温度域沥青的黏结/润滑效应对颗粒间接触摩擦特性的影响；探究矿料−沥青界面的黏结/润滑转变行为，提出界面沥青膜的黏结/润滑转变温度区间，分析不同温度域混合颗粒体系的界面效应变化规律；提出界面交互作用参数，分析复合几何特征对界面交互作用的影响，为探究沥青混合料的离析形成机理及压实特性提供依据。

4.1　试　验　方　案

针对混合颗粒体系的界面效应，国内外学者采用扫描电镜、原子力显微镜、纳米压痕技术、分子动力学模拟技术、拉拔试验等，从宏观、细观、微观、纳观等多个尺度展开了研究，但主要集中于界面相以及表面形貌的表征，对于不同生产阶段的界面黏结/润滑效应及其对接触摩擦特性的影响仍缺乏深入的认识。此外，沥青与细集料结合形成沥青砂浆，对于不同组成的矿料颗粒体系，其粗、细集料组成不同，沥青的黏结润滑作用也不相同，混合颗粒体系的界面效应非常复杂，其评价方法仍有待进一步探索。

4.1.1　试验材料

试验采用矿料 A，共涉及 AC-20Z、AC-16Z、AC-13S、AC-13Z、AC-13X 五

种矿料颗粒体系。沥青采用壳牌 90#基质沥青，参照《公路工程沥青及沥青混合料试验规程》(JTG E20—2011)相关要求进行试验，沥青技术指标要求及测试结果见表 4.1。

表 4.1 沥青技术指标要求及测试结果

试验项目	技术要求	测试结果	试验方法
针入度(25℃, 5s, 100g)/(0.1mm)	90～100	88.6	T0604
针入度指数 PI	−1.0～+1.0	−0.6	T0604
延度(5cm/min, 10℃)/cm	≥25	79.5	T0605
延度(5cm/min, 15℃)/cm	≥100	>100	T0605
软化点(环球法)/℃	≥45	46	T0606
闪点(开口瓶法)/℃	≥245	292	T0611
溶解度(三氯乙烯)/%	≥99.5	99.88	T0607
密度(15℃)/(g/cm³)	≥1.01	1.034	T0603
RTFOT(163℃, 85min) 质量变化/%, 不大于	±0.8	−0.065	T0609
残留针入度比(25℃)/%	≥57	61.2	T0604
残留延度(10℃)/cm	≥8	10	T0605
残留延度(15℃)/cm	≥8	47.3	T0605

矿粉选用磨细的石灰岩，其主要技术指标如表 4.2 所示。

表 4.2 矿粉主要技术指标

试验项目	表观相对密度	含水量/%	塑性指数	外观
技术要求	>2.50	<1	<4	无团粒结块
测试结果	2.731	0.2	2.1	无团粒结块

采用在市场购买的机油作为润滑介质来模拟沥青对矿料颗粒体系的润滑效应，通过 Brookfield 黏度计对润滑油的黏度进行测试。选用 21#转子，设置转速为 100r/min，在室温(25℃)下测试润滑油的黏度，结果如表 4.3 所示。

表 4.3 机油黏度测试结果

试样	扭矩(%)/黏度(Pa·s)			黏度均值/(Pa·s)
1	35.3/0.1765	35.3/0.1765	35.3/0.1760	0.176
2	35.3/0.1765	35.3/0.1760	35.3/0.1760	0.176
黏度	—	—	—	0.176

制备了两组润滑油试样进行测试，并通过取平均值确定黏度，根据表 4.3 可知润滑油的黏度为 0.176Pa·s。

4.1.2　试验方法

采用开发的接触摩擦测试仪，参照第 3 章矿料接触摩擦特性试验方法，针对松散态的混合颗粒体系开展试验研究，如图 4.1 所示。在试验过程中，平行试验的次数为 5，取平均值作为试验结果，将试验装置放入环境箱，控制试验温度范围为 60～140℃，分析温度对矿料-沥青界面效应的影响，加载过程中的力-位移关系曲线如图 4.2 所示。

图 4.1　接触摩擦试验装置

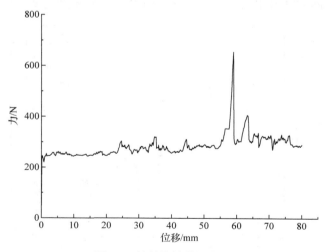

图 4.2　接触摩擦特性曲线

根据接触摩擦特性曲线，提出采用最大滑移作用力 AF_m，即颗粒体系维持稳定结构所克服的最大拉力，作为表征混合颗粒体系的界面效应的参数。

4.2 混合颗粒体系界面黏结/润滑温度转变行为

沥青材料对温度的变化非常敏感，在不同的温度域，其流动性呈现较大差异。在高温区间，沥青对矿料颗粒体系界面摩擦起到明显的润滑作用；在低温区间，黏结效应更为显著。在拌和-运输-摊铺-压实-服役过程中，沥青混合料由 160℃以上的出料温度逐渐降至气候环境温度，因而颗粒界面的沥青将发生润滑与黏结效应的转变，其相互依存状态及温度转变区间在很大程度上影响沥青混合料的工程特性。由于对不同温度域混合颗粒体系界面效应缺乏足够的认识，沥青混合料的离析形成机理与压实特性尚不明晰，还需进一步研究。因此，开展混合颗粒体系界面的黏结/润滑转变行为研究，建立界面黏结/润滑转变行为模型，提出界面的黏结/润滑温度转变区间，可以为沥青混合料施工工艺优化及服役性能分析提供理论支撑。

4.2.1 界面黏结/润滑转变行为模型

沥青具有强烈的感温性，其黏结、润滑特性有典型的温度依赖性(Dong et al., 2018)。根据工程特性，把沥青抽象成黏结和润滑两个基团，其中黏结基团为混合颗粒体系提供最大的滑移作用力，而润滑基团作用相反。为了探究沥青的黏结、润滑特性及其对颗粒体系接触特性的影响，以 AC-13 级配的混合颗粒体系为试验对象，对于不同的沥青用量，最大滑移作用力 AF_m 随温度的变化如图 4.3 所示。

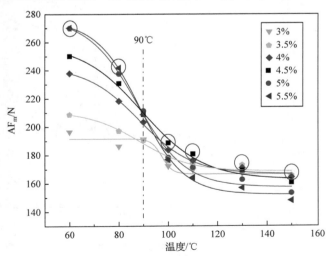

图 4.3 不同温度下 AF_m 随沥青用量的变化

由图 4.3 可知，最大滑移作用力 AF_m 随温度的升高呈下降趋势，但在不同的温度区域下降速率不同。为准确确定沥青的黏结/润滑温度转变区间，采用 Origin 9.0 软件对不同温度下 AF_m 进行曲线拟合，所得的 AF_m 与温度 T 的关系模型如式(4.1)所示：

$$AF_m = A_1 + \frac{A_2 - A_1}{1 + 10^{(LOGT_0 - T)P}} \tag{4.1}$$

对式(4.1)进行一阶和二阶求导，如式(4.2)和式(4.3)所示：

$$AF_m^{(1)} = P(A_2 - A_1)\ln 10 \frac{10^{(LOGT_0 - T)P}}{\left[1 + 10^{(LOGT_0 - T)P}\right]^2} \tag{4.2}$$

$$AF_m^{(2)} = \frac{(P\ln 10)10^{(LOGT_0 - T)P}\left\{210^{(LOGT_0 - T)P} - \left[1 + 10^{(LOGT_0 - T)P}\right]\right\}}{\left[1 + 10^{(LOGT_0 - T)P}\right]^3} \tag{4.3}$$

令 $AF_m^{(2)} = 0$，求得 $T = LOGT_0$，$LOGT_0$ 是拟合参数，不同沥青用量下 $LOGT_0$ 的值如表 4.4 所示。

表 4.4　不同沥青用量对应的 LOGT₀

沥青用量/%	3	3.5	4	4.5	5	5.5
$LOGT_0$	89.26	89.45	89.92	92.10	88.77	90.07

由表 4.4 可知，6 种沥青用量下 AF_m 变化拐点对应的温度存在一定的差异，但都在 90℃附近，可见对于所选用的沥青来说，在拐点温度左右两个温度区间，沥青对矿料颗粒体系产生的黏结或润滑作用具有一致性，与沥青用量无关。在此，将拐点温度定义为润滑-黏结临界温度，其中沥青用量 4.5%的混合颗粒体系临界温度略高于其他沥青用量。

4.2.2　界面黏结/润滑的温度转变区间界定

在温度小于 90℃时，随温度升高，AF_m 衰减速率先慢后急剧加快。这是因为温度越低，沥青中黏结基团的比例越大，沥青对矿料颗粒体系发挥的黏结效应远大于润滑效应，此时需要较高的能量才能使矿料颗粒克服其黏结效应，发生颗粒滑移和滚动，从而发生骨架结构调整与重组；随着温度的升高，黏结基团逐渐向润滑基团转变，在拐点温度附近达到最快的转变速率，但仍以黏结效应占主导，因此将该区间界定为"黏结区"。

当温度在 90～150℃时，沥青中的黏结基团和润滑基团均占有很大比例，二者发挥的作用相近，沥青混合料具有一定的流动性。随温度升高，AF_m 衰减速率先快后慢，然后非常平缓，可见前期黏结基团向润滑基团转化的速率和数量都很高，随着黏结基团的消耗，逐渐向以润滑基团为主过渡，因此将该区间界定为"黏润区"。

根据试验结果，当温度大于约 150℃后，普通沥青的黏度与常温下机油的黏度相当，而且温度越高，润滑基团所占比例越大，沥青在混合料中主要发挥润滑作用，黏结作用很弱，甚至只有润滑作用，没有黏结作用，因此将此温度区间界定为"润滑区"。

随着温度的变化，沥青在混合料中黏结/润滑效应的转变与拌和、摊铺、压实以及服役阶段的状态密切相关。其中，"润滑区"对应沥青混合料的生产拌和阶段，良好的润滑效应有利于降低颗粒间摩擦，达到良好的拌和效果；"黏润区"对应沥青混合料摊铺与压实阶段，实现黏结与润滑效应的比例平衡，才能避免离析，达到良好的摊铺均匀性及压实效果；"黏结区"对应沥青混合料铺筑并开放交通后的承载服役阶段，黏结力越大，其在轮载作用下抵抗车辙变形能力越强。沥青不同效应区间及工程特性关系如图 4.4 所示。

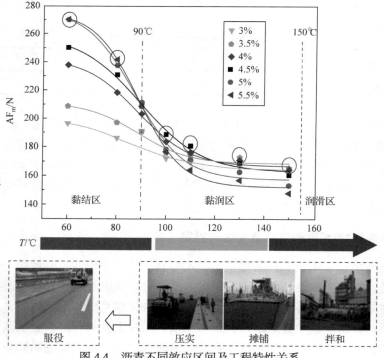

图 4.4　沥青不同效应区间及工程特性关系

4.2.3　混合颗粒体系界面黏结/润滑效应

沥青在矿料界面的黏结/润滑效应不仅受温度的影响，还和沥青用量有关。在不同温度下，AF_m 随沥青用量的变化如图 4.5 所示。

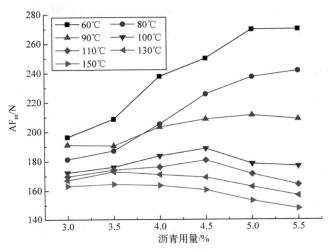

图 4.5　不同温度下 AF_m 随沥青用量的变化

　　由图 4.5 可知，随着沥青用量的增大，不同温度下的最大滑移作用力 AF_m 存在显著差异。当温度低于 90℃时，AF_m 随沥青用量增加呈持续增大趋势，其中 60℃温度下 AF_m 在沥青用量 5.0%出现了峰值。当温度为 90℃时，AF_m 随沥青用量先减小后增大，最大的 AF_m 对应的沥青用量在 5.0%附近，接近马歇尔法确定的最佳沥青用量 4.8%。这是因为随着沥青的增加，矿料颗粒表面的结构沥青逐渐形成，表现为黏结基团的主导作用不断增强，最大滑移作用力 AF_m 也不断增大；随着沥青用量继续增加，矿料表面的自由沥青增多，其黏聚力远小于颗粒体系内部颗粒的嵌挤、摩擦力，因此在荷载作用下，界面易发生滑移变形，混合颗粒体系的最大滑移作用力呈下降趋势。可见，将此低于约 90℃的温度区间界定为"黏结区"是合理的。

　　当温度为 100℃和 110℃时，随沥青用量增加，AF_m 先显著增大后不断减小，尤其当沥青用量超过 4.5%后，AF_m 大幅下降，可见当自由沥青增多，其润滑效应逐渐占主导地位。当温度为 130℃和 150℃时，随沥青用量增加，AF_m 整体以持续衰减为主，增加幅度很小，其微弱峰值对应的沥青用量为 3.5%。可见，随温度越高，润滑基团所占比例急剧增大，当温度达到 150℃左右时，沥青的黏结作用变得非常微弱，其黏结效应对沥青用量已经不敏感，因此将 90～150℃(具体和使用的沥青性质有关)温度区间界定为"黏润区"是合理的。

　　当温度大于 150℃时，随温度变化，沥青黏度变化很小，整体接近流体状态(王文涛等，2016)。此时沥青中几乎全是润滑基团，混合颗粒体系的接触作用对温度的敏感度大幅降低，分析不同温度的影响较为困难。

为了分析润滑介质对矿料颗粒体系接触摩擦特性的影响，采用机油代替高温状态下的沥青进行试验。16.0mm 单一粒径矿料、AC-13 级配(未掺加机油)矿料以及掺加 5.0%机油的 AC-13 级配矿料的接触特性曲线如图 4.6 所示。

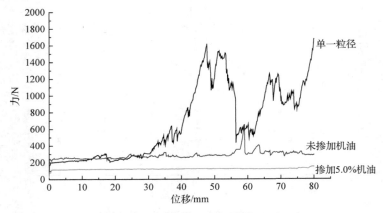

图 4.6　三种矿料接触特性曲线的对比

由图 4.6 可以看出，在试验过程中，未掺加机油的级配混合料的试验曲线波动比较明显，而在 2000N 的坐标尺度下，掺加 5.0%机油的级配混合料的试验曲线几乎呈一条平滑的直线。这说明高温条件下，沥青对颗粒体系的润滑效应非常显著。

不同机油掺量下，AC-13 沥青混合颗粒体系的最大滑移作用力如图 4.7 所示。

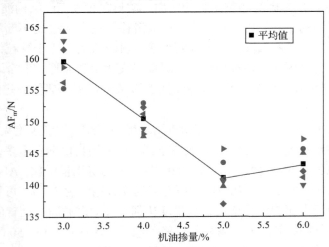

图 4.7　最大滑移作用力随机油掺量的变化

由图 4.7 可以看出，随着机油掺量增大，AC-13 矿料-机油颗粒体系的 AF_m 逐渐减小，当机油掺量为 5.0%，AF_m 衰减到最小值，说明随着机油润滑效应的提升，矿料颗粒发生相对运动的摩擦力减小。但当机油掺量继续增大至 6.0%时，AF_m 没有继续降低，反而出现小幅增加，这可能是因为 6.0%的机油掺量超过了常规的 AC-13 混合料的用油量，富余的部分机油难以均匀地裹覆于矿料表面，而与细集料结合团聚，改变了原有的级配结构或装料过程的均匀性。可见，当超过一定温度后，沥青的润滑效应与机油有一定的相似性，将此温度区域界定为"润滑区"有一定的合理性。

4.3　混合颗粒体系界面黏结特性

根据 4.2 节的研究可知，采用接触摩擦测试仪将沥青混合料生产、建设、施工及服役各阶段所处的温度区可划分为黏结区、黏润区和润滑区。其中，规定 $T<90℃$ 的温度域为黏结区，即该温度区间内矿料-沥青界面上主要发挥黏结作用。该温度区正是我国各省区沥青路面服役期所经受的环境温度。该温度区间内矿料-沥青的界面效应决定了沥青路面服役质量和使用寿命。据不完全统计，我国多数地区夏季沥青路面高温可达 80℃以上，夏季是我国沥青路面永久性变形的高发、频发季节，究其原因在于矿料-沥青界面作用促使矿料颗粒发生滑移错动，危及沥青路面质量。可见，对矿料-沥青界面黏结区进一步细化，有助于提高沥青路面建管养部门的决策精度，降低沥青路面养护投入。

此外，在黏结区，混合颗粒体系流动性差，其界面效应难以采用接触摩擦测试仪获取。很多研究表明，矿料-沥青界面力学行为多是通过矿料-沥青界面强度试验获得。例如，学者们通常采用拉拔试验、剪切试验、水煮法、水浸法等手段直接或间接地评价界面力学行为。其中，拉拔试验操作方便，可测界面黏附、黏聚及混合失效等多种模式下的界面力学行为，对于本章开展黏结区内的矿料-沥青界面力学行为研究具有显著的优势。

4.3.1　矿料界面沥青膜黏结强度测试

4.3.1.1　原材料及性能测试

试验采用直径 50mm，厚度 10mm 的圆形试件，由陕西某地的石灰岩打磨切割而成，如图 4.8 所示。为了与沥青形成良好的黏结，统一采用 60#磨砂纸对试件进行打磨、清洗和烘干，完成后放置于干燥容器中冷却至室温备用。石片主要原材料是石灰岩，其主要成分为 $CaCO_3$，呈碱性，其技术性能指标详见表 2.2 和表 2.4。

4.3.1.2　沥青膜厚度的确定方法

矿料-矿料间沥青膜的厚度与沥青混合料级配密切相关，沥青膜厚度(简称膜厚)

图 4.8　石灰岩试件

的差异由沥青混合料间的级配组成与沥青用量共同决定。借鉴《公路沥青路面施工技术规范》(JTG F40—2004)沥青膜有效厚度的计算方法，确定了矿料–矿料间实际沥青膜厚度的计算公式，如式(4.4)和式(4.5)所示。采用式(4.4)计算了 AC-13S、AC-13Z、AC-16Z、AC-20Z 最佳油石比下以及 AC-13Z 六种油石比(包含最佳油石比)下的沥青膜厚度，各沥青混合料油石比 P_a 和沥青膜厚度 D_{IF} 结果如表 4.5 所示。

$$D_{IF} = \frac{P_a \times M_a}{S_a \times \gamma_b} \tag{4.4}$$

$$S_a = SA \times M_a = \sum (P_i \times FA_i) \times M_a \tag{4.5}$$

式中，P_a 为油石比，%；M_a 为矿料质量，kg；S_a 为集料表面积，m²；γ_b 为沥青相对密度，取值为 1.04；SA 为集料的比表面积，m²/kg；FA_i 为集料的比表面积系数，可参考 JTG F40—2004 表 B.6.8。

表 4.5　沥青混合料油石比和沥青膜厚度

沥青混合料	AC-13S	AC-13Z						AC-13X	AC-16Z	AC-20Z
P_a/%	4.7	3.7	4.1	4.4	4.7	5.0	5.4	4.3	4.2	3.8
D_{IF}/μm	5.34	5.83	6.46	6.93	7.40	7.88	8.51	11.02	7.9	8.96

4.3.1.3　界面强度测试方法及评价指标

在沥青路面服役期间，处在两集料间的沥青材料受外荷载作用而被迫承受拉力。采用界面拉拔试验来模拟实际工况处的受力模式，万能材料试验机和环境箱作为配套设施给拉拔设备提供动力、记录数据和保温试件，试验设备如图 4.9 所示。试验过程如下：

(1) 试件制作。将沥青与石灰岩石片放入烘箱加热至 150℃，取出石灰岩石片，采用四面制备器通过质量控制法将适量沥青涂抹至石灰岩石片，并与另一洁净石灰岩石片通过接触、摩擦、旋转的方法黏结成汉堡包试件，每组制作 3 个平行试件。静置降至室温后，采用 AB 胶(主要成分丙烯酸、环氧、聚氨酯等)将拉拔头与汉堡包试件黏结，放置 24h 以待 AB 胶黏结强度发挥完全，如图 4.10 所示。

图 4.9　界面拉拔试验设备
UTM：万能试验机

图 4.10　汉堡包试件制作

(2) 试件保温。试验前将制备好的试件放置烘箱保温 2h，同时打开环境箱设置至测试温度，测试温度分别为 40℃、50℃、60℃、70℃和 80℃。

(3) 试件安装与测试。将拉拔设备与汉堡包试件进行安装，通过 MTS 牵引调整拉力杆、汉堡包试件与固定杆三者位于一条垂线上，关闭环境箱门，启动 MTS 进行加载，如图 4.11 所示。加载过程中，设置 MTS 的加载速率为 5mm/min，待试件界面处发生损坏，拉力降低至 0 保持不变后停止加载，从而获得界面损伤试件和力-位移曲线，分别如图 4.12 和图 4.13 所示。

图 4.11　试验加载过程

图 4.12　界面损伤试件

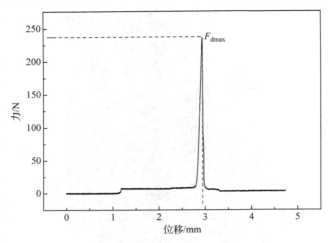

图 4.13　界面损伤力-位移曲线

采用界面黏结强度 $\sigma_{\max}$ 评价各条件下的矿料-沥青界面力学行为，如式(4.6)所示，它是界面破坏的峰值力与试件黏结面积的比值，表征了界面抵抗荷载作用的极限值。

$$\sigma_{\max} = \frac{\text{Max}(F_{di})}{S} \tag{4.6}$$

式中，F_{di} 为各采样点的作用力大小，采样点为 3000～3500，N；S 为石灰岩片面积，mm^2。

4.3.2　矿料界面沥青力学转变行为

4.3.2.1　矿料界面沥青力学转变行为

按照式(4.4)和式(4.5)计算了 AC-13S、AC-13X、AC-16Z 及 AC-20Z 沥青混合料最佳沥青用量和 AC-13Z 六种沥青用量下的沥青膜厚度，温度、沥青膜厚度及温度-沥青膜厚度耦合作用对界面黏结强度 $\sigma_{\max}$ 的影响如图 4.14～图 4.16 所示。

由图 4.14 可知，随着温度的升高，不同沥青膜厚度界面黏结强度呈现下降趋势。在 40～80℃，沥青的性质沿着弹脆→弹黏→黏弹→黏滞的路径发生转变，界面沥青黏性的削弱降低了界面强度，所以抵抗外荷载作用的能力逐渐下降。

由图 4.15 可知，随着沥青膜厚度的增加，五种温度下的 AC-13Z 界面黏结强度先增加后减小，说明沥青膜厚度存在最佳值，即 AC-13Z 存在最佳沥青用量，这与先前认识相一致。

由图 4.16 可知，五种温度的界面强度先随沥青膜厚度增加而增大，后有两种温度继续增大，三种温度呈现下降趋势，即界面相力学行为发生了转变。分析认为，较低温度时，沥青用量会增加矿料-沥青界面作用的黏结强度；温度升高，在未达到某一特定沥青含量之前，沥青含量增加有利于增强界面黏结强度，而超过该值，温度对沥青黏结的弱化作用占据主导，沥青含量的增加有利于加强沥青对矿料的润滑作用，因此界面黏结强度随沥青含量增加而减弱。

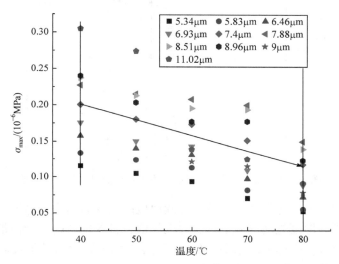

图 4.14　温度对界面黏结强度的影响

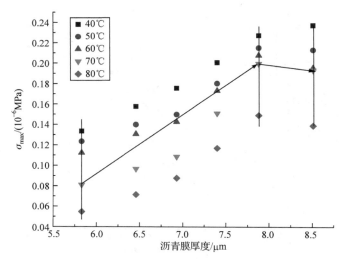

图 4.15　沥青膜厚度对界面黏结强度的影响

4.3.2.2　界面沥青膜黏结/黏流特性转变区域

在温度和沥青膜厚度的双重作用下，矿料-沥青界面发生了较为复杂的变化。

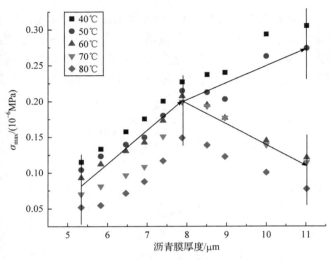

图 4.16 温度–沥青膜厚度耦合作用对界面黏结强度的影响

在相对较低温度时，界面强度随着沥青膜厚度的增加而增大，高温时，界面黏结强度随着沥青膜厚度先增加后下降，存在峰值，且温度越高，峰值越小，这是温度与沥青膜厚度耦合作用的结果。为此，可以采用温度–沥青膜厚度转变临界值表征矿料–沥青界面力学行为，如图 4.17 所示。

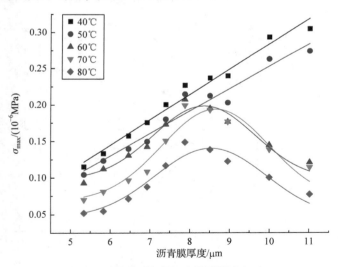

图 4.17 矿料–沥青界面力学转变行为

如图 4.17 所示，40~50℃的界面黏结强度随着沥青膜厚度的增加呈线性增长；60~80℃的界面黏结强度随着沥青膜厚度先增加后下降，存在峰值。对各个温度下的界面黏结强度进行拟合，拟合关系如表 4.6 所示。

表 4.6　不同温度下界面黏结强度与沥青膜厚度的拟合关系

温度/℃	关系模型	R^2
40	$y=-133.293x+6.636$	0.973
50	$y=-93.964x+5.837$	0.933
60	$y=211.95+192.61\exp\{-0.5[(x-81.72)/9.06]^2\}$	0.933
70	$y=171.67+234.18\exp\{-0.5[(x-82.94)/7.94]^2\}$	0.893
80	$y=119.76+176.27\exp\{-0.5[(x-81.91)/8.24]^2\}$	0.926

可见，40～50℃界面黏结强度最大值在 11μm 处取到。对于 60～80℃的界面黏结强度峰值，关系模型见式(4.7)：

$$y=y_0+A\cdot e^{-0.5\left(\frac{x-x_c}{w}\right)^2} \tag{4.7}$$

对式(4.7)求一阶导数，即得式(4.8)：

$$y^{(1)}=A\cdot\frac{x-x_c}{w^2}\cdot e^{-0.5\left(\frac{x-x_c}{w}\right)^2} \tag{4.8}$$

令 $y^{(1)}=0$，即 $x=x_c$ 时取得界面黏结强度最大值，为此，60～80℃的界面黏结强度峰值如表 4.7 所示。

表 4.7　60～80℃的界面黏结强度峰值

温度 T/℃	60	70	80
沥青膜厚度/μm	8.172	8.294	8.191
界面黏结强度/(10^{-6}MPa)	0.206	0.207	0.151

由表 4.7 可知，当沥青膜厚度在 8.2μm 附近时，60～80℃的界面黏结强度达到峰值，图 4.18 展示了界面力学行为分布。将 60℃和 8.2μm 分别作为温度及沥青膜厚度临界值对界面力学行为划分区域，如图 4.19 所示。

矿料-沥青界面的力学行为是黏结与润滑作用共同决定的，与温度、自由沥青比例有关。由图 4.18、图 4.19 可知，依据沥青路面服役期间的界面行为，以(60℃，8.2μm)为转变临界，可将其划分为强黏结区、弱黏结区、弱黏流区和强黏流区四个区域，黏结强度整体上依次降低，而黏流效应依次增强；在各区域内，黏结及黏流效应并不是均匀分布，而是随着温度和沥青膜厚不断变化。各区域的特点如下：

(1) 强黏结区。该区域位于高膜厚、低温区域，沥青含量高的同时温度较低，低温-高沥青膜厚的异向双重作用大大提高了界面上沥青对矿料的黏结作用，所以称为强黏结区。

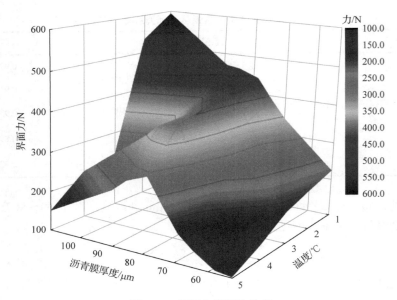

图 4.18 界面力学行为分布

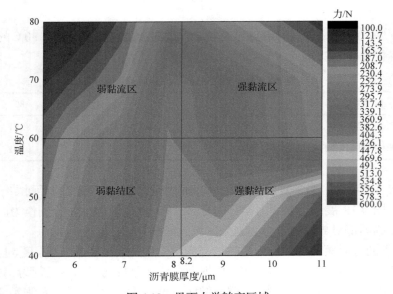

图 4.19 界面力学转变区域

　　(2) 弱黏结区。该区域位于低膜厚、低温区域，界面膜厚较薄，由于沥青含量较少，相较于强黏结区，该区的黏结作用有小幅削减，因此该区域称为弱黏结区。

　　(3) 弱黏流区。该区域位于低膜厚、高温区域，高温会促使部分厚度内沥青产生黏滞效应，对矿料颗粒有轻微润滑作用，这在一定程度上削弱了沥青对矿料的黏结作用，但由于沥青含量较少，沥青的黏滞效应不显著，因此称为弱黏流区。

(4) 强黏流区。该区域位于高膜厚、高温区域，与弱黏流区类似，高温会削弱部分沥青对矿料的黏结作用，沥青含量高的同时温度较高，高温–大沥青膜厚度的同向双重作用会大大削弱沥青对矿料的黏结作用，增强沥青自身黏滞性、流动性，因此该区域称为强黏流区。

可见，对于矿料界面沥青膜的黏结和黏流效应而言，温度升高和沥青膜厚度增大具有一定的等效性。

4.3.3　沥青混合料颗粒体系界面黏结特性

为进一步探究混合颗粒体系的黏结特性，选择 AC-20Z、AC-16Z、AC-13X、AC-13Z、AC-13S 五种级配矿料拌制沥青混合料，并在 60℃ 条件下进行接触摩擦性能试验，五种混合颗粒体系的接触摩擦特性随沥青用量的变化如图 4.20 所示。

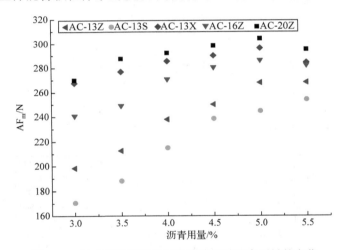

图 4.20　混合颗粒体系接触摩擦特性随沥青用量的变化

由图 4.20 可知，五种混合颗粒体系的 AF_m 均随着沥青用量呈现出先增大后减小的趋势，变化趋势出现明显的拐点。对比分析可知，AC-20Z 颗粒体系的 AF_m 最大，其次分别是 AC-13X、AC-16Z 和 AC-13Z，最小的是 AC-13S 颗粒体系。可见，混合颗粒体系的接触摩擦特性受沥青用量的影响显著，且各颗粒体系均存在最佳沥青用量使得混合颗粒体系的 AF_m 达到峰值，除 AC-13S 颗粒体系外，其余四种颗粒体系的 AF_m 均在沥青用量为 5.0% 附近达到最大值；根据变化趋势推断，AC-13S 颗粒体系的峰值点可能会出现在沥青用量大于并接近 5.5% 的位置。分析认为，对混合颗粒体系来说，细集料的数量越少，形成结构沥青需要的沥青用量越小。当沥青用量小于最佳沥青用量时，黏性基团与细集料结合形成黏度更强的沥青胶浆，导致 AF_m 呈现出随沥青用量的增加而增大的规律。其中，AC-13S 颗粒体系中的细集料占比最多，需要更多的黏性基团与细集料和矿粉形成胶结作用，因此 AC13-S 所需的最佳黏结沥青用量远大于 5.0%。此外，在不同温度下混合颗粒体系的 AF_m 均小于颗粒体系的 AF_m。分析认为，颗粒体系的内部颗粒具有丰富的棱角和表面纹理，通过接触摩擦形成稳定的骨架结构抵抗外力的作用，即使沥青以固体颗粒的形式加入颗粒体系，由于其自身几何特征的影响，也会对粗集料的接触产生显著的干涉效应，从而矿料颗粒体系的接触摩擦强度下降。

综上所述，60℃时混合颗粒体系的接触摩擦特性与沥青用量所产生的黏结作用强弱程度有关。如前所述，沥青膜厚度对界面黏结作用有显著影响，根据差异可将区间分为强黏结区和弱黏结区；沥青用量决定了沥青膜厚度，因此黏结作用的强弱受沥青用量的影响。混合颗粒体系的接触摩擦特性与沥青用量的关系如图 4.21 所示。

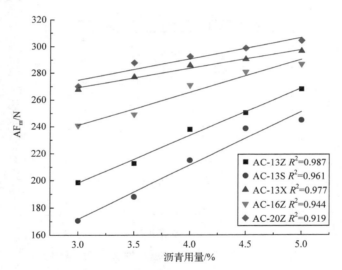

图 4.21　混合颗粒体系接触摩擦特性与沥青用量的关系

从图 4.21 可以发现，随着沥青用量的增加，五种沥青混合料的 AF_m 变化幅度不同，即对黏结基团含量的敏感程度不同。对各颗粒体系的 AF_m 与沥青用量进行线性拟合得到曲线斜率，将之定义为黏结系数 B_C。B_C 反映了混合颗粒体系受黏结基团含量影响的敏感程度。B_C 越大，表示该级配沥青混合料的颗粒接触摩擦效应受沥青黏结特性的影响越大。各级配沥青混合料的黏结系数如表 4.8 所示。

表 4.8　不同级配沥青混合料的黏结系数

级配	AC-13S	AC-13Z	AC-13X	AC-16Z	AC-20Z
B_C	39.678	35.275	14.188	24.522	15.904

由表 4.8 可看出，各级配沥青混合料的 B_C 排序为 AC-13S>AC-13Z>AC-16Z> AC-20Z>AC-13X，说明粗集料的数量越少，混合颗粒体系对黏结基团越敏感。在高温条件下，沥青的流动性很好，可以均匀地与颗粒体系拌制在一起，沥青与细集料形成连续的砂浆分散在整个颗粒体系中。然而在 60℃的情况下，沥青中几乎没有润滑基团，黏结作用显著。沥青混合料中细集料越多，矿料的总表面积越大，矿料表面裹覆沥青膜的面积越大，沥青对集料的黏结能力越强。五种混合料中粗集料数量的排序为 AC-13X>AC-20Z>AC-16Z>AC-13Z>AC-13S，因此 AC-13S 矿料颗粒体系对黏结基团的比例变化最敏感，AC-13X 矿料颗粒体系最不敏感。

4.4　混合颗粒体系界面润滑效应

4.4.1　界面黏润状态过渡特性

为探究沥青的黏结/润滑效应对矿料颗粒体系接触特性的影响，选择 AC-13Z 矿料颗粒体系，在不同温度和不同沥青用量下进行接触试验，试验温度范围为 100～150℃。

在黏润区，界面黏结基团和润滑基团并存，且比例随温度的增加而变化。由图 4.22 分析知，在黏润区内，温度不同 AF_m 随沥青用量变化趋势不同，对应的最

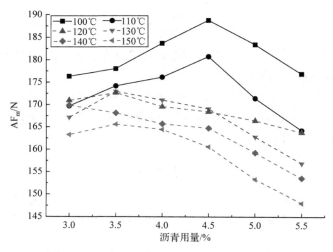

图 4.22　沥青用量对矿料接触摩擦特性的影响

大黏结沥青用量也不同。当温度小于 120℃时，最大黏结沥青用量为 4.5%；当温度大于等于 120℃时，最大黏结沥青用量为 3.5%。当温度为 100℃时，AF_m 随沥青用量的增加先增大后减小，最大黏结沥青用量为 4.5%。当温度为 120℃时，最大黏结沥青用量为 3.5%，且 AF_m 的变化幅度很小；当温度达到 140℃时，AF_m 呈递减趋势。温度的变化会改变沥青体系中黏结基团和润滑基团的比例。

对黏润区内的温度区间进行进一步划分，把 90~120℃定义为亚低温区域，把 120~155℃定义为亚高温区域。在亚低温区域，黏结基团的比例大于润滑基团，因此当沥青用量小于最大黏结沥青用量时，AF_m 随沥青用量的增加而增大。随着温度的升高，黏结基团与润滑基团所占比例的差异逐渐缩小，当温度达到 120℃时，黏结基团与润滑基团的比例大致相等，矿料颗粒体系的接触特性受沥青用量的影响比较小，因此将 120℃定义为"黏润临界点温度"。当温度超过黏润临界点温度时，润滑基团的比例大于黏结基团，随着沥青用量的增加，沥青对矿料颗粒体系的润滑效应逐渐显著，内部颗粒更易发生滑移错动。

4.4.2 界面润滑特性

采用机油代替沥青，把机油视为润滑介质，对 AC-13、AC-16 和 AC-20 矿料-机油颗粒体系进行接触摩擦特性试验，模拟高温条件下沥青对颗粒间接触摩擦特性的润滑效应，与混合颗粒体系的评价方法类似，通过测试最大滑移作用力探究润滑基团对矿料颗粒体系接触摩擦特性影响。

通过式(4.9)润滑指数 L_I 来定量评价机油对级配颗粒体系的润滑特性。润滑指数 L_I 越大，说明机油的润滑特性越强，矿料颗粒体系越易受到外界扰动而产生结构变化。

$$L_I = \frac{\Delta E \times D}{SA} \times 0.3 \qquad (4.9)$$

式中，D 为级配分形维数；SA 为级配颗粒比表面积，m^2/kg；ΔE 为"颗粒体系"与"矿料/机油体系"的滑移能之差。

滑移能 E 可以反映在试验行程内克服矿料-机油颗粒体系的接触、摩擦和黏结所输入的能量，定义为滑移作用力对矿料滑动位移的积分，如图 4.23 阴影部分所示，计算方法见式(4.10)：

$$E = \int_0^x AF_i dx \qquad (4.10)$$

式中，AF_i 为某一位移下的滑移作用力；x 为位移大小，最大为 80mm。

依据式(4.10)，计算得到每种矿料-机油颗粒体系的润滑指数 L_I，见表 4.9。

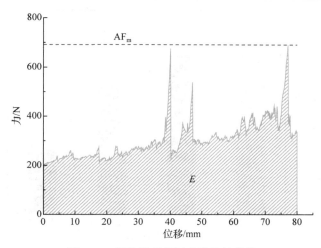

图 4.23　颗粒体系接触摩擦特性曲线

表 4.9　四种 AC 型级配颗粒体系润滑指数 L_1

参数	级配			
	AC-20	AC-16	AC-13	AC-10
分形维数	0.49906	0.50077	0.48785	0.47332
比表面积 SA/(m²/kg)	4.98	5.69	5.93	6.49
油量/%	4	4	4	4
能量差/(10^{-3}J)	11145.0	11500.5	9637.858	5412.911
润滑指数	3.71	3.37	2.64	1.32

图 4.24 可知，四种矿料-机油颗粒体系的润滑指数随公称最大粒径的增大而增大。矿料颗粒体系中粗集料的数量相对越多，由粗集料嵌挤摩擦形成的骨架结构越稳定，所以 AC-20 矿料颗粒体系的 AF_m 最大，而 AC-10 矿料颗粒体系的 AF_m 最小。当对颗粒体系加入机油时，润滑基团分散在整个颗粒体系。一方面，润滑基团裹覆在粗集料表面，改变了粗集料的表面纹理，导致无法形成稳定的骨架结构。粗集料的数量越多，表面纹理的变化越大，颗粒体系受润滑基团的影响越大。另一方面，润滑基团与细集料结合发生团聚，填充粗集料接触形成的空隙，这说明增加细集料数量能够提高矿料-机油颗粒体系结构的密实性。可见，在润滑区，细集料对混合颗粒体系的密实程度具有重要影响。

沥青的黏结/润滑效应可以显著改变矿料颗粒间的接触摩擦状态。对于矿料颗粒体系来说，各档集料相互作用，共同决定了矿料颗粒体系的界面接触摩擦特性。然而加入沥青后，沥青的黏结/润滑作用对级配矿料颗粒体系的界面效应尚不明晰。

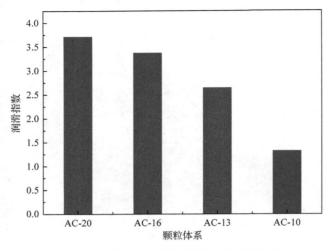

图 4.24 四种矿料-机油颗粒体系的润滑指数

为了深入分析黏润区混合颗粒体系的界面效应，选用五个 AC 类代表性级配 AC-20Z、AC-16Z、AC-13Z、AC-13S、AC-13X，在 140℃下开展接触摩擦性能试验。分析在黏润区范围内混合颗粒体系的界面接触-摩擦-黏结-润滑多重耦合效应，并分析复合几何特征对混合颗粒体系界面效应的影响。

前文采用分形维数计算了沥青的润滑系数，并分析了沥青对 AC-10、AC-13、AC-16 及 AC-20 矿料颗粒体系的润滑效应。然而研究发现，其对于不同公称最大粒径的混合料具有较好的区分性(李晓燕等，2015；Tan et al.，2012；Blair et al.，2001)，但当级配结构比较复杂时，如公称最大粒径和走向都不相同的 AC-13X 和 AC-16Z 级配，采用分形维数表征具有较大的局限性。因此提出相对润滑指数 L 评价沥青对颗粒间接触摩擦的润滑效应，计算方法见式(4.11)：

$$L = \frac{E_S - AE_S}{E_S} \tag{4.11}$$

式中，AE_S 为混合颗粒体系的接触滑移能，J；E_S 为矿料颗粒体系的接触滑移能，J。

由图 4.25～图 4.27 可知，在同一坐标尺度下，F_m 显著大于 AF_m。沥青属于强感温性材料，在较低的温度下发挥黏结作用，而在较高的温度下对矿料的润滑效应显著。140℃属于亚高温范围内，沥青对集料间接触摩擦的润滑效应大于黏结效应。沥青加入颗粒体系中后，除了一部分入侵集料颗粒的孔隙外，其余大部分裹覆在颗粒表面，使颗粒的表面纹理发生显著改变，也对棱角产生轻微的润滑作用，矿料之间的干摩擦转变为边界摩擦，集料颗粒容易发生滑动和滚动，使混合颗粒体系维持骨架结构的稳定性的能力减弱。在矿料颗粒体系中，细集料附着在粗集料表面或夹杂在粗集料中间起干扰润滑作用；然而对于混合颗粒体系来说，细集料与沥青结合形成流动的沥青砂浆，由弥散状态转变为具有一定填充能力的团聚状态，对粗集料间的骨架结构起润滑填充作用，其中润滑效应是不利因素，而填充效应是有利因素。与矿料颗粒体系中细集料的润滑干涉效应相比，混合颗粒体系中细集料的不利影响有所减弱甚至抵消。

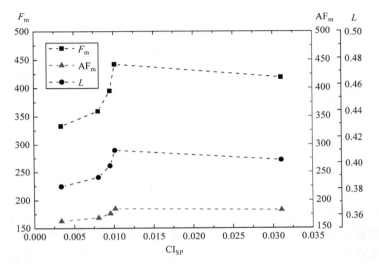

图 4.25　F_m、AF_m 和 L 随 CI_{SP} 的变化

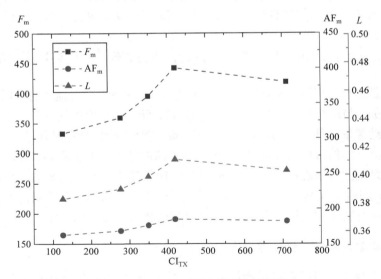

图 4.26　F_m、AF_m 和 L 随 CI_{TX} 的变化

F_m、AF_m 和 L 随 CI_{SP} 和 CI_{TX} 的增大先增大后减小，但随 CI_{GA} 的增大而增大，且呈较好的线性关系，决定系数均超过 0.94，说明粗集料的棱角性是混合颗粒体

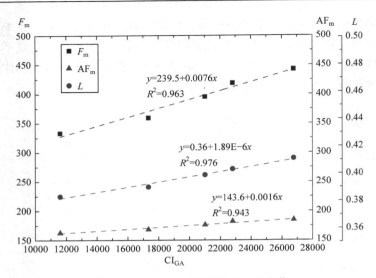

图 4.27　F_m、AF_m 和 L 随 CI_{GA} 的变化

系结构稳定的主要来源，且沥青对大粒径粗集料多的颗粒体系的润滑效应更加显著。在沥青黏结/润滑效应的作用下，混合颗粒体系与矿料颗粒体系表现出相似的特征，集料颗粒都具有较大的迁移自由度，且都可以采用复合棱角指数 CI_{GA} 来反映自身的结构稳定性，但是混合颗粒体系内部的集料接触摩擦强度减弱，集料通过迁移形成的接触不如矿料颗粒体系内的稳固，导致结构稳定相关降低。

4.5　基于界面效应的沥青混合料拌和及压实温度确定

温度是影响沥青混合料拌和与压实效果的重要因素。随着温度的降低，沥青的黏滞性增加，与矿料的界面摩擦效应愈加显著，沥青对矿料的润滑效应下降，矿料颗粒的运动速率显著下降，克服矿料颗粒运动的能量增加，沥青混合料工作性变差，造成沥青混合料的可压实性降低。《公路沥青路面施工技术规范》(JTG F40—2004)规定采用黏温曲线来确定沥青混合料的拌和与压实温度，但改性沥青、高黏沥青等属于典型的非牛顿流体，而且该方法没有考虑矿料的界面效应，因此该方法确定的改性沥青混合料拌和与压实温度的科学性和有效性有待进一步探讨。

4.5.1　沥青混合料的工作性评价方法

采用松散流动态矿料接触特性分析仪(图 4.28)对沥青混合料的工作性进行测试，其原理是在沥青混合料搅拌过程中，搅拌器受到矿料颗粒的阻力，在搅拌器上安装扭矩测量装置，可以测得搅拌器受到混合料的阻力大小，以试验测得的扭矩 T 为评价指标来分析混合料的工作性。

图 4.28　松散流动态矿料接触特性分析仪

4.5.2　界面效应对沥青混合料工作性的影响

4.5.2.1　矿料颗粒特征对沥青混合料工作性的影响

矿料颗粒特征(即形状、棱角和纹理)和接触作用会对沥青混合料的工作性产生显著影响。对于集料而言，颗粒棱角越突出、表面纹理越丰富，颗粒间的接触效应和内摩擦力越大，则沥青混合料拌和及压实需要克服的能量越大。前文采用复合形状指数 CI_{SP}、复合棱角指数 CI_{GA} 和复合纹理指数 CI_{TX} 表征矿料颗粒系统的复合几何特征，采用最大接触作用力 F_m 表征颗粒系统的接触作用，在此讨论矿料颗粒特征及接触作用与沥青混合料工作性的关系。

采用壳牌 90#基质沥青，分别拌制 AC-20、AC-16 和 AC-13 三种混合料，采用 30r/min 进行拌和工作性试验，采用扭矩 T 表示沥青混合料工作性的大小。矿料颗粒特征与沥青混合料工作性的关系如图 4.29 所示。

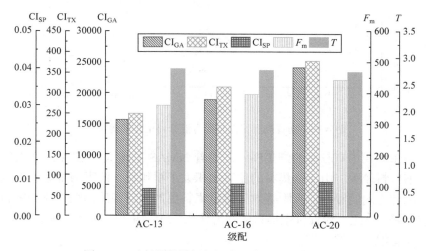

图 4.29　矿料颗粒特征与沥青混合料工作性的关系

由图 4.29 可知，随着公称最大粒径的增加，CI_{SP}、CI_{GA}、CI_{TX} 和 F_m 数值都变大，而 T 出现减小的趋势。随着矿料颗粒尺寸变大，矿料的棱角性和纹理性对集料颗粒间接触摩擦强度的贡献越大，导致颗粒间的接触和摩擦行为会更加显著，因此随着 NMAS 的增大，沥青混合料随搅拌器发生转动所需的力和能量就越大，故沥青混合料的工作性随 NMAS 的增大而减小。

4.5.2.2　界面黏结/润滑效应对沥青混合料工作特性的影响

当颗粒材料中没有黏结性物质时，称为理想颗粒，只有内摩擦力而无黏聚力；当颗粒之间有黏结性物质时，则为非理想颗粒，同时具有内摩擦力和黏聚力。沥青混合料属于非理想颗粒，由于沥青具有典型的流变特性，矿料颗粒界面同时存在摩擦力、黏聚力和润滑效应，属于力学响应更为复杂的颗粒体系。在沥青混合颗粒体系发生流动时，沥青的黏结及润滑特性会起到阻滞或促进作用。采用前文提出的黏结指数 B_C 和润滑指数 L_I 建立黏润指数 $B_C \cdot L_I$，表征沥青对矿料颗粒接触作用的黏结及润滑综合作用，沥青黏润特性与沥青混合料工作性的关系如图 4.30所示。

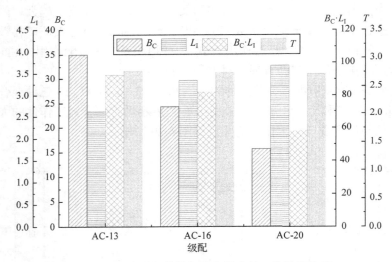

图 4.30　沥青黏润特性与沥青混合料工作性的关系

AC-13 体系中有较多的细集料，而随着 NMAS 的增大，如 AC-20 的粗集料较多，细集料较少。由于细集料的比表面积大于粗颗粒，沥青与细集料的接触面积大，二者之间的浸润、吸附等效应比粗集料更加充分，故而沥青对细集料的黏结效应良好；反之，沥青对粗集料的润滑作用大于细集料。因此，随着 NMAS 的变大，沥青混合料的工作性能有所降低。

4.5.3 沥青混合料拌和及压实温度确定方法

工作性反映了沥青混合料施工阶段摊铺、碾压等操作的难易程度，在很大程度上影响沥青路面的质量形成。沥青混合料的工作性与沥青黏度、矿料级配和温度等因素密切相关。一般认为，沥青混合料在理想黏度(拌和时黏度(0.17 ± 0.02)Pa·s 和碾压时黏度(0.28 ± 0.03)Pa·s)下具有合适的工作性，可取得良好的拌和与压实效果。对于基质沥青而言，比较接近牛顿流体，可采用黏温曲线的方法确定拌和与压实温度。但改性沥青具有显著的非牛顿特性，其黏度随剪变率变化而变化，用黏温曲线的方法确定改性沥青的拌和与压实温度将会产生较大偏差。

通过测试不同级配基质沥青混合料在最佳拌和与压实温度下的工作性，并以此作为该级配沥青混合料的最优工作状态。此时沥青混合料具有最好的和易性，沥青结合料的润滑作用和与矿料的黏结作用达到合理匹配，能取得良好的拌和与压实效果。通过绘制改性沥青混合料的工作性–温度曲线，根据改性沥青混合料达到与同级配基质沥青混合料相同的工作性(即最优工作性)所对应的温度，确定出此级配下改性沥青混合料的最佳拌和与压实温度。

试验具体步骤如下：

(1) 测定基质沥青在不同温度下的黏度，绘出黏温曲线，按照规范方法，根据黏温曲线确定基质沥青拌和与压实温度。其中，拌和温度$T_{拌和}$对应的黏度为(0.17 ± 0.02)Pa·s，压实温度$T_{压实}$对应的黏度为(0.28 ± 0.03)Pa·s。

(2) 对于给定的混合料级配和基质沥青，采用混合料和易性试验仪，测定混合料在不同温度下的工作性(扭矩值)，绘制混合料扭矩与温度的关系曲线，得出温度$T_{拌和}$和$T_{压实}$在沥青混合料的工作性(扭矩值)N_1和N_2。

(3) 采用相同级配的混合料类型，改用改性沥青，用和易性试验仪测定改性沥青混合料工作性与温度的关系，绘制改性沥青混合料工作性与温度的关系曲线。

(4) 根据改性沥青混合料工作性与温度曲线，找出对应于工作性 N_1 和 N_2 的温度 T_1 和 T_2，T_1 和 T_2 即为改性沥青混合料的拌和与压实温度。

1) 确定基质沥青的最佳拌和压实温度

采用壳牌 90#基质沥青，根据 Brookfield 黏度试验测定的基质沥青黏度，绘制成黏温曲线如图 4.31 所示。

根据 ASTM D2493 黏度与温度的关系曲线，将黏温曲线上沥青理想拌和与压实黏度所对应的温度作为沥青混合料的拌和及压实温度。按照规范，对应于理想黏度，即拌和黏度(0.17 ± 0.02)Pa·s，压实黏度(0.28 ± 0.03)Pa·s，可以得出壳牌 90#基质沥青的拌和温度为 153℃，压实温度为 137℃。

2) 基质沥青混合料工作性试验

采用基质沥青以及选定的 AC-13 和 SMA-13 两种级配，拌制沥青混合料进行

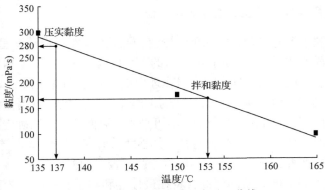

图 4.31　壳牌 90#基质沥青黏温曲线

工作性试验，试验温度采用 120℃、135℃、150℃、165℃、180℃。温度与工作性的曲线如图 4.32 所示。

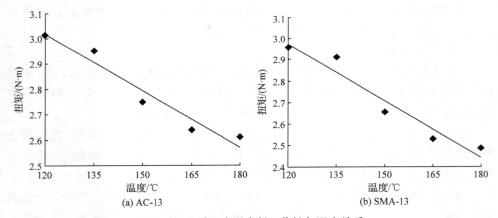

(a) AC-13 　　　　　　　　　　　　　　(b) SMA-13

图 4.32　基质沥青混合料工作性与温度关系

　　将工作性数据拟合分析，扭矩与温度较好地符合线性关系，采用插值法，求得最佳拌和与压实温度分别为 153℃和 137℃，对应的扭矩如表 4.10 所示。

表 4.10　基质沥青不同级配下 137℃与 153℃工作性

混合料类型	混合料工作性/(N · m)	
	137℃	153℃
AC-13	2.926	2.727
SMA-13	2.877	2.630

3) 改性沥青混合料工作性试验

将基质沥青更换为 SBS 改性沥青后，混合料工作性试验结果如图 4.33 所示。

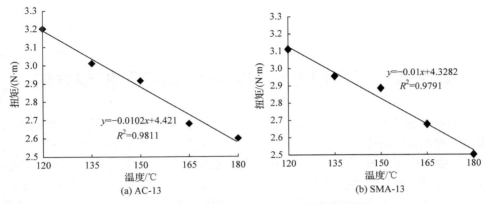

图 4.33　SBS 改性沥青混合料工作性与温度关系

　　当采用 AC-13 级配,基质沥青混合料拌和温度 153℃下的扭矩为 2.727N·m,压实温度 137℃下的扭矩为 2.926N·m。根据沥青混合料和易性试验仪测得不同温度下的工作性,由拟合的线性关系曲线,可以得出 SBS 改性 AC-13 沥青混合料的拌和温度为 169.4℃,压实温度为 149.5℃。同理,对于 SMA-13 级配,SBS 改性沥青混合料的拌和温度为 169.8℃,压实温度为 145.1℃。综合以上分析,对于 SBS 改性沥青,AC-13 和 SMA-13 沥青混合料的拌和温度都可以采用 170℃,而 AC-13 沥青混合料的压实温度为 150℃,SMA-13 沥青混合料的压实温度为 145℃,SMA-13 沥青混合料的压实温度比 AC-13 的要低 5℃。

参 考 文 献

李晓燕, 卜胤, 汪海年, 等, 2015. 粗集料形态特征的定量评价指标研究[J]. 建筑材料学报, 18(3): 524-530.

王文涛, 罗蓉, 冯光乐, 等, 2016. 旋转粘度试验影响因素与粘温曲线绘制研究[J].武汉理工大学学报(交通科学与工程版), 40(3): 514-518.

中华人民共和国交通运输部, 2004.公路沥青路面施工技术规范: JTG F40—2004[S]. 北京: 人民交通出版社.

中华人民共和国交通运输部, 2011. 公路工程沥青及沥青混合料试验规程: JTG E20—2011[S]. 北京: 人民交通出版社.

Blair D L, Mueggenburg N W, Marshall A H, et al., 2001. Force distributions in three-dimensional granular assemblies: Effects of packing order and interparticle friction[J]. Physical Review E, 63(4): 041304.

Dong Z J, Liu Z Y, Wang P, et al., 2018. Modeling asphalt mastic modulus considering substrate mastic interaction and adhesion[J]. Construction and Building Materials, 166: 324-333.

Tan B, Yang R H, Lai Y T, et al., 2012. Application of fractal theory in aggregate gradation research[J]. Applied Mechanics and Materials, 204-208: 1923-1928.

第 5 章 沥青混合料集料离析特性及控制方法

随着交通量的增长，沥青路面病害及耐久性不足问题较为突出，其中诸多病害与沥青混合料的集料离析关系密切。当前，国内外针对沥青混合料离析现象的研究主要集中于两方面：一是对松散态沥青混合料，通过模拟拌和、运输、摊铺等施工过程分析集料离析形成机理，但由于对沥青混合料的复合几何特征、颗粒体系界面效应以及界面效应作用下的运动迁移行为缺乏深入认识，离析机理尚不明晰；二是通过数字图像处理、纹理扫描仪等评价压实成型后沥青路面的摊铺均匀性，即对离析发生后进行"后评价"，尚无有效的离析倾向预判指标与控制方法。

在沥青混合料拌和、运输以及摊铺等过程中，沥青混合料呈松散状态，其不均匀分布是矿料颗粒运动迁移的结果，与矿料-沥青混合颗粒体系的界面效应紧密相关。深入探究沥青混合料的离析行为及控制方法，对混合料优化设计以及提高路面的耐久性具有重要意义。

5.1 沥青混合料离析成因

在沥青路面设计时，往往假定沥青混合料是均匀的理想状态。但是在沥青混合料的生产、拌和、运输、摊铺等不同阶段，不同粒径矿料的天然动能不同，沥青黏结-润滑效应对矿料颗粒的约束效果存在差异，在不同的施工条件及环境等综合因素作用下，沥青混合料的理想均匀状态难以保障，从而造成粗、细集料不均匀分布或沥青砂浆/胶浆局部过剩现象，导致沥青混合料实际级配与设计级配相差甚远，最终造成路面材料不均匀的早期损害现象。

结合沥青混合料实际生产及施工所处的阶段，根据矿料颗粒的不同约束条件及运动状态，将级配离析现象及成因归纳为以下几点。

1) 装卸料离析

在材料生产初期，集料堆放、装配、进出料仓等过程中容易发生装卸料离析，由于装卸料作业时矿料颗粒运动幅度大，大、小粒径颗粒的动能差距较大，矿料颗粒滚动势能以及位移在粗细颗粒间表现出一定的差异，因此在装卸料过程中减少颗粒运动幅度，如减小堆料高度、卸料距离等措施能够在一定程度上减小初期级配离析。

2) 运输离析

沥青混合料在卸料装车过程中，易发生堆料离析，即大颗粒容易沿着料堆坡面发生大范围滚动，导致较多粗颗粒矿料分布在车厢壁周边。在运输过程中，运输车加速度变化、急转弯、颠簸等造成车厢内矿料颗粒的相对运动，粗、细颗粒运动步调差异性产生粗、细颗粒的二次离析。在混合料运输环节，一般卸料高度越大，离析运动情况越严重，因此运输过程除尽量匀速驾驶车辆外，还应控制堆料高度，避免卸料离析。

3) 摊铺离析

在摊铺阶段，沥青混合料的运动过程及颗粒状态相对复杂，产生离析的状况及成因也更加多样。其中在运料车向摊铺机受料斗卸料过程中，粗细颗粒运动速率不一致，粗集料由于大幅滚动，容易集中分布于两侧形成翼状离析；在螺旋布料过程中，沥青混合料在螺旋分料器搅拌作用和摊铺机水平推力作用下，大粒径集料分别沿横向和竖向滚落，导致沥青路面面层局部离析处下层大颗粒较多、细颗粒较少，产生严重的机械摊铺离析现象；此外，在螺旋搅拌出料摊平过程中，螺旋搅拌次数过多出现一定的温度离析，全幅摊铺也容易形成两侧粗集料多、中间细集料多的带状离析现象(Willoughby et al.，2021；郭丽丽等，2008；Lackey，1986)。因此，需要合理控制摊铺机参数，提升操作员的施工作业水平，以减少摊铺离析。

4) 碾压离析

沥青混合料的压实，是在荷载作用下矿料-沥青混合颗粒体系由松散态向稳定态转变的过程。在压路机反复碾压过程中，矿料颗粒经过平动、转动、摩擦、嵌挤达到密实及结构稳定状态，此过程伴随着矿料颗粒复杂的迁移自组织行为。因此，在压路机启动制动、往返加速及上下坡等工况下，沥青混合料经受动态矢量外力作用，出现推移、荷载不均现象，从而影响粗、细颗粒迁移自组织特性，进而造成局部离析，导致压实后路面材料不均匀问题(冯忠绪，2005；刘洪海，2004)。

5.2　沥青混合料集料级配离析评价方法

5.2.1　测试原理

根据沥青路面施工现场的实际情况，沥青混合料离析主要可分为堆料离析和滑板离析两种形式。其中，堆料离析多发生在冷料出仓、热料出仓、装车运输等过程中；滑板离析主要发生在自卸车卸料过程中。针对这两种离析形式，行业学者分别设计了代表性的离析模拟试验方法。

1) 料堆法

通过料堆法可模拟冷热料出仓、装车运输过程造成的堆料离析。该方法中，集料下落过程只受重力作用(不考虑空气阻力),在形成料堆时后续颗粒产生一个垂向的冲击力,使得颗粒间产生一个较大的摩擦力,最后综合作用的结果是粗颗粒沿形成的斜面大范围滚动,而细颗粒则沿坡面小范围滑动,其位移大小取决于颗粒间的摩擦以及后续颗粒冲击作用的强弱,形成的堆积体中粗细集料的分布较滑板法更加分散。同时,堆料时颗粒本身存在休止角,休止角较大的颗粒倾向于在料堆中部以一定堆积角形成锥体结构,而休止角较小的颗粒则倾向于沿锥面自由滑动。一般来说,大粒径颗粒由于丰富多样的外部形状,其休止角大于小粒径颗粒,因而各档集料容易在料堆中形成如图 5.1 所示的颗粒不均匀分布形式。

2) 滑板法

滑板法模拟自卸车卸料过程集料的运动情况,不同粒径的集料颗粒在下滑时彼此间发生碰撞、摩擦,从而产生内部能量的转化。在下滑时其初始动能不同,导致不同粒径的集料颗粒运动状态不同,进而在滑落至地面时形成不均匀的落点分布。因此,可以通过滑板法试验对不同粒径集料的落点位置进行比较分析,以此研究集料的离析特性。

若不考虑颗粒下滑过程中的相互作用,滑板法单颗粒在斜板上的受力状态如图 5.2 所示,集料在滑动过程中沿斜板方向受到摩擦力 f 和下滑力 $G\sin\theta$,由牛顿第二定律式(5.1)~式(5.3)可知,其下滑加速度只受斜板与矿料的摩擦因数即摩擦力 f 影响。

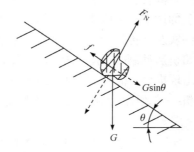

图 5.1 料堆法离析原理 　　　　图 5.2 单颗粒在斜板上的受力状态

$$G\sin\theta - f = ma \tag{5.1}$$

$$mg\sin\theta - \mu mg\cos\theta = ma \tag{5.2}$$

$$g\sin\theta - \mu g\cos\theta = a \tag{5.3}$$

在实际下滑过程中,颗粒间还存在相互摩擦及碰撞等行为,引起部分初始动能转变为热能损耗 Q_i,见式(5.4):

$$\sum m_i g h = \sum \frac{1}{2} m v_i^2 + \sum Q_i \tag{5.4}$$

　　因此，滑板与颗粒间的摩擦力以及颗粒间碰撞的接触能损耗都会导致颗粒初始动能减小，而减小的幅度与矿料颗粒的外部几何特征关联密切。通常来说，粗集料比细集料拥有更丰富的棱角、更粗糙的表面纹理以及更加多样且突出的轮廓形状，因此粗集料受到斜板摩擦力更大，接触碰撞的能量损耗也更大；由于初始动能不足，粗集料离开斜板时往往落在斜板近端，而细集料则倾向于落在斜板远端，进而形成图 5.3 所示的粗细集料差异化分布形式。

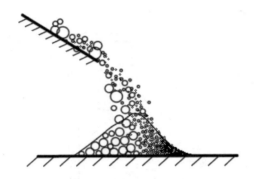

图 5.3　滑板法离析原理(丁银萍，2009)

5.2.2　集料离析模拟装置开发

　　当前，对于沥青混合料离析问题的研究已较为深入，已有不少研究成果，但在级配离析模拟及试验评价方面，多采用以料堆法为主的离析模拟装置，形式单一，难以较完整模拟现场从装料、卸料至布料的离析过程。

　　为了模拟沥青混合料的滑落和堆积过程，将料堆法和滑板法相结合，并在装卸料离析的基础上，增加螺旋搅拌装置，模拟混合料在螺旋搅拌时的离析行为，开发一套基于现场装卸料-摊铺全过程的沥青混合料离析模拟装置。该装置针对矿料运动及接触状态，进行沥青混合料在装料、卸料及摊铺过程中的离析模拟，并可以调节下料高度、滑料仓卸料角度、螺旋搅拌转速等试验参数，以实现不同因素水平下的离析测量试验。

5.2.2.1　结构设计

　　离析模拟装置主要结构及元器件组成如图 5.4 所示，实物如图 5.5 所示。

　　该离析模拟装置主要由 4 部分 17 个部件组成，结构如下：

　　(1) 落料系统包括料斗架 1 和料斗仓 2。其中，料斗架 1 设有三处不同高度的螺钉孔，料斗仓 2 设有外圈带状铁片 3，通过螺孔钉和带状铁片 3 实现了料斗架 1 和料斗仓 2 的固定连接，并达到调整料斗仓 2 落料高度的目的。

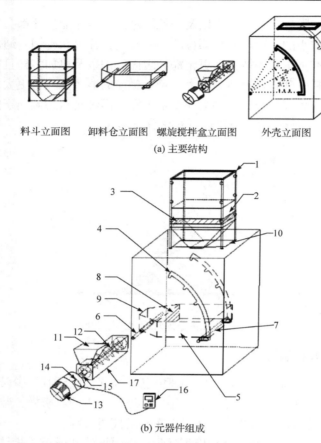

(a) 主要结构

料斗立面图　　卸料仓立面图　螺旋搅拌盒立面图　　　外壳立面图

(b) 元器件组成

图 5.4　离析模拟装置主要结构及元器件组成

1-料斗架；2-料斗仓；3-带状铁片；4-弧形轨槽；5-卸料仓；6-转动前杆；7-活动后杆；8-横隔插板；9-卸料仓出料口；10-顶板矩形开口；11-螺旋进料仓；12-单向螺旋；13-三相异步电动机；14-减速机；15-联接轴头；16-变频器；17-可拆底板

图 5.5　离析模拟装置实物

(2) 卸料系统包括弧形轨槽 4、卸料仓 5、转动前杆 6 和活动后杆 7。其中，卸料仓 5 被横隔插板 8 分隔为两个空间，横隔插板 8 可在料斗仓 2 落料完毕后移去以使落在卸料仓的料堆下滑至卸料仓出料口 9。活动后杆 7 在侧板镂空区域可自由活动进行角度的卡扣调节，转动前杆 6 起到支撑卸料仓 5 前端的作用，并可保持卸料仓 5 前端因为活动后杆 7 在进行角度卡扣抬升时的自由转动。

(3) 主体外壳采用五面板长方体结构，以卸料仓出料口 9 为前，并去除前面板焊接成型。其中，顶板矩形开口 10 供落料系统的料斗仓 2 进行落料；左右侧板提供活动后杆 7 移动的弧形轨槽 4 的镂空切割设计，并起到固定卸料仓 5 以及角度卡扣的作用。

(4) 螺旋搅拌系统主要包括螺旋进料仓 11、单向螺旋 12、三相异步电动机 13、减速机 14、联接轴头 15、变频器 16 和可拆底板 17。其中，三相异步电动机 13、减速机 14 连接组成减速电机，减速电机与单向螺旋 12 通过联接轴头 15 进行连接并转动；减速机 14 通过导线与变频器 16 连接，变频器 16 可对减速机 14 进行无级变速调节，以便于调整单向螺旋 12 的转动速率。料堆从卸料仓出料口 9 滑落至进螺旋进料仓 11 后经由单向螺旋 12 搅拌后以一定的厚度在可拆底板 17 上摊开，最后通过拆下可拆底板 17 分区测量。

5.2.2.2　试验参数

1) 样品质量

通过计算，螺旋搅拌机盒一次可容样品体积约为 $60cm×12cm×3cm=2160cm^3$，假设级配矿料或沥青混合料松装密度为 $2.4g/cm^3$，则一次试验所需样品质量为 5.184kg，根据级配类型准确计算、称量，一般试验样品质量约为 5kg，经过多次测试该用量满足试验要求。

2) 料斗高度

通过料斗落料模拟混合料出仓装车的过程，落料高度的确定应结合出料质量以及堆料高度的实际情况，在保证与装置尺寸匹配的前提下，将料斗高度与实际装车情况按适当比例缩小，确定三档可调的料斗高度 60cm、75cm、90cm。在一般情况下，料斗高度宜为 60cm。

3) 滑板角度

石料或沥青混合料卸车过程中，在保证安全性的情况下要求卸料完全，对自卸车最大举升角一般设置为 46°～55°。因此，考虑装置尺寸及卸料稳定性，最终设置三档可调的卸料角度 30°、45°、60°。

4) 螺旋转速

螺旋转速是摊铺施工中需要控制的重要工作参数，转速较低时，铺筑的路面中间沥青混合料多而两边少；转速较高时，大量沥青混合料堆积在道路两侧，且更加容易造成料离析。姜婉(2017)通过仿真分析得出，螺旋转速在30～40r/min时径向分料均匀性最好。考虑到试验效率，设置初始螺旋转速为40r/min。

5) 试验温度

对于级配矿料的离析模拟试验，无需控制温度，直接在环境温度下进行。对于沥青混合料的离析模拟试验，应严格控制混合料试样的拌和出料温度以及试验环境温度。沥青混合料在螺旋布料时的试验温度应与实际摊铺温度保持一致，同时在试验前对装置相关组件进行预热处理，防止在后续螺旋分料过程中因试样温度过低而达不到预期的试验效果。

5.2.2.3 测试方法

离析试验方法及步骤如下。

(1) 准备装置：将离析试验装置放于水平处，并安装装置各部件。首先，根据顶板矩形开口位置安置料斗架和调节料斗仓的位置高度；其次，使卸料仓保持水平状态并在其下部安置电炉对卸料仓进行预热；最后，将螺旋搅拌箱置于烘箱中进行预热后再准确摆放至对应的位置，并使卸料仓出料口对准螺旋进料仓。

(2) 装料测试：称量并计重约为5kg的目标沥青混合料作为试验样品，将其在烘箱中保温至所需的试验温度后进行装车落料(简称"装料")试验。试验过程中，保证将待测试样匀速倒入料斗仓。

(3) 卸料测试：待试验样品完全落入卸料仓后，根据测试需求，调整卸料仓角度，而后取掉横隔插板，保证落料仓的待测料滑动堆积在卸料仓出口。

(4) 布料测试：启动螺旋搅拌电机使单向螺旋以设定的螺旋转速匀速工作，缓慢向上抽出卸料仓横隔插板，使混合料全部滑卸入螺旋进料仓中，随后沥青混合料经由单向螺旋进行横向搅拌摊料，使混合料能够在可拆底板上形成具有一定厚度的料层。

(5) 分区取样：拧下可拆底板底部的螺丝，将底板以及其上的料层缓速取出，对底板上的料层进行端部取样。

(6) 筛分称重：若待测样品是未加胶结料的矿料颗粒体系，取样后筛分称重即可；若待测样品是沥青混合料颗粒体系，对取样混合料进行沥青抽提试验，之后用干筛法筛分集料，测定离析矿料的级配筛分通过率。在离析试验中，沥青混合料运动方向如图5.6所示，试验步骤如图5.7所示，取样及沥青抽提如图5.8所示。

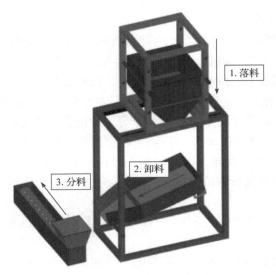

图 5.6　沥青混合料运动方向

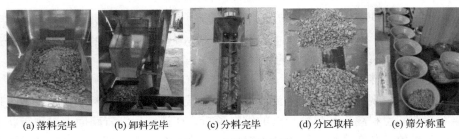

(a) 落料完毕　　(b) 卸料完毕　　(c) 分料完毕　　(d) 分区取样　　(e) 筛分称重

图 5.7　离析试验步骤

(a) 端部取样　　　　　　　(b) 抽提前　　　　　(c) 抽提后

图 5.8　取样及沥青抽提

5.2.3　离析评价参数

对于矿料颗粒体系和沥青混合料颗粒体系，采用不同的取样和离析评价指标计算方法。

1) 矿料颗粒体系

对于矿料颗粒体系，由于缺少沥青胶结料的黏结润滑作用，矿料颗粒在外力扰动下易发生重度的析漏离析现象，螺旋两端的矿料颗粒呈现粗/细集料离析程度的两极化特征，即布料远端粗集料离析严重，布料近端细集料离析严重。因此离析测试后，可通过螺旋器盒底板上的料坪进行左右对半分区取样(左半分区为布料远端，右半分区为布料近端)，并针对两个分区中的矿料进行筛分，通过计算级配偏差评价离析程度。此外，对于不同离析程度而言，矿料的堆积密度不同，一定体积的矿料质量也存在差异，因此对两个分区矿料的级配偏离度进行质量加权(ω_j)计算，可以得到离析评价指标 S_a，计算公式如式(5.5)所示。

$$S_\mathrm{a} = \omega_{左} \cdot \sum_{i=1}^n \left| \left(P_{i,左} - P_{i,D} \right) \right| + \omega_{右} \cdot \sum_{i=1}^n \left| \left(P_{i,右} - P_{i,D} \right) \right| \tag{5.5}$$

式中，$\omega_{左}$、$\omega_{右}$ 分别为左、右分区矿料的质量加权分数，$\omega_{左} = \dfrac{m_{左}}{m}$，$\omega_{右} = \dfrac{m_{右}}{m}$，并且 $\omega_{左} + \omega_{右} = 1$，$m$ 为两个分区中离析矿料的总质量，g；$m_{左}$、$m_{右}$ 为左、右分区中离析矿料的质量，g；$P_{i,左}$ 为左半分区的第 i 档集料的筛分通过率，%；$P_{i,右}$ 为右半分区的第 i 档集料的筛分通过率，%；$P_{i,D}$ 为第 i 档集料的标准级配筛分通过率，%；n 为该级配矿料所含的粒径档数，$n = 1, 2, 3, \cdots$。

2) 沥青混合料颗粒体系

根据文献及现场调研可知，沥青混合料在螺旋摊铺中的离析形式，主要表现为螺旋端部的粗料离析和出料口处的细料离析，在摊铺后沥青路面上出现带状分布不均匀现象，其在宽幅摊铺中更为突出。因此，对螺旋端部一定范围内的混合料进行取样，经过沥青抽提后对矿料进行烘干及筛分，进而分析级配筛分通过率，并计算沥青混合料的离析指数 S_m：

$$S_\mathrm{m} = \frac{m}{M} \times \sum_{i=1}^n \left| P_{i,端部} - P_{i,D} \right| \tag{5.6}$$

式中，M 为一次离析试验所用的沥青混合料总质量，g；m 为端部取样的沥青混合料质量，g；n 为该级配沥青混合料所包含的矿料粒径档数，$n=1, 2, 3, \cdots$；$P_{i,端部}$ 为端部沥青混合料的级配筛分通过率，%；$P_{i,D}$ 为试验前沥青混合料的设计级配筛分通过率，%。

5.2.4　离析特性

有学者开发了集料离析测量仪分析沥青混合料的离析行为(刘红瑛等，2014；Feng et al.，2013)，该装置可模拟沥青混合料在拌和、运输和摊铺过程中的离析，并通过离析前后的级配对比，评价不同级配沥青混合料间的离析差异，如图 5.9 所示。

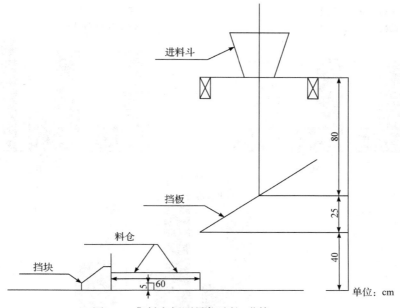

图 5.9　集料离析测量仪(刘红瑛等, 2014)

在试验过程中, 落差和重力作用使沥青混合料或矿料将自由落入前后料仓两个不同区域, 离析导致前后料仓混合料的级配组成发生变化。为了减小挡板摩擦力对颗粒运动的影响, 在挡板表面铺上一层光滑的蜡纸, 挡板的坡度为 0.9。对于不同类型的沥青混合料, 由于其矿料组成和沥青含量不同, 前后料仓中混合料的级配存在差异。采用前后料仓级配矿料筛孔通过率之和的差反映不同级配沥青混合料离析程度的大小, 计算方法如式(5.7)所示:

$$\mathrm{DGp} = \left| \sum p_i - \sum p_j \right| \tag{5.7}$$

式中, DGp 为级配离析差, 即前后料仓沥青混合料级配组成差异, 差异大小可表征离析程度; $\sum p_i$ 为料仓前混合料中各组成集料的筛孔通过率之和, %; $\sum p_j$ 为料仓后混合料中各组成集料的筛孔通过率之和, %。

选取 AC-13S、AC-13Z、AC-13X、AC-16Z、AC-20Z 五种级配颗粒体系开展试验研究。由图 5.10 可知, 采用集料离析测量仪测得的级配离析差 DGp 对 AC-13、AC-16、AC-20 等沥青混合料的离析程度具有较好的区分性, 但当级配结构比较复杂时, 如公称最大粒径和走向都不相同的 AC-13X 和 AC-16Z 级配, DGp 的可区分性具有较大的局限性。

为了验证所研发的集料离析模拟装置的可靠性, 对 AC-13Z、SMA-13Z、OGFC-13Z、SMA-10Z、SMA-16Z、SMA-13S、SMA-13X 七种级配结构更为复杂的沥青混合料开展离析试验研究, 结果如图 5.11 所示。

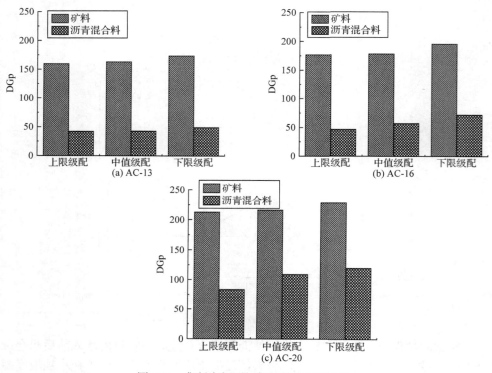

图 5.10　集料离析测量仪测得的离析参数

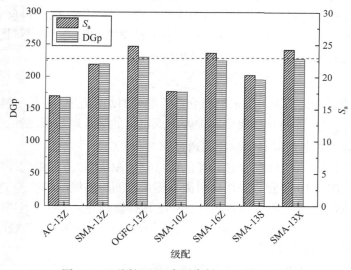

图 5.11　不同级配沥青混合料 DGp 和 S_a 对比

由图 5.11 可知,采用集料离析模拟装置测得的 S_a 对不同级配类型(AC、SMA、

OGFC)、不同公称最大粒径(9.5mm、13.2mm、16mm、19mm)、不同级配走向(上限、中值、下限)沥青混合料具有较好的区分性，另外对于 AC-13Z、SMA-13Z、SMA-10Z、SMA-20Z、SMA-10Z、SMA-16Z 混合料，DGp 和 S_a 的一致性较好。DGp 对 OGFC-13Z、SMA-16Z 和 SMA-13X 区分性不足，两者一致性存在一定偏差，这也说明本书提出的集料离析模拟装置的可靠性较高、评价参数的有效性较好，可用于不同级配沥青混合料集料离析的评价分析。

5.3　沥青混合料级配离析机理

集料构成了沥青混合料的骨架，约占混合料体积的 90%。在拌和、运输及摊铺过程中，矿料颗粒的运动迁移使粗、细集料分布不均，从而发生级配离析。沥青混合料的级配离析是导致路面摊铺不均匀、压实度不足的主要原因。为了探究沥青混合料的级配离析行为，提高离析控制水平，国内外学者从矿料的几何特征、粒径以及粗细集料比例等方面进行了大量的研究，但沥青混合料的离析形成机理尚不明晰，离析倾向预判及控制方法仍需进一步探索。

5.3.1　矿料颗粒体系离析机理

在矿料下落过程中，颗粒间存在相互作用，不同颗粒的动量和动能差异，会导致矿料呈现不同的分布状态进而形成离析。颗粒间的接触摩擦效应是矿料颗粒体系的固有属性，可以采用最大滑移作用力反映矿料颗粒体系在滑落过程中颗粒间的相互作用，并从粗集料的复合几何特征和颗粒的接触摩擦特性两个方面，分析滑落过程中集料的运动迁移特性和离析行为，揭示矿料颗粒体系的离析形成机理。

1) 矿料颗粒受力特性

对图 5.12 中的矿料颗粒进行受力分析：

$$F_i = m_i g \sin\theta - \mu m_i g \cos\theta + T_{i1} - T_{i2} \tag{5.8}$$

式中，m_i 为第 i 档颗粒的质量，g；i=0.075，0.15，0.3，0.6，1.18，2.36，4.75，…；θ 为滑板的倾斜角度，(°)；T_{i1} 为第 i 档颗粒所受其他颗粒向下的推力，N；T_{i2} 为第 i 档颗粒所受其他颗粒向上的推力，N。

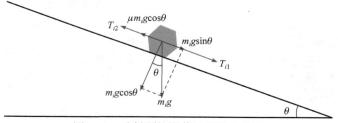

图 5.12　矿料颗粒滑落过程受力分析

颗粒接触形式可分为法向接触、切向摩擦、滑移作用、颗粒滚动以及界面黏着。在滑落过程中，颗粒间的切向摩擦、滑移作用和颗粒滚动会导致摩擦力增大；法向接触会使相邻颗粒沿斜面向下的推力和向上的阻力增大，同时通过力链增大非接触颗粒的推力。因此，单个颗粒在滑落过程中所受的外力可由 F_{mi} 表示：

$$F_{mi} = \mu m_i g \cos\theta - T_{i1} + T_{i2} \tag{5.9}$$

因此，由式(5.8)和式(5.9)可知：

$$F_i = m_i g \sin\theta - F_{mi} \tag{5.10}$$

颗粒体系在滑落过程中的能量转化关系为

$$\sum m_i g h = \sum \frac{1}{2} m_i v_i^2 + \sum Q_i \tag{5.11}$$

式中，h 为集料的初始滑落高度，m；v_i 为第 i 档集料的滑落速度，m/s；Q_i 为第 i 档集料在滑落过程中产生的热量，J。

颗粒间的切向摩擦和滑移作用带来的动态摩擦，以及颗粒滚动带来的滚动摩擦都会导致热量损失，而法向接触会导致动能损失。因此 $\sum Q_i$ 的计算方法见式(5.12)：

$$\sum Q_i = \sum F_{mi} L \tag{5.12}$$

式中，L 为滑落位移，mm。

所以式(5.12)可以转化为

$$\sum m_i g h = \sum \frac{1}{2} m_i v_i^2 + \sum F_{mi} S \tag{5.13}$$

在颗粒接触摩擦作用以及空隙的影响下，粗细集料的运动特征差异较大。粗集料在自身重力及颗粒间作用力的驱动下沿斜面滑落，而细集料主要在自身重力的作用下，克服界面摩擦力沿粗集料间的空隙穿越。空隙越大、越多，细集料的滑落速度越快。粗集料间的空隙大小主要依赖于颗粒形状和粒径。

矿料颗粒的接触嵌挤呈三维立体结构，但为了模型简化，在此仅考虑纵向接触截面以及骨架接触结构最稳定时空隙的分布情况。当颗粒均为球体时，纵向接触截面如图 5.13(a)所示，形成的空隙面积为

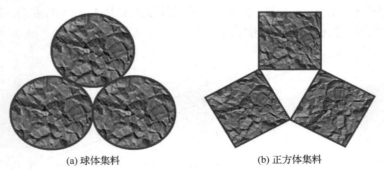

(a) 球体集料　　　　　　　　　　(b) 正方体集料

图 5.13　不同颗粒特征的矿料接触示意图

$$S_{si} = \left(\frac{\sqrt{3}}{4} - \frac{1}{8}\pi \right) d_i^2 \tag{5.14}$$

式中，d_i 为第 i 档集料的粒径。

当颗粒均为正方体时，接触面如图 5.13(b)所示，形成的空隙面积为

$$S_{ci} = \frac{\sqrt{3}}{16} d_i^2 \tag{5.15}$$

级配颗粒体系中空隙的总面积为

$$S = S_{si} \times SP + S_{ci} \times_i (1 - SP_i) \tag{5.16}$$

式中，SP_i 为第 i 档集料的球度。

如图 5.14 所示，采用的石灰岩粗集料球度指标相差不大，且随着粒径的增长规律不明显，由于 $S_c > S_s$，因此 S 主要由粗集料的数量及其粒径分布决定。

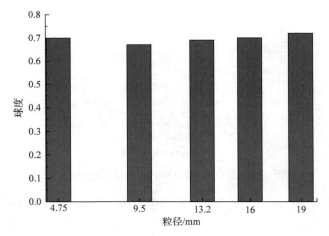

图 5.14　级配颗粒体系中球度随粒径变化

为了分析粗细集料滑落过程中的运动特性，揭示级配离析形成机理，将集料的总动能分解成粗集料的动能和细集料的动能两部分，如式(5.17)所示：

$$\sum m_i g h = \sum \frac{1}{2} m_{Ci} v_{Ci}^2 + \sum \frac{1}{2} m_{Fi} v_{Fi}^2 + \sum F_{mi} S \tag{5.17}$$

式中，m_{Ci} 和 m_{Fi} 分别表示第 i 档粗、细集料质量；v_{Ci} 和 v_{Fi} 分别表示第 i 档粗、细集料的速度。

2) 矿料颗粒体系级配离析机理

矿料复合几何特征参数及接触特性参数与离析指数的关系分别如图 5.15 和图 5.16 所示。

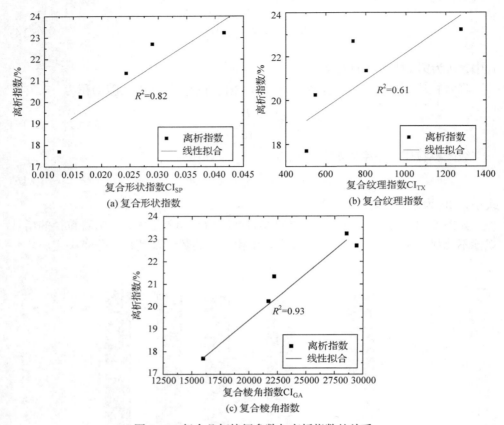

图 5.15　复合几何特征参数与离析指数的关系

　　由图 5.15 可知，在三个复合几何特征参数中，矿料颗粒体系的离析指数 S_a 与复合棱角指数 CI_{GA} 均呈较好的线性相关性，决定系数 R^2 达到 0.93，其次是与复合形状指数，R^2 为 0.82，而与复合纹理指数的相关性最低，R^2 只有 0.61。分析认为，矿料颗粒的棱角属于宏观上的三维几何指标，在矿料颗粒进行跌落滚动、接触碰撞等行为中，棱角丰富的颗粒表现出强烈的接触嵌挤效应，对位移行为起到明显的阻滞作用，且颗粒体系中大粒径颗粒占比越大接触效应引起的阻滞作用越强烈，因此棱角特征对离析的影响也越显著；同理，矿料颗粒的形状特征同属于宏观尺度上的三维几何指标，对于矿料颗粒的形状特征来说，复合形状指数越大表明颗粒体系中立方体或不规则形状颗粒含量越多，此类颗粒在离析运动中的转动惯量越大，也就需要消耗更多的势能发生位移行为，因而导致颗粒之间的势能差增大，离析倾向也随之增大。

　　矿料纹理属于微观尺度的颗粒几何特征指标，松散态级配矿料颗粒体系虽然

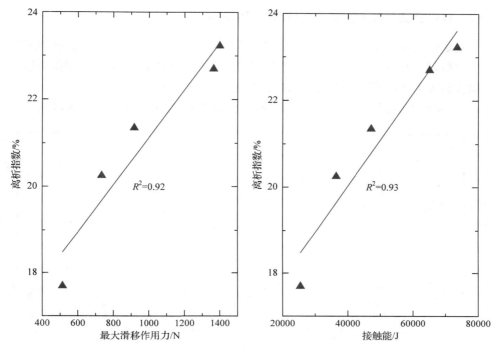

图 5.16　接触特性参数与离析指数的关系

在密闭腔室中的接触特性试验与接触力指标展现出良好的相关性，但在装卸料、螺旋分料离析模拟试验中进行的是大自由度位移行为，颗粒间能够发生一定程度的摩擦，却不足以明显影响颗粒体系运动的势能变化，因而矿料颗粒细观角度的纹理特征对宏观上的离析运动行为相关性并不强烈。

　　研究表明，矿料颗粒体系在重力作用下，潜在的能量转化成动能，颗粒获得动量，棱角和表面纹理丰富的颗粒接触摩擦效应显著，形状接近立方体的颗粒转动惯量大，大尺寸可以增大棱角、纹理及形状对接触摩擦的贡献，使得颗粒不易发生转动或迁移，粗集料更倾向于落入料仓偏后位置。

　　由图 5.16 可以看出，离析指数 S_a 与最大滑移作用力、接触能这两个接触特性参数均具有良好的线性关系。分析认为，对于矿料颗粒体系来说，当粗集料数量较多时，一方面其接触效应较强，导致粗集料的动能相对较小，从而容易发生粗集料离析；另一方面，矿料颗粒体系中的空隙较多，细集料容易穿过空隙向下滑落，从而发生细集料离析。因此矿料颗粒体系的接触摩擦效应越强，粗集料离析越显著。这也说明对于矿料颗粒体系，颗粒间的接触摩擦是影响级配离析的主要因素。

5.3.2　颗粒界面效应与沥青混合料级配离析的关系

在矿料颗粒体系加入沥青后，沥青会黏附矿粉形成胶浆，同时浸入并填充矿料表面纹理。在不同沥青用量及温度条件下，产生不同的界面黏结及润滑效应，在很大程度上影响沥青混合料的离析行为。

不同沥青用量的 SMA-13 沥青混合料离析指数随黏润指数变化如图 5.17 所示。

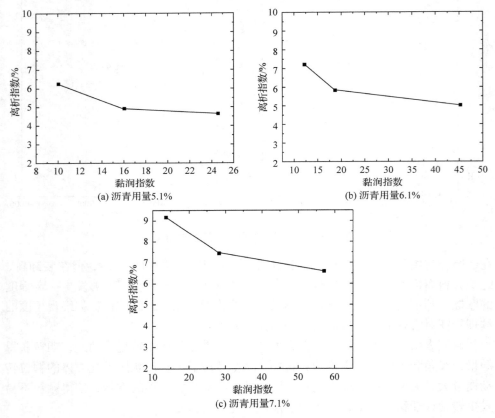

图 5.17　SMA-13 沥青混合料离析指数随黏润指数的变化

由图 5.17 可知，随着沥青用量的增加，SMA-13 沥青混合料的黏润指数和离析指数均呈现下降的趋势，且颗粒体系的离析指数随黏润指数的增大而减小。

对于 SMA-13 沥青混合料而言，试验温度高达 175℃，沥青的润滑效应非常显著，导致随着沥青用量的增加，黏润指数减小。沥青会裹覆集料表面和浸入集料空隙，从而弱化集料棱角的尖锐程度和纹理的粗糙程度，导致粗集料间摩擦产生的热量减小，接触碰撞损失的动能减小，进一步导致粗集料颗粒运动的速度增大，更倾向于落入料仓前端，因此沥青的润滑效应可以减弱粗集料离析程度。此外，黏润指数逐渐减小体现了颗粒体系中黏结作用向润滑作用转变的过程。黏润指数越大表明沥青矿料颗粒体系中黏结作用发挥主导作用，其界面滑移切向力和接触法向力被放大，从而减小了颗粒运动自由度，在细观上减少了颗粒间的势能交换和损耗。

另外，沥青裹覆在细集料表面，既增加了细集料的重量，又使较细的细集料团聚在一起，导致细集料的落点比未掺加沥青的细集料的落点距料仓前端远，减弱了细集料离析程度。当黏润指数较低时，表明润滑作用代替黏结作用发挥主导作用，沥青浸入集料纹理，粗集料间摩擦产生的热量减小；此外在沥青的润滑作用下颗粒棱角尖锐性变弱，接触碰撞损失的动能减小，导致粗集料颗粒运动的速度增大，更倾向于落入料仓前端，这说明沥青的润滑效应可以减弱粗集料离析程度。因此沥青的黏结/润滑效应可以减弱沥青与集料分离的程度，也能降低粗细集料分离的倾向，显著改善混合料离析问题。

5.4　矿料级配离析对沥青混合料性能的影响

为了分析矿料离析对沥青混合料性能的影响，设计了五种不同离析程度的沥青混合料，分别进行了旋转压实试验、浸水汉堡车辙试验和间接拉伸试验，分析离析程度对沥青混合料的压实特性、高温稳定性、水稳定性以及低温抗裂性的影响，为级配优化设计及离析控制提供依据。

5.4.1　不同离析程度的沥青混合料设计

通过钻芯取样发现，现场路面上出现离析的沥青混合料主要是部分筛孔的通过率偏离了正常级配，其余筛孔变化不大。国内外相关研究认为，沥青混合料发生离析的程度主要与 9.5mm、4.75mm 和 2.36mm 这三个筛孔的通过率有关。根据大量现场不同离析处沥青路面调查分析以及国内外研究结果，采用 4.75mm 和 9.5mm 这两个关键性筛孔的通过率来控制模拟离析混合料。

以 AC-20 沥青混合料为例，采用马歇尔法设计了 AC-20N 沥青混合料(原样沥青混合料)开展试验研究，级配曲线如图 5.18 所示，沥青用量为 3.9%，空隙率为 7%，最大理论密度和毛体积密度分别为 2.624g/cm³、2.441g/cm³。

以 4.75mm 和 9.5mm 为关键筛孔，将 N 型沥青混合料分成 A、B、C 三部分，其质量比 A∶B∶C=19.7∶37.3∶43。其中，A 代表 0~4.75mm 混合料，B 为 4.75~9.5mm 混合料，C 为 9.5~26.5mm 混合料。采用燃烧法测量各部分混合料的沥青含量，分别为 5.6%、4.79%、2.43%。对燃烧后的集料进行筛分，级配曲线如图 5.19 所示。

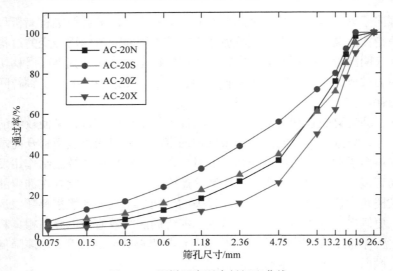

图 5.18　原样沥青混合料级配曲线

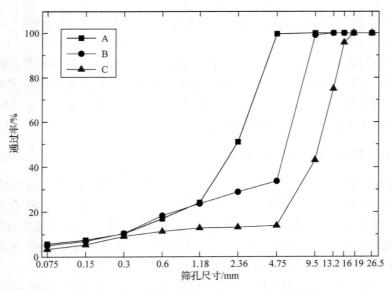

图 5.19　筛分后 A、B、C 混合料的级配曲线

根据张争奇等(2018a，2018b)和燕海峰(2011)的相关研究成果，将离析分成细集料离析(F)、原设计混合料(N)、粗集料轻度离析(L)、粗集料中度离析(M)、粗集料重度离析(H)五个等级，具体划分标准如表 5.1 所示。

表 5.1　沥青混合料离析评价标准

混合料特性		离析等级			
		F	L	M	H
AC-20	级配：筛孔通过率变化	1 个筛孔>5%	1 个筛孔>5%	2 个筛孔>10%	3 个筛孔>15%
	空隙率/%	<4	7~11	9~13	>10
	沥青含量/%	>4.2	3.25~3.6	2.95~3.25	<2.95

采用 A、B、C 三部分沥青混合料，按照不同的质量比例组合得到不同离析程度的混合料，组成比例及沥青用量如表 5.2 所示，不同离析程度的沥青混合料级配曲线如图 5.20 所示。

表 5.2　离析沥青混合料的组成比例及沥青用量

混合料离析类型	组成比例	沥青含量/%		
	A∶B∶C	试件 1	试件 2	平均
细集料离析(F)	24∶43∶33	4.14	4.28	4.21
原设计混合料(N)	19.7∶37.3∶43	3.92	3.88	3.90
轻度离析(L)	14∶32∶54	3.58	3.54	3.56
中度离析(M)	8∶26∶66	3.23	3.13	3.18
重度离析(H)	3∶19∶78	2.86	2.98	2.92

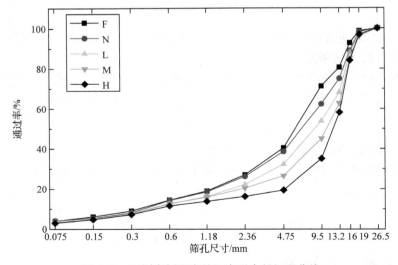

图 5.20　不同离析程度的沥青混合料级配曲线

5.4.2 集料离析对压实特性的影响

作为典型的各向异性多相颗粒材料，沥青混合料的压实过程是颗粒转动、迁移排列的结果。矿料颗粒的分布均匀性会影响沥青混合料的压实特性与压实效果。针对上述不同离析程度的混合料，采用旋转压实仪(图 5.21(a))进行压实成型，试件直径为 100mm，高度为 150mm，根据压实曲线(图 5.21(b))计算密实能量指数 CEI，进而分析离析对沥青混合料压实特性的影响。

 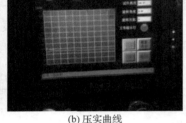

(a) 旋转压实仪　　　　　　　　　　　　(b) 压实曲线

图 5.21　旋转压实仪及压实曲线

CEI 是沥青混合料从压实初始到压至目标空隙率时所需要的能量，能较好地表征混合料的压实特性(张争奇等，2012，2005)。CEI 一般计算初始压实至密实度比达到 96%时输入的能量，其中密实度比 γ_x 计算方法如式(5.18)所示：

$$\gamma_x = \frac{h_{\text{des}}}{h_x} \times \gamma_{\text{des}} \tag{5.18}$$

式中，h_{des} 为达到压实次数时的试件高度；h_x 某一压实次数下的试件高度；γ_{des} 为设计压实次数下的密实度比。

根据不同压实次数下的密实度比，绘制密实度比-压实次数曲线，并进行拟合，沥青混合料的密实曲线和拟合后的方程分别如图 5.22 和式(5.19)所示。

$$\gamma_x = aN^b \tag{5.19}$$

式中，a 和 b 为拟合参数；N 为压实次数。

通过对图 5.22 中的阴影部分进行积分可以计算 CEI，积分的区域为 $0 \sim N_{\text{des}}$，计算方法见式(5.20)：

$$\text{CEI} = \int_0^{N_{\text{des}}} aN^b \mathrm{d}N = \left[\frac{a}{b+1} N^{b+1} \right]_0^{N_{\text{des}}} \tag{5.20}$$

式中，N_{des} 为设计压实次数。

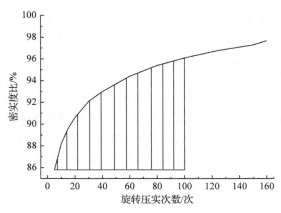

图 5.22 沥青混合料的密实曲线

前文分析可知，矿料颗粒体系的接触摩擦特性和混合颗粒体系的界面效应与矿料复合几何特征密切相关。在此，通过分析密实能量指数 CEI 与复合几何指数 CI_{SP}、CI_{TX}、CI_{GA} 之间的关系，讨论不同离析程度沥青混合料的压实特性。其中，复合形状指数 CI_{SP} 对 CEI 的影响如图 5.23 所示。

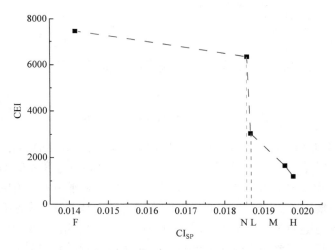

图 5.23 复合形状指数对 CEI 的影响

CEI 值大，说明沥青混合料难以压实，达到目标空隙率或设计高度需要加大压实功；CEI 值小，说明混合料具有良好的施工和易性(张久鹏等，2011；刘建勋，2010)。由图 5.23 可知，随着复合形状指数 CI_{SP} 的增大，CEI 呈下降趋势。粗集料的复合形状指数 CI_{SP} 反映了颗粒体系中粗集料形状特征对接触摩擦的贡献。对于同一形状的矿料颗粒而言，其粒径越大，颗粒间的接触摩擦效应越显著；但 CI_{SP} 主要与颗粒的数量有关，且粒径越小，颗粒数量对 CI_{SP} 的影响越大。因此，当细集料发生离析时，沥青混合料的 CI_{SP} 最小，且与其他四种混合料相差较大。

在压实过程中，压实荷载克服矿料界面摩擦和沥青黏结效应，同时在润滑效应作用下，通过力链传播驱动颗粒发生迁移，促进空间结构逐渐形成，使沥青混合料从松散流动态向成型稳定态转化。与复合纹理和复合棱角相比，复合形状对颗粒间接触摩擦强度的影响相对较小。颗粒形状引起的转动惯量差异，是影响矿料颗粒的转动迁移和空间结构形成的重要因素。矿料颗粒体系的复合形状指数 CI_{SP} 越大，剪切应力使颗粒发生转动的概率越大，沥青混合料越容易压实。

不同离析程度混合料的密实能量指数 CEI 与复合纹理指数 CI_{TX} 的关系如图 5.24 所示。

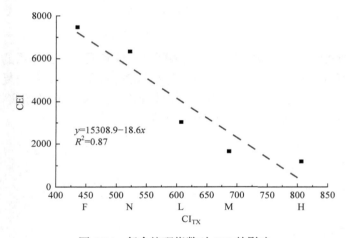

图 5.24　复合纹理指数对 CEI 的影响

由图 5.24 可知，随 CI_{TX} 增大，CEI 整体呈线性衰减。细集料发生离析(F)对应的沥青混合料 CI_{TX} 最小，但 CEI 最大；反之，粗集料重度离析(H)的沥青混合料 CI_{TX} 最大，但 CEI 最小。当发生细集料离析时，矿料颗粒体系中粗集料的数量较少，且主要集中于 4.75～9.5mm，因此在混合颗粒体系中，集料间的接触摩擦力链以中、弱力链为主。由于中、弱力链对压实功的传递能力较弱，将沥青混合料压实至目标状态需要输入较多的能量。CI_{TX} 是综合反映纹理特征与粗集料分布状态的指标，矿料颗粒体系中粗集料越多，CI_{TX} 越大。随着离析处沥青混合料中粗集料离析程度的增加，混合颗粒体系中的一部分细集料逐渐由粗集料替代，这导致集料的比表面积逐渐减小，游离的自由沥青逐渐增多。

在压实温度下，沥青的润滑效应显著大于黏结效应，随着自由沥青的增多，沥青对粗集料的润滑效应越来越显著，因此达到设计高度所需的压实能量越少。由此可见，沥青混合料的压实是克服矿料颗粒接触摩擦以及沥青的黏结润滑效应共同作用的结果。CI_{TX} 虽然可以反映矿料颗粒体系的级配特征和颗粒间的摩擦效应，但当沥青的润滑作用较大时，颗粒间的摩擦效应比较弱，难以用于准确预测沥青混合料的压实特性。

不同离析程度混合料的密实能量指数 CEI 与复合棱角指数 CI_{GA} 的关系如图 5.25 所示。

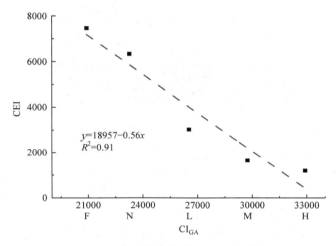

图 5.25　复合棱角指数对 CEI 的影响

由图 5.25 可知，CEI 与 CI_{GA} 的增大呈良好的线性负相关性，R^2 达 0.91。CI_{GA} 可以反映矿料颗粒的棱角特征与粗集料分布特征，沥青混合料的 CI_{GA} 越大，说明离析处大粒径的粗集料越集中，矿料颗粒棱角特征对接触摩擦的贡献越强。复合棱角特征是影响矿料颗粒体系接触摩擦强度的主要因素，重度离析处矿料颗粒体系中颗粒间的接触作用最强烈，但在混合颗粒体系中沥青润滑效应最显著，这在很大程度上减弱了矿料接触摩擦效应对颗粒迁移的阻碍作用，对压实进程具有促进作用。另外，根据五种不同离析程度沥青混合料的 CI_{SP}、CI_{TX} 和 CI_{GA} 的变化趋势可知，离析程度越严重，细集料尤其是小粒径细集料的数量越少，随着粗集料离析程度的增加，沥青砂浆的密实填充作用越来越弱，有助于促进矿料迁移的进行。

综上，复合棱角指数可以反映粗集料的尺寸分布状态，有助于分析压实过程中沥青润滑效应与矿料接触摩擦效应的耦合作用关系，从而揭示沥青混合料的压实作用机制。

5.4.3　集料离析对高温稳定性的影响

浸水汉堡车辙试验(HWTD)能够较好地模拟高温和浸水条件下行车荷载对沥青混合料破坏作用。采用旋转压实仪成型试件,直径为 150mm,切割后高为(62±2)mm,每一组车辙试验需要两个 SGC 成型试件组合而成(石磊，2018；Lv et al.，2018a)，浸水汉堡车辙仪如图 5.26 所示。水浴温度为 50℃，当车辙深度接近 20mm 时，试验自动结束。

图 5.26　浸水汉堡车辙仪

采用车辙深度 20mm 时的加载次数和蠕变速率，评价离析对沥青混合料高温稳定性的影响。由图 5.27 可知，随着粗集料离析程度的增加，沥青混合料的加载次数先增大后减小，其中轻度离析混合料的最大，即达到相同变形量能够抵抗的荷载次数最多，而蠕变速率的变化趋势与之相反。

对于 F、M、H 型沥青混合料而言，破坏次数和蠕变速率相差不大，抗变形能力较弱。其中 F 型沥青混合料中存在较多的细集料，与沥青结合形成沥青砂浆起黏结密实作用，但由于骨架结构较弱，在车轮荷载的反复作用下容易发生剪切变形。M、H 型沥青混合料中粗集料聚集情况明显，虽然通过接触摩擦作用能形成骨架，但细集料较少，黏结密实作用差，使得粗集料-沥青接触界面不够稳定。粗集料离析越严重，则复合几何指数越大，即粗集料特别是大粒径的粗集料越多，

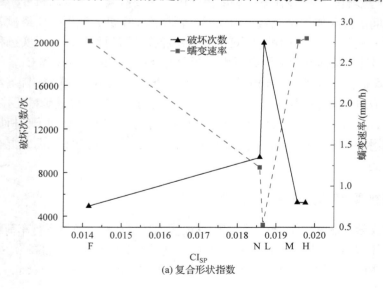

(a) 复合形状指数

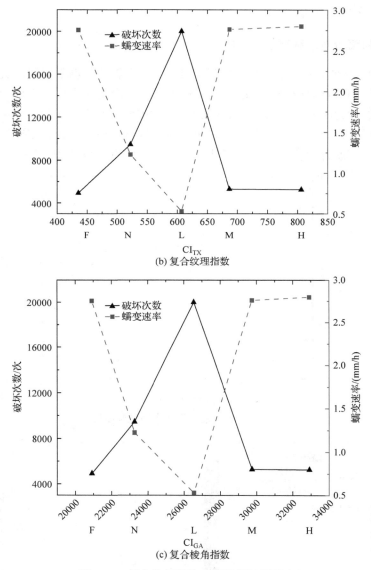

图 5.27　复合几何指数对高温指标的影响

颗粒间的接触摩擦效应越显著。但 M 和 H 型混合料的抗剪变形能力相当,说明沥青对颗粒接触的润滑干涉效应越来越显著,导致抗剪变形能力下降。

对于 L 型沥青混合料,粗集料发生轻度离析,其 CI_{TX} 和 CI_{GA} 大于原设计混合料,但 CI_{SP} 相差不大,说明 L 和 N 型混合料的颗粒总数相当,但大粒径粗集料的个数稍多。L 型沥青混合料抵抗车辙变形的能力比 N 型的好,说明当粗集料发生轻度离析时,在颗粒接触摩擦与沥青黏结润滑效应相互耦合作用下,形成的骨架-黏结体系强度最高。

5.4.4　集料离析对水稳定性的影响

　　图 5.28 为典型的浸水汉堡车辙试验曲线，蠕变斜线与剥落斜线的交叉点为剥落点。采用剥落点对应的破坏次数、车辙深度以及剥落速率评价离析沥青混合料抗水损害的能力(Lv et al.，2018b；Cui et al.，2015；蒋玮，2011)。粗集料的接触摩擦效应以及自由沥青的填隙作用对沥青混合料空隙率大小具有重要影响，不同离析程度下，沥青混合料的水稳定性与空隙率(VV)的关系如图 5.29 所示。

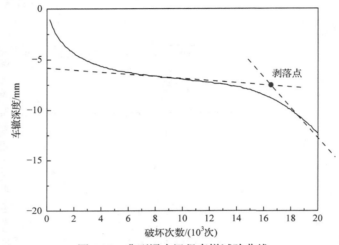

图 5.28　典型浸水汉堡车辙试验曲线

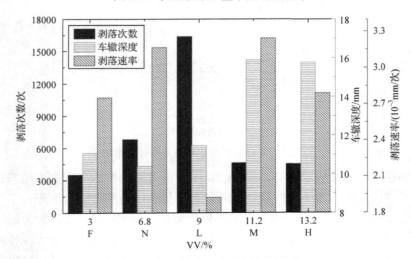

图 5.29　空隙率对水稳定性的影响

由图 5.29 可知，不同离析程度沥青混合料剥落次数的排序为 L>N>M>H>F，车辙深度排序为 N<F<L<H<M，剥落速率排序为 L<F<H<N<M，综合分析可知，轻度离析沥青混合料的水稳定性最好，原设计混合料的次之，中度及重度离析的最差。水分经由空隙进入沥青混合料内部后，在车轮动态荷载的作用下产生真空泵吸吸刷作用，导致裹覆在集料表面或填充在矿料空隙中的沥青产生微裂纹，水分通过微裂纹入侵集料和沥青发生交互作用的界面，使沥青与集料间的黏附性降低，沥青混合料的水稳定性下降。随着粗集料离析程度的增加，沥青混合料的空隙率越来越大，说明存在最佳空隙率范围使得沥青混合料的水稳定性最好。

不同离析程度下空隙率与复合几何指数的关系如图 5.30 所示。

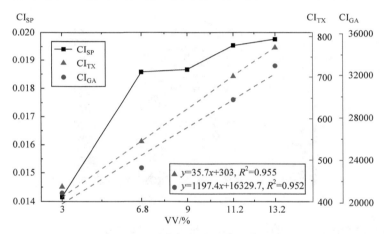

图 5.30 空隙率与复合几何指数的关系

图 5.30 显示，不同离析程度沥青混合料的空隙率(VV)随粗集料复合几何指数的增大而增大，且 VV 与 CI_{TX}、CI_{GA} 呈较好的线性相关性。粗集料的 CI_{TX}、CI_{GA} 增大，说明离析发生处的混合料中大粒径的粗集料增多、细集料减少，使得粗集料接触摩擦所形成骨架结构的空隙体积增大。加入沥青后，沥青一方面入侵粗集料表面纹理，对颗粒间的接触摩擦起润滑作用，这在一定程度上可以减少空隙提高骨架的密实度，另一方面沥青与比表面积较大的细集料结合形成沥青砂浆填充骨架空隙。M 和 H 型沥青混合料的 CI_{TX} 和 CI_{GA} 较大，导致骨架空隙的体积以及自由沥青的体积较大。离析越严重，空隙率越大，表明大粒径粗集料接触摩擦是空隙形成的主要来源。较厚的沥青膜可以在一定程度上阻止水分进入集料-沥青界面，但 M 和 H 型沥青混合料的水稳定性较差，说明空隙率是影响沥青混合料水稳定性的主要因素。F 型沥青混合料的 VV 最小，但细集料数量较多使得裹覆在集料表面的沥青膜较薄，在车轮荷载形成的动水压力作用下，水分容易渗透沥青膜使沥青从集料表面剥落。L 型沥青混合料的 VV 处于中等水平，进入结构内

部的水分少于 M 型和 H 型，且含有一定量的粗集料形成稳定的骨架结构，可以延缓混合料在水和荷载耦合作用下的剥落，因此水稳定性最好。

5.4.5　集料离析对低温抗裂性的影响

间接拉伸试验(图 5.31)常用来模拟沥青混合料的低温开裂过程，采用抗拉强度 R_T、破坏拉伸应变 ε_T 和破坏劲度模量 S_T 来评价低温抗裂能力(银花等，2021；齐琳，2006)。通过 SGC 成型，并切割成尺寸为 $\phi 150\text{mm} \times 40\text{mm}$ 的圆柱体试件，试验温度为 $-10℃$，加载速率为 1mm/min，压条宽度为 19.0mm，施加的荷载、垂直及水平变形通过位移传感器获取。

图 5.31　间接拉伸试验

不同离析程度混合料的低温抗裂指标如图 5.32 所示。

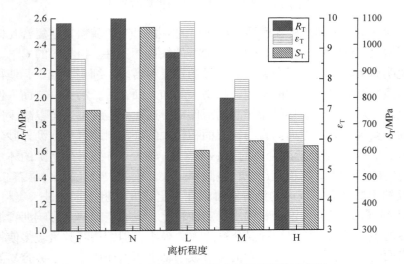

图 5.32　不同离析程度混合料的低温抗裂指标

由图 5.32 可知，除 F 型沥青混合料外，其余混合料的 R_T 随粗集料离析程度的增大而减小，L 和 F 型混合料的 ε_T 明显大于其他混合料，N 型沥青混合料的 S_T 最大，达到了 1066.3MPa。综合分析可知，密实型混合料的低温抗裂性优于骨架空隙型，且 L 型混合料的最好。在轴向荷载作用下，混合料试件上下表面首先出现微裂缝，且在微裂缝的尖端会产生应力集中现象。当应力在传递过程中遇到较多的空隙时，微裂缝会迅速扩展；当混合料内部空隙较少、结构比较密实时，应力传递会遇到连续阻力从而减缓裂缝扩展速度。

此外，M、H 型混合料的 VV、CI_{TX} 和 CI_{GA} 较大。CI_{TX} 和 CI_{GA} 越大，与原设计混合料相比，大粒径的粗集料越多，细集料减少的程度越大，导致混合料大空隙增多。因此，M、H 型混合料内部裂缝的扩展速度较快。F 型混合料的 CI_{TX} 最小，说明粗集料的数量最少，但细集料最多，导致混合料内部出现大量接触点，使应力的传递方向增多，有利于应力消散。L 型沥青混合料中存在较多的接触点分解应力，且骨架黏结强度最大能抵抗外部荷载作用，因此其低温抗裂性能最好。

5.5　矿料级配离析控制措施

5.5.1　级配离析控制

为了建立科学合理的沥青混合料离析预判方法，实现沥青混合料离析问题由"后评价"向"前预判"转变，根据沥青混合料级配离析形成机理，构建了沥青混合料离析倾向预判模型，并提出了离析等级区间。

建立的复合几何特征模型，仅需要输入每一档集料的质量分数就可以精准计算任意颗粒组合的复合几何指数 CI。集料离析使颗粒的粒径分布发生变化，导致 CI 也发生变化。采用 CI 评判集料的离析程度，进而可以关联沥青混合料的压实特性及路用性能。

采用最大值计算法对 CI 进行归一化处理，计算方法见式(5.21)：

$$STI = \frac{CI}{CI_{max}} \tag{5.21}$$

式中，STI 为集料离析倾向指数；CI_{max} 为复合棱角指数的最大值。根据《公路沥青路面施工技术规范》(JTG F40—2004)中推荐的上面层和中面层常用的级配范围，CI_{max} 取 SMA-20L 的复合棱角指数。

前文研究可知，矿料颗粒体系的复合棱角特征与集料离析行为之间的关系密切，因此采用复合棱角指数计算的 STI 对集料的离析程度进行表征及划分。结合表 5.3 中复合几何指数归一化的结果，推荐了沥青混合料集料离析评价标准，如表 5.4 所示。

表 5.3 复合几何指数归一化处理结果

评价指标	集料离析程度				
	F	N	L	M	H
STI_{SP}	0.092353	0.12115	0.121731	0.127507	0.128909
STI_{TX}	0.197395	0.236718	0.275325	0.311424	0.365658
STI_{GA}	0.580243	0.645348	0.736289	0.825303	0.913184

表 5.4 沥青混合料集料离析评价标准

评价指标	集料离析程度				
	F	N	L	M	H
STI_{GA}	0~0.6	0.6~0.7	0.7~0.8	0.8~0.9	0.9~1

在进行沥青混合料级配优化设计时，推荐采用无离析倾向或轻度离析倾向的沥青混合料。

5.5.2 抗离析级配优化设计方法

尺寸各异的粗、细集料按照一定的比例形成级配。良好的级配可使沥青混合料具有较好的摊铺均匀性，保障了沥青路面的路用性能和使用寿命。

针对沥青混合料多级多相的颗粒特性，基于沥青混合料集料离析模型和骨架密实模型来预判沥青混合料的离析倾向，将离析倾向性指数用于优选矿料级配，可以降低沥青混合料在运输、摊铺过程中的离析程度。抗离析级配优化设计步骤如下。

第一步，集料优选。对待用的几种矿料进行质量技术性能测试和几何特征评价比较，尽可能选取规范质量技术要求和几何特征性能更优的集料。

第二步，采用复合几何指数初选级配结构，确定级配控制粒径。采用级配结构平均复合几何指数(平均复合形状指数 CSI、平均复合纹理指数 CTI、平均复合棱角指数 CAI)对级配结构进行初选，如图 5.33 所示，SMA 结构的平均复合几何指数是三种级配结构中最大的，因此可根据 SMA 结构设计级配，且根据复合几何指数计算模型可知，随着 4.75mm 粒径以上粗集料和 0.075mm 以下矿粉占比的提高，复合几何指数敏感度较大，因此设置 0.075mm 和 4.75mm 为控制粒径。

第三步，抗离析型级配优选，方法如下：

(1) 计算各个级配的离析倾向指数 STI，评判设计级配的离析倾向性；

(2) 根据表 5.4，优选出无离析或轻度离析的级配；

(3) 若设计级配不满足离析容许标准(无离析或轻度)，应返回第一步重新设计/调整级配，直到满足离析标准为止。

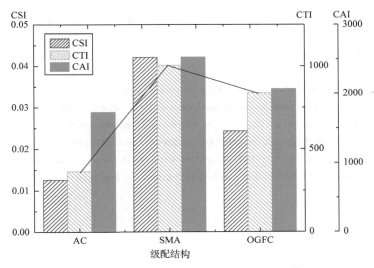

图 5.33　三种级配结构的平均复合几何指数

参 考 文 献

丁银萍, 2009. HMA 级配离析特性的研究[D]. 大连: 大连理工大学.

冯忠绪, 2005. 热沥青混合料碾压过程的离析现象[J]. 长安大学学报, 26(3)：96-99.

郭丽丽, 赖增强, 2008. 沥青混凝土路面摊铺过程中离析现象的分析[J]. 北方交通, (7): 3-4.

姜婉, 2017. 大型宽幅摊铺机螺旋分料器仿真与系统参数优化[D]. 南京: 东南大学.

蒋玮, 2011. 透水沥青路面材料和结构的组成设计与功能评价[D]. 西安: 长安大学.

刘红瑛, 谭发茂, 叶松, 等, 2014.大粒径沥青混合料级配离析测量和评价方法[J]. 郑州大学学报(工学版), 35(2): 24-27.

刘洪海, 2004. 沥青路面碾压离析的实验研究[J]. 武汉理工大学学报, 28(6): 899-902.

刘建勋, 2010. 温拌沥青混合料施工关键技术研究[D]. 西安: 长安大学.

齐琳, 2006. 采用间接拉伸试验评价沥青混合料低温性能研究[D]. 西安: 长安大学.

石磊, 2018. 湿热环境下沥青混合料骨架变形特征研究[D]. 长沙: 长沙理工大学.

燕海峰, 2011. 基于非均匀性的沥青路面施工质量控制与评价研究[D]. 西安: 长安大学.

银花, 高世强, 2021. 采用间接拉伸蠕变试验评价沥青混合料低温抗裂性能[J].功能材料, 52(9):9126-9130.

张久鹏, 裴建中, 徐丽, 等, 2011. 温拌 SBS 沥青混合料旋转压实特性(英文)[J]. 交通运输工程学报, 11(1): 1-6.

张争奇, 边秀乐, 杜群乐, 等, 2012.沥青混合料压实特性影响因素研究[J]. 武汉理工大学学报, 34(6): 36-41.

张争奇, 郭大同, 胡红松, 等, 2018a. 沥青混合料级配离析模拟及判定标准研究[J]. 武汉大学学报(工学版), 51(3): 245-251.

张争奇, 黄硕磊, 石伟, 等, 2018b. 离析模式对沥青混合料密度和构造深度的影响[J]. 铁道科学与工程学报, 15(2):369-377.

张争奇, 袁迎捷, 王秉纲, 2005. 沥青混合料旋转压实密实曲线信息及其应用[J].中国公路学报,18 (3):1-6.

中华人民共和国交通运输部, 2004. 公路沥青路面施工技术规范: JTG F40—2004[S]. 北京: 人民交通出版社.

Cui X Z, Zhang J, Zhang N, et al., 2015. Laboratory simulation tests of effect of mechanical damage on moisture damage evolution in hot-mix asphalt pavement[J]. International Journal of Pavement Engineering, 16(8): 699-709.

Feng X J, Ye S, Hao P W, 2013. A new laboratory method to characterize gradation segregation of large stone asphalt mixtures[J]. Construction and Building Materials, 38: 1199-1203.

Lackey W M, 1986. Segregation-a mutual problem[C]. 31st Annual Convention of the National Asphalt Paving Association, Honolulu.

Lv Q, Huang W D, Bahia H U, et al., 2018a. Three-stage damage evolution of asphalt mixture in the wet hamburg wheel tracking device test using x-ray computed tomography[J]. Journal of Materials in Civil Engineering, 30(7): 04018138.

Lv Q, Huang W D, Tang N P, et al., 2018b. Comparison and relationship between indices for the characterization of the moisture resistance of asphalt-aggregate systems[J]. Construction and Building Materials, 168: 580-589.

Willoughby K A, Mahoney J P, Pierce L M, 2021. Construction-related asphalt concrete pavement temperature differentials and the corresponding density differentials[R]. Washington Department of Transportation, Research Project Agreement T9903, Task A3.

第6章 沥青混合料压实特性及作用机制

本章彩图

沥青混合料的压实效果在很大程度上影响沥青路面的力学性能和服役耐久性。在压实过程中，沥青混合料颗粒体系逐渐由松散流动态向结构成型态转化，颗粒界面发生较大幅度的平动、转动等界面迁移行为，颗粒的位置发生变化、进行重新排列，导致颗粒间的接触点位置、接触力大小及方向等随之改变，同时沥青与集料间的界面接触状态也不断演化，空隙不断减少。在矿料迁移和接触效应的共同作用下，稳定的空间结构逐渐形成。因此，矿料颗粒界面迁移是沥青混合料压实以及结构形成的本质。

国内外学者采用 PFC 离散元模拟、嵌入智能颗粒等方法对压实过程中矿料颗粒的迁移行为展开了探索，但是智能颗粒与真实集料的尺寸大小、几何特征及物化性质相差较大，测得的迁移数据与真实值偏差较大。通过构建离散元压实模型可实时监测矿料颗粒的迁移情况以及细观接触参数的变化，这为进一步分析沥青混合料的压实作用机制以及空间结构形成过程提供了很好的技术手段。然而，常用的离散元压实模型由于缺乏真实颗粒迁移试验的验证，模型的合理性和可靠性仍需进一步探讨。

通过三维蓝光扫描仪获取真实集料的形态信息，装配集料离散元模型，结合伺服控制机制，可以构建高精度沥青混合料三维动态压实模型。采用颗粒标记、分步压实、工业 CT 扫描以及数字图像处理等方法设计并开展沥青混合料压实过程中的矿料迁移追踪试验，通过真实迁移数据与高精度数值模拟数据进行对接，验证虚拟模型的可靠性；从平动和转动两个角度分析矿料颗粒的迁移行为，结合细观接触特性的变化规律，建立骨架接触模型；分析矿料复合几何特征以及矿料-沥青界面多重耦合效应对骨架接触结构的影响，探究沥青混合料的压实特性及作用机制，从而揭示其空间结构形成过程、建立沥青混合料骨架密实模型。

6.1 压实过程矿料迁移的 PFC3D 数值模拟方法

离散单元法是研究岩石、颗粒以及多相混合物等非连续介质的运动和接触力学问题的有效方法。随着计算机运算能力的提高，离散元法逐渐应用于道路工程相关领域的研究。黄宝涛等(2009)构建了二维离散元振动压实模型，研究了振动荷载作用下不规则集料的水平、竖向位移以及空间转角的变化规律。黄晚清等(2006)

基于离散元法建立了球体颗粒在立方体容器内的重力堆积模型，绘制了内部颗粒在堆积过程中的运动轨迹。张德育(2013)建立了沥青混合料二维车辙模型，分析了车辙形成过程中沥青混合料内部粗集料的空间运动轨迹。Yu 等(2012)等采用集料图像分析仪扫描集料并建立了三维离散元模型，分析了矿料粒径以及形状参数对沥青混合料动态模量的影响。近年来，不少学者采用离散元法对沥青混合料压实过程中矿料颗粒的迁移行为开展了研究。

6.1.1　沥青混合料虚拟试件构建

6.1.1.1　粗集料生成及特征参数

离散元程序中默认采用小球(ball)代替矿料颗粒，ball 可以传递力学响应，但无法还原矿料颗粒的真实形貌，更难以模拟由矿料颗粒特征引起的混合料力学响应的变化。采用真实集料的几何形态重构三维壳体结构，进而构建集料颗粒模型，可有效提高沥青混合料离散元压实模型的准确性。

尽管矿料颗粒的三维形貌十分复杂，但随着逆向建模技术的发展，采用光学扫描设备获取集料的形貌已较容易实现。蓝光三维扫描仪通过非接触光学测量原理，获取集料表面三维点云坐标，点云数据可以插补成矿料几何形貌，能够高度还原颗粒的形貌特征，且蓝光三维扫描仪操作便利，数据处理简单，成为获取集料形貌的主流方式之一。采用蓝光三维扫描仪扫描集料颗粒，如图 6.1 所示。

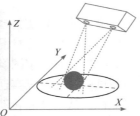

图 6.1　集料颗粒三维扫描

扫描仪采用像素高达 1310000 的高精密工业级相机拍摄集料颗粒表面，结合全自动拼接功能实时获取三维形状，测量精度为 0.015～0.035mm，测量范围为 100mm×75mm～400mm×300mm。扫描完成后将数据导入逆向工程软件 Geomagic Studio 生成真实集料的三维壳体结构，并保存为立体光刻(stereo lithography，STL)文件，在建立离散元压实模型时可直接调用，如图 6.2 所示。

调用 PFC5.0 软件内置的 Bubble-pack 算法，采用一定数量的球体(pebble)填充集料颗粒的三维壳体结构，从而生成刚性簇(clump)表示虚拟集料，如图 6.3 所示。填充球体的数量由 ratio 和 distance 的取值决定，ratio 是指填充球体中最小球与最大球的半径之比，distance 是指球体的最大重叠量(卢家志，2020)。

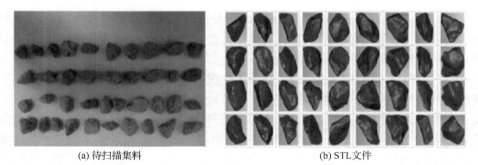

(a) 待扫描集料　　　　　　　　　　　　(b) STL文件

图 6.2　模板集料

ratio 的取值越小，distance 的取值越大，用于填充的球体数量越大，压实模型的精度越高，但计算量也随之增大，如图 6.4 所示。从模型效率和运算时间角度考虑，ratio 和 distance 分别取 0.5 和 150。

图 6.3　虚拟集料生成过程

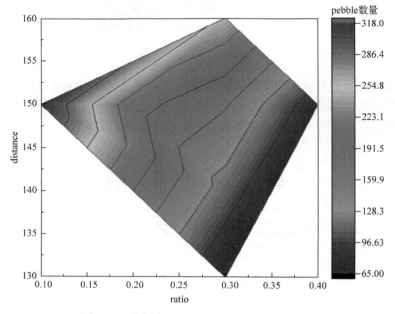

图 6.4　不同 ratio-distance 下填充球体的数量

　　PFC3D 内置有 distribute 和 generate 两种投放方式，其中 distribute 用于在给定的空间内投放固定体积的颗粒，其优点是投放速度较快，但颗粒间初始重叠量较大，容易对后续颗粒内部的应力分布产生影响，需要通过进一步伺服消除；与 distribute 函数不同的是，generate 则用于生成一定数量互不重叠的颗粒，但需要在后续计算中进一步令颗粒体系密实。本节以 AC-20Z 沥青混合料为例，探究压实过程中矿料颗粒的迁移规律。采用等效直径法对 clump 进行放缩，通过调整放缩系数生成 2.36~26.5mm 的粗集料。通过调用 distribute 函数将不同尺寸的粗集料按照 AC-20Z 的级配随机投放至试件空间，采用 cycle 和 solve 命令消除集料之间的重叠，颗粒投放过程见图 6.5。

(a) 指定区域　　　　　(b) 生成clump　　　　　(c) 模型空间　　　　　(d) 删除多余clump

(e) 消除重叠过程

图 6.5　颗粒投放过程

　　建立筛分模型对虚拟粗集料级配进行筛分，通过与真实级配进行对比验证虚拟级配的准确性，筛分过程如图 6.6 所示。由图 6.7 可知，虚拟筛分后的级配与真实级配相差不大，说明装配的粗集料离散元模型准确性较高。

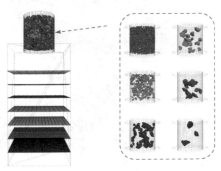

图 6.6　级配矿料筛分过程

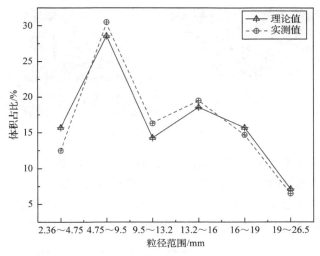

图 6.7　虚拟筛分结果与真实级配对比

在集料与集料的接触处设置接触刚度滑移模型反映集料颗粒间的力学行为。根据 You 等(2009)的研究结果，集料颗粒的泊松比和弹性模量分别设置为 0.25 和 55GPa。矿料颗粒表面的摩擦系数主要取决于纹理，通过试验测得的难度较大，依据工程经验设置摩擦系数的初始值为 0.35。后续将设计开展矿料迁移追踪试验，通过实际矿料迁移结果与模拟值进行对比，验证确定的粗集料间细观参数的准确性。

6.1.1.2　沥青砂浆生成及表征参数

采用半径为 0.7mm 的球体模拟 2.36mm 以下的细集料与沥青结合料形成的沥青砂浆。沥青砂浆间的接触模型以及沥青砂浆与集料间的接触模型都选择伯格斯 (Burgers)模型。确定准确的模型参数是描述沥青砂浆球体之间接触关系的前提，包括麦克斯韦(Maxwell)模型中弹簧的弹性模量 E_1、黏壶的黏度 η_1 以及开尔文 (Kelvin)中弹簧的弹性模量 E_2、黏壶的黏度 η_2(李波，2021)。通过动态模量试验，并根据时温等效原理确定 AC-20Z 沥青砂浆的 Burgers 模型参数。

采用静压法制作 ϕ100mm×150mm 的沥青砂浆试件，压实温度为 150℃，沥青用量为 11.41%，AC-20Z 沥青砂浆配合比如表 6.1 所示。采用简单性能试验机(SPT)对测试沥青砂浆试件施加正弦波以测量其动态模量，荷载频率为 0.1Hz、0.5Hz、1Hz、5Hz、10Hz、25Hz，试验温度为 4.4℃、21.1℃、37.8℃。为了减少误差，在每一种条件下开展 3 次平行试验，如图 6.8 所示。

表 6.1　AC-20Z 沥青砂浆配合比

筛孔尺寸/mm	2.36	1.18	0.6	0.3	0.15	0.075
通过率/%	100	75.0	53.3	36.7	28.3	16.7

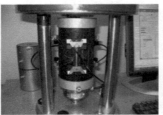

图 6.8　动态模量试验

以 21.1℃为基准温度，基于时温等效原理，将动态模量试验结果沿着对数坐标平移，得到了沥青砂浆动态模量的主曲线(栗培龙等，2018，2016)，如图 6.9 所示。图中，E 为动态模量；$\log f_r$ 为折算频率的对数。对主曲线进行非线性回归分析，获取压实温度 150℃下沥青砂浆的 Burgers 模型参数，如表 6.2 所示。

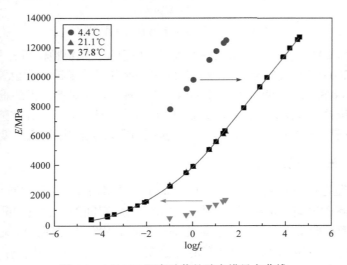

图 6.9　AC-20Z 沥青砂浆的动态模量主曲线

表 6.2　150℃下沥青砂浆的 Burgers 模型参数

Burgers 模型参数	E_1/MPa	η_1/(MPa·s)	E_2/MPa	η_2/(MPa·s)
计算结果	12.96	10.43	789.72	1.13

6.1.1.3　空隙相生成

沥青混合料是由粗集料、沥青砂浆和空隙构成的多相复合材料。采用半径 0.7mm 的球体单元代替空隙，首先计算出空隙的数量，然后通过随机删除相应球体单元的方式在试件内部设置空隙。构建的 AC-20Z 沥青混合料虚拟试件的质量为 1216.8g,体积为 656.59cm³,集料的体积为 272.93cm³,沥青和矿粉的体积分别为 46.67cm³、21.0cm³,因此试件内部空隙的体积为 205.66cm³,进而计算空隙的数量为 10020 个。随机删除球体单元后离散元试件及其内部的空隙分布分别如图 6.10、图 6.11 所示。

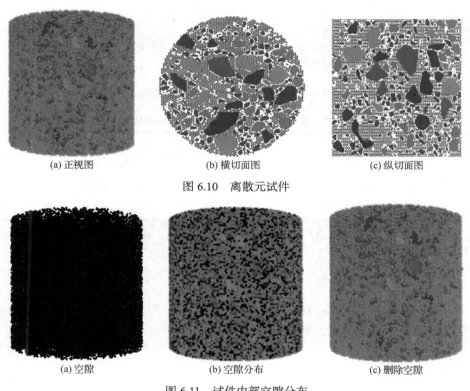

(a) 正视图   (b) 横切面图   (c) 纵切面图

图 6.10 离散元试件

(a) 空隙   (b) 空隙分布   (c) 删除空隙

图 6.11 试件内部空隙分布

模型中的颗粒单元通过接触发生相互作用,每一个接触都连接着两个实体单元,所有的变形行为及力的作用都发生在接触处。颗粒之间相互作用通常通过接触模型来描述,软件可以手动分配接触模型,也可以在计算过程中自动对形成的接触进行识别和分配。

在沥青混合料离散元模型中,存在着两种实体单元:沥青胶浆和集料。它们之间存在三种接触形式:①沥青胶浆之间的接触;②集料之间的接触;③集料与沥青胶浆之间的接触,如图 6.12 所示。

根据沥青混合料各组分间接触的特点,按照表 6.3 分配接触模型。

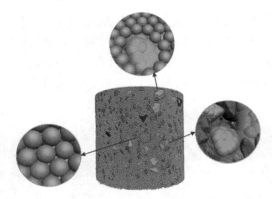

图 6.12　沥青混合料内部接触示意图

表 6.3　沥青混合料离散元模型内部接触模型

接触部位	接触模型
集料单元之间	接触刚度模型+滑移模型
沥青胶浆单元之间	Burgers 接触模型
集料与砂浆单元之间	Burgers 接触模型

6.1.2　接触模型选择

6.1.2.1　接触刚度模型

当两个接触体之间不存在拉力且无滑移行为时，可以用接触刚度模型来描述它们之间力与位移的关系，见式(6.1)和式(6.2)：

$$F_i^n = K^n U^n n_i \tag{6.1}$$

$$\Delta F_i^s = -K^s \Delta U^s \tag{6.2}$$

式中，F_i^n、ΔF_i^s 分别为法向接触力和切向接触力的增量；U^n、ΔU^s 分别为法向位移和切向位移增量；n_i 为方向向量；K^n、K^s 分别为法向刚度和切向刚度。

在 PFC3D 中内置了两类基础的接触刚度模型：赫兹接触刚度模型和线性接触刚度模型。其中赫兹接触刚度模型只能应用于两个球体之间，由于未对接触实体间的拉伸作用进行定义，因此只适用于球体间无黏结且只受压的条件；线性接触刚度模型可以应用于 ball-wall(墙体单元与球体单元间)也可以应用于 ball-ball(球体单元间)，两个单元间的模型通过串联的形式发挥功能，其接触刚度 K_n、K_s 可以通过式(6.3)和式(6.4)计算：

$$K_n = \frac{K_n^A K_n^B}{K_n^A + K_n^B} \tag{6.3}$$

$$K_s = \frac{K_s^A K_s^B}{K_s^A + K_s^B} \tag{6.4}$$

式中，K_n^A、K_n^B 为两个接触实体的法向刚度；K_s^A、K_s^B 为两个接触实体的切向刚度。

6.1.2.2　接触滑移模型

接触滑移模型本质上是在两个实体间的接触面上设置了一个摩擦系数，属于两个接触单元间的固有性质。在接触滑移模型中，通过比较最大剪应力与法向力的大小关系来判断接触实体间是否会产生滑移。接触处的最大剪应力 F_{max}^s 通过式(6.5)计算：

$$F_{max}^s = \mu \left| F_n^i \right| \tag{6.5}$$

式中，F_n^i 为接触处的法向应力；μ 为两接触实体摩擦系数的最小值。当接触间的剪应力超过最大剪应力时，两个接触体便会发生相对滑移。

6.1.2.3　黏弹性模型

由于具有黏弹塑性，沥青混合料在不同受力条件下反映出的宏观力学性质会有很大差别。在离散元数值仿真过程中，沥青混合料被视为由集料、沥青胶结以及空隙组成的复合结构，其中集料作为刚性体并不具备黏弹性，沥青胶浆被视为混合料黏弹性特征的组分。

Burgers 模型是现阶段用来描述沥青混合料内部接触关系的本构模型之一，该模型由单个 Kelvin 模型以及 Maxwell 模型通过串联而成。其中，Maxwell 由黏壶和弹簧经过串联而成，用来描述接触体间的应力松弛行为；Kelvin 模型由黏壶及弹簧并联而成，用来描述接触体间的蠕变及恢复行为。考虑到颗粒之间受力状态包括法向和切向两种模式，因此该模型具有宏观和微观两种表现形式，见图 6.13。

由图 6.13 可知，Burgers 模型共有 8 个细观参数：K_{mn}、C_{mn}、K_{kn}、C_{kn}、K_{ms}、C_{ms}、K_{ks}、C_{ks}。当接触的两个单元仅存在轴向力作用时，接触处的细观接触力可以通过式(6.6)计算得到：

$$f_n = L\dot{\varepsilon}C_{mn} = L\varepsilon_k K_{kn} + L\dot{\varepsilon}C_{kn} = L\varepsilon_{mc} K_m \tag{6.6}$$

式中，ε_k、ε_{mc} 为相应元件的应变；L 为两接触单元的半径。

宏观 Burgers 模型接触力 δ 可以通过式(6.7)计算：

$$\delta = \dot{\varepsilon}\eta_{mc}\eta_1 = \varepsilon_k E_2 + \dot{\varepsilon}_k \eta_2 = \varepsilon_{mk} E_1 \tag{6.7}$$

式中，E_1、E_2、η_1、η_2 为宏观 Burgers 模型拟合参数。根据接触力与应力之间的关系 $f_n = \delta A$，联立式(6.7)，便能得到微观黏弹性参数与宏观参数之间在法向上的换算关系：

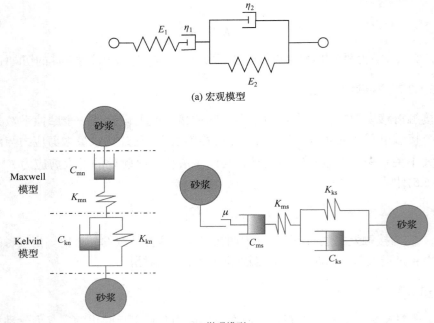

(a) 宏观模型

(b) 微观模型

图 6.13　Burgers 本构模型

$$C_{mn} = \frac{\eta_1 A}{L} = \eta_1 L \tag{6.8}$$

$$K_{mn} = \frac{E_1 A}{L} = E_1 L \tag{6.9}$$

$$C_{kn} = \frac{E_2 A}{L} = \eta_2 L \tag{6.10}$$

$$K_{kn} = \frac{E_2 A}{L} = E_2 L \tag{6.11}$$

根据剪切模量与弹性模量间的换算关系 $E = 2G(1+\nu)$ ，可以推导出 Burgers 模型宏观参数与微观参数在切向上的关系：

$$C_{ms} = \frac{\eta_1 L}{2(1+\nu)} \tag{6.12}$$

$$K_{ms} = \frac{E_1 L}{2(1+\nu)} \tag{6.13}$$

$$C_{ks} = \frac{\eta_2 L}{2(1+\nu)} \tag{6.14}$$

$$K_{ks} = K_{ms} = \frac{E_2 L}{2(1+\nu)} \qquad (6.15)$$

由于沥青砂浆单元与集料单元间的 Burgers 模型宏微观换算关系相对复杂，可将单个 Burgers 微观模型视作由两个相同的 Burgers 模型经过串联而成，如图 6.14 和图 6.15 所示。

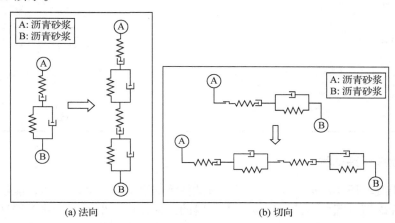

(a) 法向　　　　　　　　　　　　(b) 切向

图 6.14　沥青砂浆内部单元间 Burgers 微观模型转化关系

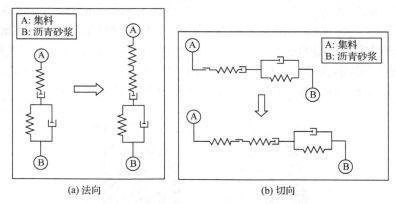

(a) 法向　　　　　　　　　　　　(b) 切向

图 6.15　沥青砂浆单元与集料单元间 Burgers 微观模型转化关系

根据串联后的 Burgers 微观模型，计算获得了沥青砂浆内部单元间、沥青砂浆单元与集料单元间 Burgers 模型的微观参数表达式，见表 6.4。

表 6.4　Burgers 模型微观参数表达式

细观参数	沥青砂浆内部单元间	沥青砂浆单元与集料单元间
C_{mn}	η_1	$2\eta_1 L$
K_{mn}	$E_1 L$	$\dfrac{2EE_1}{E+E_1}L$

续表

细观参数	沥青砂浆内部单元间	沥青砂浆单元与集料单元间
C_{kn}	$\eta_2 L$	$2\eta_2 L$
K_{kn}	$E_2 L$	$2E_2 L$
C_{ms}	$\dfrac{\eta_1 L}{2(1+\nu)}$	$\dfrac{\eta_1 L}{1+\nu}$
K_{ms}	$\dfrac{E_1 L}{2(1+\nu)}$	$\dfrac{2GE_1}{G(1+\nu)+E_1}L$
C_{ks}	$\dfrac{\eta_2 L}{2(1+\nu)}$	$\dfrac{\eta_2 L}{1+\nu}$
K_{ks}	$\dfrac{E_2 L}{2(1+\nu)}$	$\dfrac{E_2 L}{1+\nu}$

6.1.3 虚拟压实试验

采用旋转压实法成型试件可同时对试件施加竖向压力和剪切力,能较好地模拟在实际碾压过程中压路机对沥青混合料的揉搓作用。根据《公路工程沥青及沥青混合料试验规程》(JTG E20—2011)的相关要求,进行旋转压实时垂直压力设为 600kPa,内旋转角为 1.15°,旋转速率为 30r/min,设计压实次数为 100 次。首先生成一个尺寸为 ϕ100mm×100mm 的虚拟试件,然后在试件顶部和底部生成两个墙体,通过调整墙体的速度使试件匀速旋转,直至旋转角达到 1.15°。在压实过程中,通过伺服机制控制顶部墙体对试件施加 600kPa 的竖向荷载,并保持稳定,同时墙体以 30r/min 的速度匀速转动,虚拟旋转压实模型如图 6.16 所示。

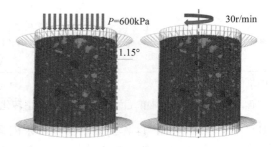

图 6.16 虚拟旋转压实模型

为了建立高精度的虚拟旋转压实模型,从而实现在压实过程中对矿料迁移轨迹的追踪,基于真实集料信息装配 2.36mm 以上的集料模型,采用 0.7mm 的球体单元代替由 2.36mm 以下细集料和沥青结合形成的沥青砂浆,并根据沥青混合料内部各部分的接触关系设置了相应的接触模型。

6.2 压实过程中的矿料颗粒追踪方法

采用颗粒标记、分步压实、工业 CT 扫描的方式对压实过程中的粗集料进行追踪,可以还原压实过程中矿料颗粒的迁移轨迹以及结构排列行为,对矿料颗粒迁移特性进行量化表征,并为构建离散元压实模型提供依据。

6.2.1 矿料颗粒标记

为准确获取实际压实过程中颗粒的迁移参数,对颗粒进行标记时应遵循以下三个原则:

(1) 选择真实集料颗粒且对颗粒进行标记后,颗粒的质量、尺寸、几何形态等尽可能与未标记时一致;

(2) 标记颗粒的掺入不改变沥青混合料的级配;

(3) 在通过工业 CT 扫描获取的断层图像中,标记颗粒与普通颗粒有明显的区分性,且迁移参数便于统计和计算。

基于上述原则,首先选取棱角丰富、形状趋近于立方体的集料。此外集料需满足水平放置时,上表面与水平面基本平行,以确保标记颗粒放入试模中后保持稳定。然后,采用电钻在颗粒上表面垂直水平面的位置钻取直径为 1mm、长度为 3mm 的小孔,通过内嵌 0.8mm 铁丝的手段对特征矿料颗粒进行标记。一方面,工业 CT 扫描后铁丝的识别效果较好,可通过计算铁丝的迁移参数反映集料颗粒的迁移情况;同时,应尽量降低钻孔对颗粒强度的影响,防止集料因内嵌铁丝被压碎。最后,将直径为 0.8mm 的铁丝均匀裹覆环氧树脂,插入钻孔内,完成标记。按照上述方法对 4.75~26.5mm 的粗集料进行了标记,实现对所有尺寸的粗集料进行追踪。特征颗粒的标记过程及工业 CT 扫描效果分别如图 6.17 和图 6.18 所示。

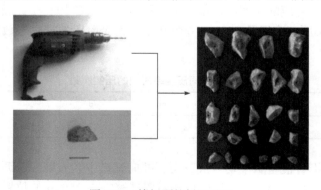

图 6.17 特征颗粒标记过程

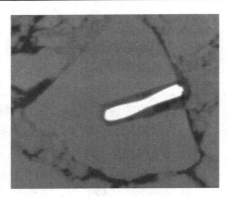

图 6.18　工业 CT 扫描效果

6.2.2　分步旋转压实方法

为了获取集料颗粒在沥青混合料压实过程中的迁移情况，在混合料中放置标记的颗粒，然后对沥青混合料进行分阶段压实，即分步压实。旋转压实仪(SGC)的计算机控制系统可实时记录试件高度，可以实现分步压实，并通过工业 CT 对不同压实次数下的试件进行扫描，获取断层图像，结合数字图像处理技术计算粗集料的迁移参数。

沥青混合料试件的直径为 100mm，设计压实次数为 100 次，压实温度为 150℃，与虚拟压实试验保持一致。根据 SGC 的计算机控制系统输出的压实次数-试件高度曲线，提出压实率确定沥青混合料的分步压实方案。压实率 C_r 为某一压实次数下试件减小的高度和设计压实次数下减小的总高度的差值，计算方法见式(6.16)：

$$C_r = \frac{h_0 - h_x}{h_x - h_e} \tag{6.16}$$

式中，h_0、h_x、h_e 分别为 0 次、x 次、设计压实次数下试件的高度。

不同压实率对应的压实次数如表 6.5 所示，以 AC-20Z 沥青混合料为例，通过计算 0～50%压实率以及 50%～100%压实率两个阶段的迁移参数对虚拟压实模型进行标定。

表 6.5　不同压实率对应的压实次数

压实率/%	40	50	60	70	80	100
压实次数/次	5	8	14	23	38	100

将拌制的沥青混合料平均分成三份，并向试模中装入第一份沥青混合料，将 S5(16mm) 和 S6(19mm) 集料对称放置在距离试模中心 25mm 的位置，确保颗粒内嵌的铁丝与试模水平面垂直；然后，向试模中装入第二份沥青混合料，将

S3(9.5mm)和 S4(13.2mm)颗粒垂直于 S5 和 S6 颗粒放置；最后，装入第三份混合料，将 S1(4.75mm)和 S2(4.75mm)颗粒垂直于 S3 和 S4 颗粒放置。标记集料颗粒在混合料内部的初始位置如表 6.6 所示。

表 6.6　特征颗粒的初始位置

粒径范围/mm	初始坐标			空间位置	矿料标号
	x	y	z		
4.75～9.5	24.32	50.68	155.63	顶部	S1
4.75～9.5	76.46	52.64	154.67	顶部	S2
9.5～13.2	25.89	51.46	96.53	中上部	S3
13.2～16	74.87	50.57	99.47	中上部	S4
16～19	27.12	53.28	56.36	中下部	S5
19～26.5	74.37	56.17	58.27	中下部	S6

　　压实 8 次后将试模取出，冷却 24h 后脱模，采用工业 CT 进行扫描，如图 6.19 所示。扫描结束后，将试件及试模加热至压实温度，继续压实 92 次，冷却后脱模，进行第二次工业 CT 扫描。

　　在计算特征颗粒的迁移指标时，需要建立三维坐标系，因此在进行工业 CT 扫描前对试件的空间坐标原点进行标定。通过设定相同的扫描起点和压实起点确保空间坐标原点的唯一性，具体方法如下：

　　首先在压实前对试模进行标记，确定压实起点，如图 6.20 所示。然后进行分步压实，当达到设定的压实次数后脱模，并在试件与试模对应的位置标记相应的丁字。扫描完成后，在确保试件和试模上的丁字完全对应的前提下，将试件装入试模中，继续进行下一阶段的压实和扫描。

图 6.19　工业 CT

图 6.20　空间坐标原点标定方法

6.2.3　矿料迁移量化表征

工业 CT 扫描后可以获取 X、Y、Z 三个方向的断层图像，如图 6.21 所示。由于铁丝与集料、沥青的密度相差较大，因此集料颗粒内嵌的铁丝可以对特征颗粒起到明显的标识作用，将铁丝视为空间向量，通过测量不同压实次数下向量的三维坐标，即可计算颗粒的迁移指标。设向量两个端点 A、B 的初始坐标分别为(x_1,y_1,z_1)和(x_2,y_2,z_2)，压实 8 次后，A、B 端点分别迁移至 C、D 位置，采用数字图像处理软件 Mimics 对断层图像进行处理可以获取 C、D 水平坐标分别为(x_3,y_3)和(x_4,y_4)；将断层图像从上至下依次编号为 0, 1, 2,···, 756，两个相邻图像间的距离为 0.134mm，通过统计指针端点所在断层图像的位置可以计算轴向坐标，为 $(n-1)\times0.134$mm，由此可以获取 C、D 端点的轴向坐标分别为 z_3、z_4，如图 6.22 所示。

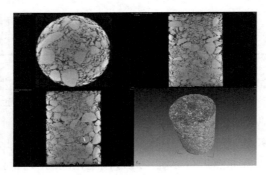

图 6.21　工业 CT 扫描获取的断层图像

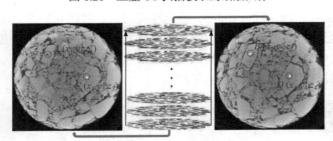

图 6.22　轴向断层图像

根据空间向量的表示方法，$\vec{AB}=(x_2-x_1,y_2-y_1,z_2-z_1)$，$\vec{CD}=(x_4-x_3,y_4-y_3,z_4-z_3)$，对向量坐标作如下变换：

$$\begin{cases} x_a = x_2 - x_1 \\ y_a = y_2 - y_1 \\ z_a = z_2 - z_1 \end{cases} \tag{6.17}$$

$$\begin{cases} x_b = x_4 - x_3 \\ y_b = y_4 - y_3 \\ z_b = z_4 - z_3 \end{cases} \tag{6.18}$$

因此，$\overrightarrow{AB} = (x_a, y_a, z_a)$，$\overrightarrow{CD} = (x_b, y_b, z_b)$。提出水平位移 L_{xoy} 评价矿料颗粒在水平面的平动迁移行为，转角 α 评价颗粒的空间转动特性，其计算方法分别如下：

$$L_{xoy} = \sqrt{L_x^2 + L_y^2} \tag{6.19}$$

$$\cos\alpha = \frac{\overrightarrow{AB} \cdot \overrightarrow{CD}}{\left|\overrightarrow{AB}\right| \cdot \left|\overrightarrow{CD}\right|} = \frac{x_a \cdot x_b + y_a \cdot y_b + z_a \cdot z_b}{\sqrt{x_a^2 + y_a^2 + z_a^2}\sqrt{x_b^2 + y_b^2 + z_b^2}} \tag{6.20}$$

虽然沥青混合料的级配、沥青用量及压实参数相同，但是压实成型后试件的高度和密度也会存在差异，因此提出相对指标 Z_φ 评价颗粒的竖向迁移行为，并用于离散元模型标定，计算方法见式(6.21)：

$$Z_\varphi = \frac{L_z}{\Delta h} \tag{6.21}$$

上述公式中，L_x、L_y 和 L_z 分别为颗粒在 x、y、z 三个方向的位移，计算方法分别见式(6.22)、式(6.23)和式(6.24)：

$$L_x = \frac{x_3 - x_1}{2} + \frac{x_4 - x_2}{2} \tag{6.22}$$

$$L_y = \frac{y_3 - y_1}{2} + \frac{y_4 - y_2}{2} \tag{6.23}$$

$$L_z = \frac{z_3 - z_1}{2} + \frac{z_4 - z_2}{2} \tag{6.24}$$

6.2.4　虚拟压实模型验证

虽然基于离散元法追踪颗粒迁移轨迹已有相关报道，但对虚拟压实模型的标定和验证非常困难，压实模型的准确性有待进一步研究。本书开展了真实矿料迁移追踪试验，将通过真实试验采集的数据与压实过程的 PFC 数值模拟结果进行对接，验证模型的合理性。为了减少试件质量、高度和密度等导致的差异，采用矿料颗粒的竖向相对位移 Z_φ 进行验证。计算了虚拟压实试验和矿料迁移试验中压实率为 50% 和 100% 时颗粒的 Z_φ，将这两个压实阶段分别记为 C1 和 C2。

　　由图 6.23 可知，虚拟压实试验模拟值和迁移试验实测值的大小和变化趋势一致性较好，说明构建的沥青混合料三维动态压实模型的可靠性较高。观察发现，实测值比模拟值稍小，原因在于沥青砂浆被半径为 0.7mm 的球体单元替代，这在一定程度上增大了沥青混合料的初始空隙率，混合料内部矿料颗粒和沥青砂浆的迁移空间随之增大。根据图 6.23 可知，这种整体性差异较小，反映出模型的精度和可靠性较高。在后续研究中，将采用虚拟压实模型从平动和转动两个方面探究矿料颗粒的迁移规律，并基于此解析沥青混合料的压实特性及作用机制。

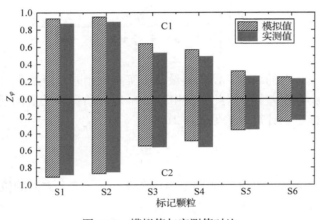

图 6.23　模拟值与实测值对比

6.3　压实过程中沥青混合料空间结构形成及演变机制

　　在碾压荷载作用下，裹覆沥青的矿料颗粒进行迁移，同时沥青混合料颗粒体系进行结构调整，从而形成稳定的空间结构。结合矿料颗粒迁移特性，从沥青混合料颗粒体系接触力链分布规律入手，分析粗集料体系以及沥青砂浆的迁移机制，有助于揭示颗粒体系空间结构形成过程以及沥青混合料的压实特性。

6.3.1　压实过程中的矿料迁移特性

　　颗粒迁移是沥青混合料压实过程的微细观响应，但试件质量差异导致体积变化时在竖直方向上的高度减小程度不同，仅仅采用 L_z 表征颗粒竖向的迁移特性对不同的试件来说没有可比性。为了揭示沥青混合料的压实机制，采用相对位移指标 Z_φ 表征颗粒体积的减小和试件密实，如式(6.21)所示。

采用 L_{xoy} 表征颗粒水平方向的迁移，L_{xoy} 值的变化意味着颗粒水平向迁移使得混合料进一步密实；采用转角 α 表征颗粒的转动，其大小代表颗粒主轴取向发生转动的角度，体现了接触力对颗粒的转动形成约束。采用 Z_φ 不但可以反映不同压实阶段的迁移规律，还可以用来分析不同试件的颗粒竖向迁移，进而分析混合料的压实特性。

采用该离散元压实模型再现压实过程中矿料颗粒迁移轨迹，分析不同压实次数、不同层位、不同粒径集料的空间位置变化情况，从平动和转动两个方面探究集料在压实过程的迁移演化规律。

6.3.1.1　平动迁移特性

在碾压荷载作用下，矿料颗粒在水平方向和竖直方向发生迁移。采用离散元三维压实模型分别获取了压实 8 次和压实 100 次时沥青混合料内部颗粒的迁移程度和方向，如图 6.24 所示，其中每一个箭头代表一个矿料颗粒的迁移方向，箭头的颜色代表迁移量的范围(见二维码对应彩图)。

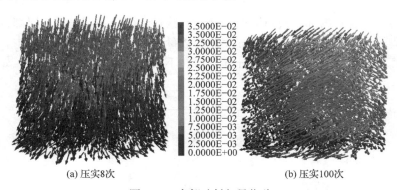

| 3.5000E-02 |
| 3.5000E-02 |
| 3.2500E-02 |
| 3.0000E-02 |
| 2.7500E-02 |
| 2.5000E-02 |
| 2.2500E-02 |
| 2.0000E-02 |
| 1.7500E-02 |
| 1.5000E-02 |
| 1.2500E-02 |
| 1.0000E-02 |
| 7.5000E-03 |
| 5.0000E-03 |
| 2.5000E-03 |
| 0.0000E+00 |

(a) 压实8次　　　　　　　　　　(b) 压实100次

图 6.24　内部矿料矢量位移

由图 6.24 可知，矿料颗粒在不同压实阶段、不同位置迁移的方向和程度不同。当压实次数为 8 次，即压实率达到 50%时，颗粒主要发生竖向迁移，且从上至下颗粒的迁移呈逐渐减小趋势。当压实次数为 100 次，即压实率达到 100%时，颗粒在水平方向也发生了明显的迁移，但从上至下位移呈交叉分布。在压实过程中，混合颗粒体系通过矿料颗粒发生迁移进行结构自组织，宏观表现出沥青混合料高度的变化和结构的密实。

为了揭示沥青混合料的压实过程，将未压实的沥青混合料试件分成底层(0～5mm)、中下层(5～35mm)、中层(35～65mm)、中上层(65～95mm)和顶层(95～100mm)，如图 6.25 所示。

图 6.25　沥青混合料的层位划分

在沥青混合料内部，集料的粒径越大，数量越少，并不是每一层都含有各个粒径的集料。粒径在 4.75～9.5mm 集料的数量较多且分布于不同层位中，因此统计并计算了 5 个层位内 4.75～9.5mm 集料在不同压实率下的迁移参数，如图 6.26 所示。

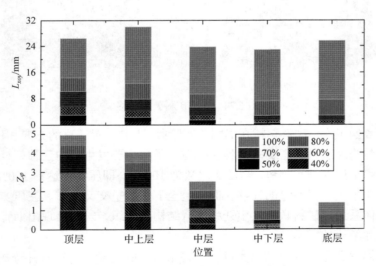

图 6.26　4.75～9.5mm 集料的平动位移

由图 6.26 可知，当压实率小于 50%时，从上至下颗粒的水平位移 L_{xoy}、竖向相对位移 Z_φ 逐渐减小；当压实率达到 70%时，从上至下 Z_φ 逐渐减小，但底层颗

粒的 L_{xoy} 比中下层的大；当压实率达到 100%时，L_{xoy} 和 Z_φ 呈现中上层>顶层、底层>中下层>中层。在压实过程中，沥青混合料同时承受加载压头竖向的垂直压力和水平向的揉搓作用，说明在混合颗粒体系内部，剪应力比压应力更易于传递。

越接近荷载作用面，矿料颗粒所受的压应力和剪应力越大，因此中上层颗粒的平动迁移比较显著，相应层位混合颗粒体系的空间结构也逐渐形成。随着压实的进行，更多的压实功传递到结构比较松散的中下层。剪应力比压应力更易在颗粒体系内部传递，率先传递到底层，因此颗粒的水平位移大幅增加、逐渐超过中下层颗粒的水平位移，这促进了压应力进一步向下传递，颗粒体系的空间结构也进一步形成；随着压实功的持续输入，接近压实层底部颗粒的水平位移不断增加，同时压应力也传递到结构相对松散的底层，中下层颗粒的竖向位移逐渐占据主导地位，整个颗粒体系的结构达到稳定状态。

综上，将矿料颗粒的迁移过程分为三个阶段：压实率处于 0～50%时为第一迁移阶段，压实率大于 50%、小于 70%时为第二迁移阶段，压实率大于 70%、小于100%时为第三迁移阶段。

为了探究不同尺寸颗粒的平动迁移规律，统计了 100%压实率下中层内尺寸在 4.75～26.5mm 颗粒的迁移参数，如图 6.27 所示。

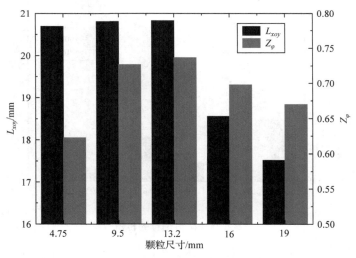

图 6.27　不同尺寸颗粒的迁移参数

矿料颗粒的平动迁移参数 L_{xoy} 和 Z_φ 随尺寸的增大均呈先增大后减小的变化趋势，波峰均对应 13.2mm 的颗粒。在压实过程中，矿料颗粒的迁移特性与矿料间接触摩擦效应和沥青的黏结/润滑效应密切相关。颗粒几何形态、粒径决定了颗粒间的接触状态，其中棱角是影响颗粒间接触强度的主要因素，而尺寸会影响棱角对接触强度的贡献。针对中层内的集料，计算了每档颗粒对接触强度的贡献 C_c，见式(6.25)：

$$C_c = GA \times V_{Wi} \times N \tag{6.25}$$

式中，GA 为棱角梯度；V_{Wi} 为加权体积，计算方法见式(2.27)；N 为颗粒个数。

各档颗粒的接触贡献比为 $C_{4.75mm} : C_{9.5mm} : C_{13.2mm} : C_{16mm} : C_{19mm} = 1.1 : 2.8 : 4.3 : 3.7 : 6.1$。接触贡献越大，相应颗粒间的接触强度越大，颗粒的迁移阻力越大；沥青混合料的压实温度为 170℃，在该温度下，沥青主要发挥润滑作用，颗粒的尺寸越大，沥青的润滑效应越显著，这在一定程度上会减弱颗粒的迁移阻力。因此在颗粒间接触摩擦效应和沥青润滑效应的耦合作用下，平动迁移参数 L_{xoy}、Z_φ 均呈现出随颗粒尺寸的增大先增大后减小的趋势，其中 13.2～16mm 颗粒的迁移程度最大。

6.3.1.2 转动迁移特性

为了分析沥青混合料压实过程中矿料颗粒的转动迁移行为，分别统计了三个压实阶段中层内粗集料的转角 α，结果见图 6.28。

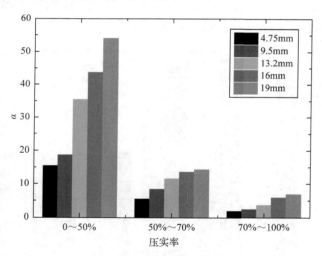

图 6.28　矿料颗粒的转角

由图 6.28 可知，随着沥青混合料压实率的增加，α 呈减小趋势，这与平动迁移参数变化趋势不同。沥青混合料的压实是混合颗粒体系由松散流动态向成型稳定态转化的过程，随着压实的进行，颗粒进行迁移的自由度越来越小。颗粒发生转动比平动需要的空间大，因此在压实初期，转角较大；在压实中后期，颗粒迁移的空间较小，颗粒的运动以平动迁移为主。

此外，通过图 6.29 可以发现，矿料颗粒的尺寸越大，越容易发生转动迁移。研究发现，对于同一种集料，不同尺寸颗粒的几何参数相差不大，但颗粒的尺寸越大，其形状、纹理、棱角等几何特征越明显。如图 6.29 所示，a、b 两个颗粒的棱角梯度相同，但 a 颗粒的棱角更加明显，增大了压实功的作用区域，因此更容易发生转动。

图 6.29　棱角梯度相同的两个颗粒

6.3.2　沥青混合料空间结构演变过程

6.3.2.1　接触力链分布规律

力链贯穿于由球体单元和 clump 组成的虚拟混合颗粒体系，是压实功的传播路径。通过 PFC3D 中的视图处理功能获取沥青混合料试件内部的力链分布情况，采用不同颜色、不同粗细的线段表示沥青砂浆-沥青砂浆、沥青砂浆-集料以及集料-集料间的接触，线段越粗，接触力越大。

为更清晰地认识剪应力和压应力作用下沥青混合料内部应力分布情况，随机选取了一个压实阶段，力链分布情况如图 6.30 所示。沥青砂浆-沥青砂浆、沥青砂浆-集料以及集料-集料之间发生接触，但接触方向各异，且接触应力大小不同，呈现较强的各向异性，说明整个矿料-沥青混合颗粒体系受力不均。此外，接触力链的分布密度自左向右逐渐增大，原因在于此时试件呈向右倾斜状态，试件右侧输入的压实功大于左侧，因此接触力链在颗粒体系局部范围内演变，局部结构进行自组织。

(a) 沥青砂浆-沥青砂浆　　　(b) 沥青砂浆-集料　　　(c) 集料-集料

图 6.30　矿料-沥青混合颗粒体系内部力链

由图 6.30 可以发现，从上至下沥青砂浆间形成的接触力链呈现出由密到疏的趋势，沥青砂浆与集料间形成接触力链分布的均匀性与砂浆间的相比有所提高，集料间形成接触力链的分布最均匀。在压实过程中，压实功沿着力链衰减(毕忠伟等，2011)。当接触力大于平均接触力时，形成的力链为强力链，反之为弱力链(孙其诚等，2010)。在该压实阶段，整个混合颗粒体系的平均接触力为 9.475N。由图 6.31 可知，砂浆-砂浆以及砂浆-集料间形成的接触力链基本均为弱力链，传递荷载的能力较差，因此力链主要集中于试件上部；集料间形成的接触力链中约有 35%为强力链，使得压实功更易向下传递。综上，粗集料间相互接触形成的力链网络决定了压实功在混合颗粒体系内部的传播途径。

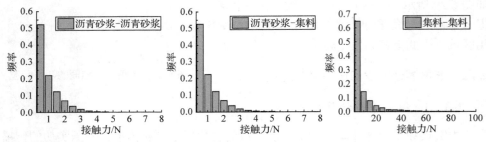

图 6.31 混合颗粒体系内部接触力的分布

6.3.2.2 矿料颗粒体系迁移机制

压实荷载沿着力链在矿料-沥青混合颗粒体系内部传递,促使各级矿料颗粒的发生平动、转动等迁移行为,同时颗粒间的接触状态也随之改变。在颗粒迁移和接触效应的联动作用下,混合颗粒体系进行自组织,空间结构由松散流动态逐渐向成型密实态转变。

由图 6.32 可知,随着压实率的增加,混合颗粒体系内粗集料间接触点数量呈不规律性变化,整体上在 400～500 波动,而总接触力和平均接触力呈上升趋势。随着压实的进行,空隙所占的体积逐渐减小,沥青混合料的稳定结构逐渐形成。

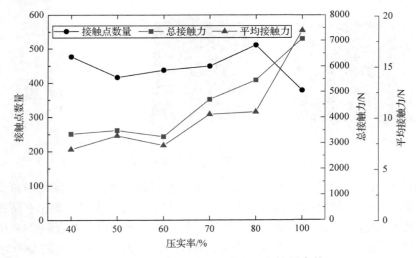

图 6.32 不同压实率下粗集料间的接触参数

由图 6.33 可知,沥青砂浆间接触点数量与空隙率呈较好的线性关系,决定系数高达 0.954。表明在压实过程中,混合颗粒体系主要从粗集料骨架结构调整和沥青砂浆填隙两方面进行结构自组织,从而实现由松散无序状态转变为平衡稳定状态。一方面，粗集料发生明显的迁移，但并非通过增加接触点数量提高骨架结构的稳定性，而是寻找稳定的接触点来提高接触力；另一方面，随着空隙的减少和粗集料空间位置的重新排列，沥青砂浆填充粗集料间的空隙，使矿料-沥青混合颗粒体系的结构逐渐密实。前文述及，砂浆-砂浆间的接触力链主要为弱力链，而粗集料间含有相当一部分强力链，说明了弱力链的传荷能力虽然不如强力链，但足以支持沥青砂浆发生迁移，进而提高混合颗粒体系的密实程度。矿料颗粒体系是一个典型的能量耗散体系，即使颗粒表面裹覆了沥青，但仍需要一定数量的强力链促使粗集料体系发生迁移，从而提高混合颗粒体系的骨架稳定性。

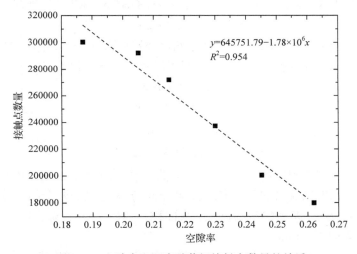

图 6.33　空隙率和沥青砂浆间接触点数量的关系

　　将不同压实阶段的虚拟沥青混合料试件沿径向剖切，观察同一纵断面上粗集料、沥青砂浆和空隙的变化情况，如图 6.34 所示。可以发现，在未压实状态下，沥青混合料的空间结构比较松散，空隙体积较大；在碾压荷载的作用下，沥青混合料的体积被压缩，粗集料间的接触距离和接触点数量变化不大，但沥青砂浆间的接触逐渐紧密，最终形成稳定结构，进一步验证了沥青混合料迁移机制以及结构形成过程。

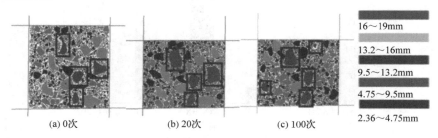

图 6.34　沥青混合料内部结构演变过程

6.3.3　沥青混合料骨架接触特性

6.3.3.1　骨架接触模型

在碾压荷载的作用下，粗集料相互接触形成骨架结构，并通过颗粒迁移进行自组织、由松散无序状态向平衡稳定状态演化。通过研究，提出骨架接触指数 SCI 评价沥青混合料内部骨架结构的稳定性。前述分析可知，接触点的稳定性主要与接触力、接触点数量、接触长度、接触面积、接触实体的固有属性(体积)有关。采用 G1 表示 2.36～4.75mm 集料，G2 表示 4.75～9.5mm 集料，……，G6 表示 19～26.5mm 集料，因此接触点主要分成这几类：G1-G1、G1-G2、……、G6-G6。SCI 的计算方法见式(6.26)：

$$SCI = \sum F_{Li} N_i w_{vi} w_{ri} w_{li} \tag{6.26}$$

式中，i 为粗集料接触类型，如 G1-G1；F_{Li} 为沿荷载方向的接触力，N；N_i 为接触点数量；w_{vi}、w_{ri}、w_{li} 分别为体积、表面积以及接触长度权重。

$$F_{L} = F \cdot \cos\theta \tag{6.27}$$

$$w_{v} = (V_j + V_k) / V \tag{6.28}$$

$$w_{r} = (S_j + S_k) / (S_m + S_v) \tag{6.29}$$

$$w_{l} = l / l' = (R_j + R_k) \cdot \cos\theta / L \tag{6.30}$$

式中，F 为两个粗集料间的接触力，N；θ 为加载方向与接触力的夹角，(°)；l 和 l' 分别为接触长度以及沿加载方向的长度，mm；j、k 分别为两个相互接触的集料；V、S、R 分别为两个接触集料的体积、表面积和半径，mm；S_m、S_v 分别为沥青砂浆和空隙的表面积，mm^2。

采用上述方法计算达到设计压实次数时，五种 AC 类代表性沥青混合料的骨架接触指数 SCI，结果如图 6.35 所示。

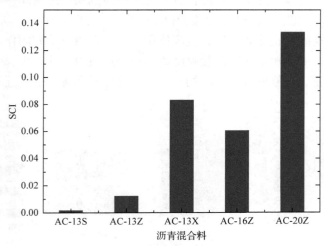

图 6.35　不同混合颗粒体系的 SCI

由图 6.5 可知，沥青混合料 SCI 的排序为 AC-20Z > AC-13X > AC-16Z > AC-13Z > AC-13S。同时对这五种沥青混合料进行单轴压缩静态蠕变试验(加载应力 0.7MPa，试验温度 60℃)，采用蠕变劲度模量评价沥青混合料的高温抗变形能力，发现蠕变劲度模量的排序为 AC-20Z > AC-16Z > AC-13Z > AC-13X > AC-13S，说明粗集料间骨架结构的稳定性无法反映沥青混合料的高温抗剪强度。为了揭示沥青混合料内部骨架结构的形成机理，解析沥青混合料强度构成机制，有必要从微细观角度分析粗集料复合几何特征、颗粒体系接触摩擦特性以及混合颗粒体系界面交互作用对骨架结构稳定性的影响。

6.3.3.2　复合几何特征对骨架接触特性的影响

矿料颗粒的形状、纹理、棱角、尺寸等特征参数以及接触状态决定了颗粒间接触点的稳定性。前文提出的复合几何指数 CI_{SP}、CI_{TX}、CI_{GA} 分别体现了不同尺寸集料的形状、纹理和棱角对颗粒间接触摩擦特性的贡献。

复合几何指数与骨架接触指数 SCI 之间的关系如图 6.36 所示。

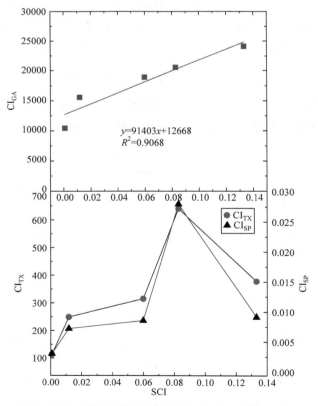

图 6.36　复合几何指数与骨架接触指数之间的关系

　　由图 6.36 可知，与复合形状指数 CI_{SP} 和复合纹理指数 CI_{TX} 相比，复合棱角指数 CI_{GA} 与骨架接触指数之间的相关性较好，决定系数达到 0.9068，可见复合棱角特性是骨架结构稳定性的重要影响因素。在压实荷载的作用下，矿料颗粒发生迁移，伴随着颗粒棱角和纹理的相互接触、摩擦，同时沥青混合料内部粗集料体系进行结构自组织形成骨架并不断演化。矿料颗粒的粒径越大，粗集料间接触点的接触长度、接触面积以及接触颗粒的稳定性越高；颗粒表面丰富的棱角会提高沥青混合料中稳定接触点的数量，因此 CI_{GA} 越大，粗集料寻找到与之接触形成稳定接触点的概率越大，提高了粗集料体系的结构自组织能力。粗糙的表面纹理通过增大接触点的摩擦力增强骨架结构的嵌挤、稳定能力，而形状通过影响自身的转动惯量影响接触实体的稳定性。因此在压实过程中，粗集料的复合棱角特征决定了沥青混合料内部骨架结构的稳定性，而复合纹理特征和复合形状特征是影响骨架结构稳定性的次要因素。

　　在矿料颗粒的迁移过程中，接触点不断变换，接触力的大小和方向也随之变化，这使得粗集料体系的结构自组织行为非常复杂，解析沥青混合料骨架结构形成机制难度较大。通过探究颗粒间接触状态的演变规律，建立沥青混合料骨架接触模型，分析复合几何指数与骨架接触指数之间的关联性，发现复合棱角指数可用于定量表征沥青混合料骨架结构的稳定性。

6.3.3.3　矿料颗粒体系接触摩擦对骨架接触特性的影响

　　为了探究松散态矿料颗粒体系的结构与成型态沥青混合料内部骨架结构的形成过程，分析了最大滑移作用力 F_m 与骨架接触指数 SCI 之间的关系，如图 6.37 所示。

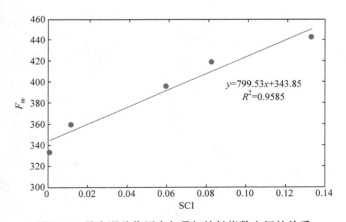

图 6.37　最大滑移作用力与骨架接触指数之间的关系

根据图 6.37 可知，矿料颗粒体系的最大滑移作用力 F_m 与压实成型沥青混合料的骨架接触指数 SCI 呈较好的线性相关性。F_m 表征颗粒体系通过进行结构自组织所能达到的最稳定状态，且与 CI_{GA} 呈较好的线性关系，说明矿料颗粒体系与沥青混合料结构自组织能力是相互转化的。虽然两种体系内部颗粒迁移空间不同，但可通过颗粒体系的接触摩擦特性反映压实成型沥青混合料内部粗集料间的接触摩擦状态，二者都与粗集料的复合几何特征密切相关。在压实过程中，各接触点通过协同作用，促使骨架结构向稳定状态发展。

在结构自组织过程中，颗粒接触摩擦效应使整个颗粒体系处于不平衡状态，这是混合颗粒体系进行结构自组织的必要条件。在这种不平衡的状态下，各局部子系统的矿料颗粒具有迁移动力，通过不断迁移寻找稳定的接触点，促使整个颗粒体系向平衡稳定状态演化，不断提高骨架结构的稳定性，而不是仅仅增大接触点数量或增加接触力。

6.3.3.4　矿料-沥青界面交互作用对骨架接触特性的影响

沥青对粗集料间的接触摩擦以黏结作用为主，同时具有一定的润滑作用。为了探究混合颗粒体系多重界面效应对混合料内部骨架结构的影响，分析了界面交互作用参数(骨架黏结指数 $F_m \cdot$ VFA、骨架润滑指数 F_m/VFA)和骨架接触指数 SCI 之间的关系，如图 6.38 所示。

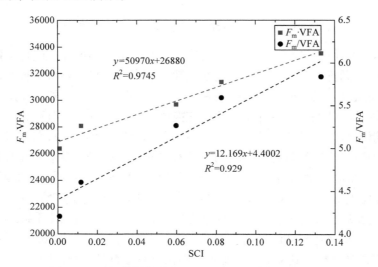

图 6.38　骨架接触指数与界面交互作用参数之间的关系

由图 6.38 可知，$F_m \cdot$ VFA、F_m/VFA 和 SCI 之间的关系与 F_m 和 SCI 之间的关系类似，均呈较好的线性关系，说明在矿料-沥青界面接触-摩擦-黏结-润滑多重耦合效应作用下，骨架结构的稳定性主要由粗集料间的接触摩擦效应决定。$F_m \cdot$ VFA 和 F_m/VFA 分别反映了沥青对粗集料间接触点的黏结和润滑作用。在沥青混合料的压实过程中，沥青润滑效应显著，这有助于矿料颗粒发生迁移，获得更加密实的骨架结构；压实成型后，随着温度的降低，接触点处的沥青的润滑效应向黏结效应转变，从而形成骨架黏结结构。

为了分析骨架接触特性与沥青混合料空间结构稳定性的关系，采用开发的界面剪切滑移试验装置和扭转剪切试验装置(详见第 7 章)评价外力作用下沥青混合料阻止内部结构失稳的能力。通过测量最大滑移剪应力 τ_{sl} 和极限扭剪应力 τ_s 计算得到最大迁移剪应力 τ_m，骨架接触指数 SCI 与 τ_m 之间的关系如图 6.39 所示。

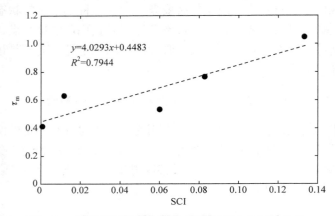

$$y = 4.0293x + 0.4483$$
$$R^2 = 0.7944$$

图 6.39　骨架接触指数与最大迁移剪应力之间的关系

由图 6.39 可知，骨架接触指数 SCI 与 τ_m 有一定的相关性，但骨架接触指数难以全面反映沥青混合料的空间结构稳定性。沥青混合料主要由矿料颗粒体系和沥青结合料组成，其中矿料颗粒体系是一个能量耗散结构，在外力作用下，矿料颗粒通过接触、摩擦与外界环境不断地交换能量，伴随着颗粒滑移、滚动、扭转等迁移自组织行为，矿料颗粒体系从无序状态转变为平衡稳定状态，形成骨架结构。同时，裹覆于矿料颗粒表面的沥青具有强烈的感温性，根据环境温度的不同发挥黏结、黏滞及润滑作用，与矿料颗粒的接触、摩擦效应相耦合，形成了矿料-沥青混合颗粒体系复杂的界面效应，进而影响其空间结构的稳定性。

开放交通后，在行车荷载和外界条件的综合作用下，颗粒体系继续发生迁移自组织行为，从而达到新的平衡状态或失效。根据图 6.40 和图 6.41 可知，除了 AC-13X 沥青混合料，其他四类沥青混合料的迁移参数(最大滑移剪应力、极限扭剪应力、最大迁移剪应力)随 $F_m \cdot$ VFA 和 F_m/VFA 的增大而增大，且呈较好的线性关系，说明矿料-沥青多重界面效应是决定沥青混合料抵抗外力作用、阻止发生空间迁移的主要因素。

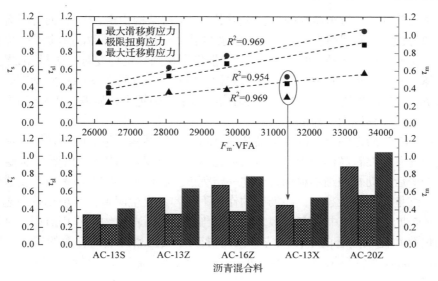

图 6.40　$F_m \cdot$ VFA 与空间迁移参数的关系

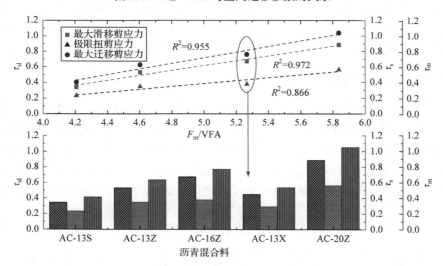

图 6.41　F_m/VFA 与空间迁移参数的关系

组合参数 $F_m \cdot$ VFA 和 F_m/VFA 分别反映了沥青黏结与颗粒接触的综合效应和沥青润滑与颗粒接触的综合效应。矿料表面裹覆沥青后,粗集料间相互接触形成的平衡稳定结构被沥青黏结/润滑效应打破。粗集料的粒径越大,沥青的润滑效应越显著,集料通过迁移达到的接触状态更加稳定,这可以提高抵抗应力的能力,进而阻止矿料-沥青混合颗粒体系发生迁移;细集料与沥青结合形成砂浆填充粗集料间的空隙,将未接触的颗粒黏结成一个整体,使整个矿料-沥青混合颗粒体系结构更加密实。在行车荷载的反复作用下，为保持结构稳定，矿料-沥青混合颗粒体系通过微小迁移进行自组织，沥青砂浆的柔性比粗集料好，为迁移提供了空间；同时，沥青-集料接触界面不断损伤，当损伤累积到一定程度时，矿料-沥青混合颗粒体系发生大规模迁移，结构接近失稳，将这一状态称为极限接触状态。因此随着 $F_m \cdot$ VFA 的增大，沥青对骨架结构的黏结作用越来越显著，矿料-沥青混合颗粒体系的迁移倾向呈减弱趋势。

AC-13X 沥青混合料的骨架黏结强度较大，但结构自组织能力较差，易发生大规模迁移。在颗粒体系中，集料的粒径越小，对粗集料接触的干涉效应越大；加入沥青后，沥青与细集料结合，在一定程度上将细集料的干涉效应转变成黏结效应，细集料的粒径越小，在沥青的作用下越容易发生团聚，其填充效果越好。AC-13X 沥青混合料中含有较多大粒径的细集料，沥青的约束作用有限，对骨架结构仍存在比较显著的干涉效应，同时导致骨架空隙得不到有效的填充，因此AC-13X 沥青混合料虽然具有较大的 $F_m \cdot$ VFA，但 F_m/VFA 也较大，容易发生空间迁移。

综上可知，虽然沥青与粗集料共同作用形成稳定的骨架结构，但沥青砂浆填充骨架结构，使整个矿料-沥青混合颗粒体系更加密实，因此在探究沥青混合料的空间结构形成机制时需要考虑沥青砂浆的黏结填充效应。

6.3.4　沥青混合料骨架密实模型

一方面，细集料和沥青相结合形成沥青砂浆，将未接触的颗粒黏结在一起；另一方面，不同粒径细集料之间的接触摩擦使沥青砂浆具有一定的嵌挤强度，虽然与粗集料体系相比相对较小，但可提高沥青砂浆的填充能力。通过黏结填充指数 BFI 定量表征细集料的作用，并引入表面积 SA_{Wi} 体现黏结效应，引入平均粒径 d_i 体现细集料间接触摩擦表现出的填充效应，BFI 的计算方法如式(6.31)所示：

$$\text{BFI} = \sum_{i=1}^{l} \frac{M \times a_i}{g_i \times V_{Wi}} \times SA_{Wi} \times d_i \tag{6.31}$$

基于此，考虑矿料颗粒与沥青的界面交互作用，从骨架结构稳定性和沥青砂浆的黏结填充效应两个方面，构建了沥青混合料骨架密实模型，如式(6.32)所示：

$$\text{SDI} = \text{CI}'_{GA} \cdot \text{VFA} \cdot \text{FCI}'_{TX} \tag{6.32}$$

式中，SDI 为沥青混合料的骨架密实指数；CI'_{GA} 和 FCI'_{TX} 分别为粗集料的复合棱角指数和细集料的复合纹理指数，量纲一；VFA 为沥青饱和度。

为了验证模型的有效性，测定了 AC-13S、AC-13Z、AC-13X、AC-16Z、AC-20Z 五种沥青混合料的蠕变劲度模量，建立了蠕变劲度模量与骨架密实指数之间的关系，如图 6.42 所示。结果表明，模型计算值与实测值呈较好的线性相关性，说明建立的沥青混合料骨架密实模型具有较高的可靠性和准确性。采用该模型，通过输入粗、细集料的质量分数和沥青饱和度，即可预测压实成型后沥青混合料骨架密实结构的稳定性。

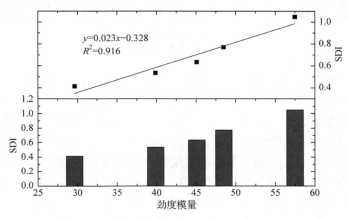

图 6.42　骨架密实指数与劲度模量之间的关系

参 考 文 献

毕忠伟, 孙其诚, 刘建国, 等, 2011. 点载荷作用下密集颗粒物质的传力特性分析[J]. 力学与实践, 33(1):10-16.

黄宝涛, 雍军, 张敏思, 2009. 振动压实下不规则颗粒细观响应的离散元模拟[J]. 公路交通科技, 26(7): 7-12.

黄晚清, 陆阳, 2006. 散粒体重力堆积的三维离散元模拟[J].岩土工程学报, 28(12): 2139-2143.

李波. 2021. 钢桥面浇注式沥青混合料铺装材料黏弹性本构及参数分析[D]. 重庆: 重庆交通大学.

栗培龙, 马松松, 李建阁, 等, 2018. 炭黑改性沥青混合料的动态响应主曲线分析[J].郑州大学学报(工学版), 39(4): 12-17.

栗培龙, 饶文字, 冯振刚, 等, 2016. 沥青混合料动态响应的试验条件影响及其主曲线研究[J]. 郑州大学学报(工学版), 37(5): 1-5,11.

卢家志, 2020. 基于 CT 技术和三维离散元法的沥青混合料数值模拟研究[D]. 广州: 华南理工大学.

孙其诚, 金峰, 王光谦, 等, 2010.二维颗粒体系单轴压缩形成的力链结构[J].物理学报, 59(1): 30-37.

张德育, 2013. 基于离散元方法的沥青混合料虚拟永久变形试验研究[D]. 南京: 东南大学.

中华人民共和国交通运输部, 2011. 公路工程沥青及沥青混合料试验规程: JTG E20—2011[S]. 北京: 人民交通出版社.

You Z P, Adhikari S, Kutay M E, et al., 2009. Dynamic modulus simulation of the asphalt concrete using the x-ray computed tomography image[J]. Materials & Structures, 2009, 42(5): 617-630.

Yu H N, Shen S H, 2012. Impact of aggregate packing on dynamic modulus of hot mix asphalt mixtures using three-dimensional discrete element method[J]. Construction & Building Materials, 2012, 26(1): 302-309.

第 7 章　沥青混合料颗粒界面滑移特性及评价方法

本章彩图

在车辆荷载和自然环境综合作用下，沥青混合料会因矿料颗粒滑移而产生永久变形，导致沥青路面出现车辙、推移等病害。沥青混合料的变形特性关系到路面的服役状态及耐久性。当前，用于评价沥青混合料变形特性的试验方法包括经验法、工程模拟法和力学性能法等，对应的评价参数分别为经验性参数、工程模拟参数和力学参数。常用的马歇尔稳定度等经验性参数、动稳定度等工程模拟参数可以从某些方面评价沥青混合料的性能，但由于不是力学参数，用于混合料设计及性能预测效果不理想。常用的沥青混合料力学性能试验有静态蠕变试验、重复加载试验、三轴试验、劈裂试验以及剪切试验等，得到的力学参数可以反映沥青混合料在不同荷载和环境作用下的力学响应，并可用于材料组成设计和性能预测，在沥青混合料高温变形特性评价方面发挥了积极作用。然而，相关试验方法和参数对于矿料-沥青界面接触、摩擦、黏结、滑移等微细观力学行为体现不充分，难以有效反映沥青混合料的变形过程与作用机理。

在承受车辆荷载过程中，沥青路面同时受到压应力和剪应力，其受力状态非常复杂。在多重荷载应力下，沥青混合料的矿料颗粒滑移行为也较为复杂，且呈现方向不定性。从矿料颗粒滑移的角度来看，剪切滑移可通过细观动力学被分解为矿料的竖向滑移和水平滑移。其中，竖向滑移是沥青路面在压应力及压力竖向分力作用下的颗粒迁移运动，而水平滑移可以用来分析与上述滑移垂直方向的剪切滑移变形。基于圆柱体沥青混合料试件，分别开发了轴向剪切滑移试验装置和扭转剪切滑移试验装置，用于模拟沥青路面复杂的受力状态，分析沥青混合料的颗粒滑移特性及变形行为。

7.1　轴向剪切滑移试验

7.1.1　试验装置和方法

为了模拟沥青路面竖向荷载下混合料剪切滑移行为，自主研发了一套适用于沥青混合料试件的轴向剪切滑移(ASS)试验装置，如图 7.1 所示。ASS 试验装置主要由试件套筒、落料筒、底座、中空支撑环(内径 80mm)、加载固定环和加载压头(直径 28.5mm)组成，其中试件套筒可固定试件，下部落料筒盛装贯入下落的混合料，落料筒与试件套筒通过中空支撑环衔接，支撑环内径小于试件直径，以支撑试件，同时落料筒底部开设一个扇形观察窗，用于观察试件破坏情况。加载过程中，受荷载的沥青混合料沿"锥形界面"发生贯穿滑移(Sun et al.，2020)，试验原理如图 7.2 所示。

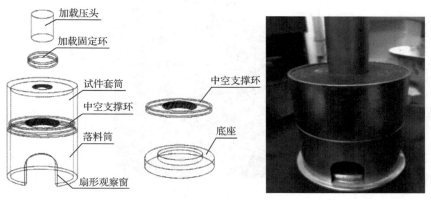

图 7.1　ASS 试验装置

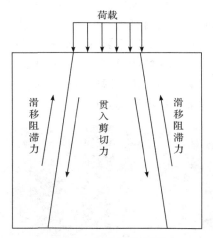

图 7.2　ASS 试验原理

　　ASS 试验装置既适用于马歇尔试件，也可用于现场钻芯取样的试件。试验温度以环境保温箱温度设置规格为准，一般测试温度范围为 40～80℃。在试验开始前，应对试件进行保温，待温度达到试验温度后，开启万能试验机(UTM)和计算机测试软件准备测试。测试过程中，加载速率为 5mm/min，试验过程中观察试件中沥青混合料的下落情况，并实时记录试验所得数据，试件位移达到 50mm 时停载。对同一因素下的轴向剪切滑移试验，至少进行 5 次平行试验，对所得试验结果取平均值。试件的加载过程如图 7.3 所示。

图 7.3　试件加载过程

　　图 7.4 展示了沥青混合料试件 ASS 试验前后的全部形态，试件的破坏形态呈现截头锥形，上部破坏面为压头直径大小的圆，下部破坏面为支撑环内径大小的圆，试件内部破坏面为大致规则的锥形界面。此外，观察试件破坏形态发现滑移面上有矿料克服接触摩擦而形成的明显划痕，落料表面也存在类似划痕。可见，在轴向剪切荷载作用下，滑移面上矿料颗粒发生了较强的接触摩擦作用，反映了沥青混合料中矿料颗粒的细观接触滑移效应。

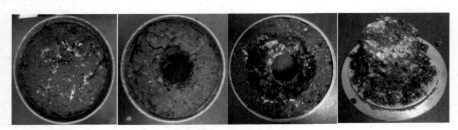

图 7.4　试件破坏形态

　　结合 ASS 试验的典型曲线(图 7.5)可看出，沥青混合料发生滑移破坏共经历了五个阶段。当加载压头接触试件表面时荷载开始增加，混合料被进一步压密，持续较短时间后进入沥青混合料的弹性阶段；在弹性阶段，滑移界面上的矿料颗粒接触起主要作用，随着荷载持续增大，矿料颗粒克服弹性接触发生滑移错动，自此沥青混合料进入黏弹塑性阶段(从Ⅲ阶段起，即变形不能完全恢复)，此阶段由矿料颗粒接触和胶浆黏结共同作用。随后黏弹性失效，沥青混合料发生完全塑性变形。可见，ASS 试验装置和方法能有效测试沥青混合料的力学行为和变形特性。

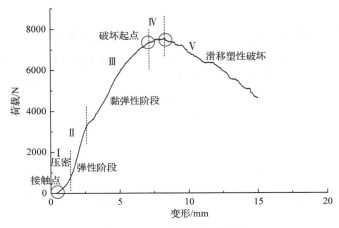

图 7.5   ASS 试验的典型曲线

7.1.2   评价指标

根据荷载-变形响应曲线，提出了最大滑移剪应力 τ_{sl}、滑移剪切应变 ε_s、滑移剪切模量 E_S 和界面滑移能 E_T 四个参数，用于评价沥青混合料抵抗轴向剪切滑移性能。

1) 最大滑移剪应力

在加载过程中，沥青混合料沿滑移面发生了剪切滑移破坏，其克服滑移剪切的最大应力定义为最大滑移剪应力 τ_{sl}，即沥青混合料所能承受的竖向最大荷载的界面切向分力(TF_m)与滑移破坏面的面积(S)之比(式(7.1))。该指标表征了沥青混合料在滑移界面上克服剪切滑移破坏的能力。

$$\tau_{sl} = \frac{TF_m}{S} \tag{7.1}$$

2) 滑移剪切应变

滑移剪切应变 ε_s 是滑移剪切变形与沥青混合料试件高度(h)的比值，表征单位高度上的界面滑移变形大小，即沥青混合料在剪切作用下矿料颗粒发生滑移时的最大荷载所对应的变形(式(7.2))，该变形量用 D_s 表示，单位 mm。

$$\varepsilon_s = \frac{D_s}{h} \tag{7.2}$$

3) 滑移剪切模量

滑移剪切模量 E_S 定义为沥青混合料在剪切作用下所达到的最大应力(最大滑移剪应力)与最大应力所对应应变(滑移剪切应变)的比值：

$$E_S = \frac{\tau_{sl}}{\varepsilon_s} \tag{7.3}$$

4) 界面滑移能

将沥青混合料在滑移界面上克服矿料接触摩擦和沥青黏结至达到最大荷载时所做的功定义为界面滑移能 E_T，如图 7.6 所示，从能量的角度评价沥青混合料的颗粒接触作用及抗剪切性能。E_T 计算方法见式(7.4)：

$$E_T = \int_{\varepsilon_1}^{\varepsilon_2} \tau_{sl} \mathrm{d}\varepsilon \tag{7.4}$$

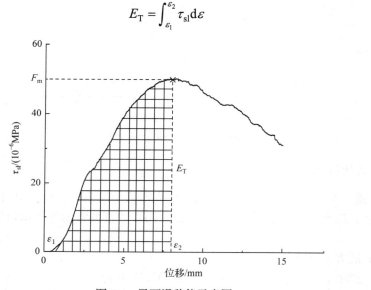

图 7.6　界面滑移能示意图

7.1.3　评价指标优选

车辙试验常用来评价沥青混合料的抗变形能力。对上述各级配沥青混合料成型 300mm×300mm×50mm 的车辙板试件，按照《公路工程沥青及沥青混合料试验规程》(JTG E20—2011)进行车辙试验，并将 ASS 试验结果与车辙深度(RD)进行相关分析，讨论 ASS 评价参数的有效性。不同沥青混合料的车辙深度列于表 7.1 中，各评价指标与车辙深度的关系如图 7.7 所示。

表 7.1　各级配沥青混合料车辙深度

级配类型	AC-13X	AC-13Z	AC-13S	AC-16Z	AC-20Z
车辙深度/mm	8.48	5.09	10.10	4.01	2.83

由图 7.7 可知，四个参数均与车辙深度表现出不同程度的相关性，其中 τ_{sl} 与车辙深度的相关性好，决定系数大于 0.91；ε_s 与车辙深度的相关性最小，相关性系数仅为 0.682。可见，τ_{sl} 不仅可以有效表征矿料界面滑移特性，而且能够反映矿料界面滑移引起的沥青混合料的高温变形行为。

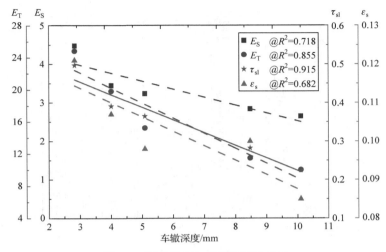

图 7.7　评价指标与车辙深度的关系

此外，五种沥青混合料的 τ_{sl} 分别为 0.366、0.313、0.421、0.501 和 0.596，其试验结果的差异系数为 25.5%，τ_{sl} 能有效区分级配类型对沥青混合料抗滑移性能的影响。对于级配走向相同的 AC-13Z、AC-16Z、AC-20Z 而言，公称最大粒径越大，τ_{sl} 越大，沥青混合料抗滑移性能越好，说明 τ_{sl} 能有效反映公称最大粒径对沥青混合料抗滑移性能的影响。因此，可以采用 τ_{sl} 作为界面滑移剪切强度的评价指标。

7.2　沥青混合料轴向剪切滑移特性

7.2.1　环境温度对轴向剪切滑移特性的影响

由于沥青的感温性，沥青混合料的力学特性受温度影响较大。不同温度下，五种级配沥青混合料的最大滑移剪应力随温度的变化如图 7.8 所示。

由图 7.8 可知，随着温度升高，五种级配沥青混合料的最大滑移剪应力 τ_{sl} 均不断减小，且在 40～60℃下降幅度小于 60～80℃。分析认为，随着温度的升高，矿料界面上的沥青黏结效应减弱，润滑效应增强，削弱了矿料颗粒之间的接触摩擦作用，矿料界面滑移变形量增大。然而在不同温度区间，沥青黏结和润滑效应呈非线性变化，当温度超过 60℃，沥青结合料表现出显著的弱黏结、强润滑作用，因此矿料颗粒界面抵抗轴向剪切滑移的能力急剧衰减。

7.2.2　级配组成对轴向剪切滑移特性的影响

级配组成是沥青混合料结构类型和矿料颗粒分布状态的重要因素，在很大程

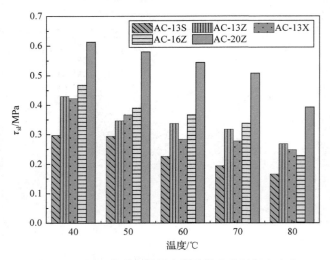

图 7.8　不同沥青混合料最大滑移剪应力随温度变化

度上影响沥青混合料抗变形的能力。不同级配结构、级配走向及公称最大粒径的沥青混合料最大滑移剪应力对比如图 7.9 所示。

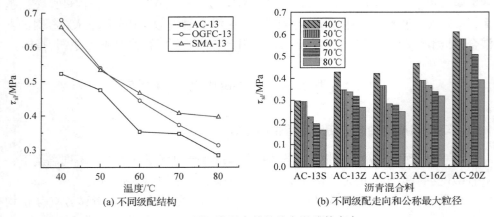

(a) 不同级配结构　　　　　　　　　　　(b) 不同级配走向和公称最大粒径

图 7.9　不同沥青混合料的最大滑移剪应力

由图 7.9 可知,对于不同级配结构的 AC、SMA 和 OGFC 而言,当温度小于 50℃时,抵抗轴向剪切滑移能力排序是 OGFC>SMA>AC,其中 OGFC 与 SMA 相差较小;当温度大于 50℃时,抵抗轴向剪切滑移能力排序为 SMA>OGFC>AC,表明高温条件下 SMA 级配抵抗轴向剪切滑移能力较其他级配强。从矿料颗粒接触的细观角度分析,SMA 结构具有 OGFC 和 AC 两种结构的特点,既有粗集料接触嵌挤形成的紧密骨架,又有沥青玛蹄脂填充空隙结构形成的密实结构。对于 OGFC 级配,粗集料虽形成了骨架结构,然而空隙结构太大,沥青混合料易发生进一步密实导致颗粒错动,从而相比 SMA 高温稳定性稍差。相较于 AC 结构,OGFC 大空隙沥青混合料因具有嵌挤紧密的骨架结构,颗粒抗滑移性能强于 AC 类悬浮级配结构。

对于相同级配走向、不同公称最大粒径的 AC-13Z、AC-16Z 和 AC-20Z 而言,在相同温度下,随着公称最大粒径的增大,沥青混合料的最大滑移剪应力 τ_{sl} 均不断增大,但 AC-13Z 和 AC-16Z 在温度较低的条件下差异较小,这是因为公称最大粒径越大,粗矿料的数量越多,矿料颗粒的嵌挤摩擦作用越显著,沥青混合料的 τ_{sl} 增大幅度较显著。此外,三种沥青混合料的 τ_{sl} 变化规律一致,说明沥青对相同级配走向的界面黏结润滑效应具有相似性。

对于相同公称最大粒径、不同级配走向的 AC-13S、AC-13Z 和 AC-13X 而言,除 50℃ 的 AC-13X 的 τ_{sl} 略高外,五种温度下的 τ_{sl} 整体表现为 AC-13Z>AC-13X>AC-13S,其原因在于,中值级配的各档集料搭配合理,在剪切滑移面上粗集料能相互接触克服摩擦作用,同时细集料填充密实,沥青结合料的黏结力较强。对于级配下限 AC-13X,粗集料多而细集料少,导致沥青混合料的黏结性不强。对于级配上限 AC-13S,细集料多而粗集料少,粗集料无法接触但黏结作用较强,黏结力对沥青混合料力学强度的贡献可能小于颗粒接触。

7.2.3　沥青用量对轴向剪切滑移特性的影响

沥青用量决定了矿料颗粒表面沥青膜的厚度,进而影响混合料中结构沥青和自由沥青的比例。合理的沥青用量主要发挥结构沥青的作用,对沥青混合料的黏结力贡献最大。如果沥青用量偏大,过剩的沥青主要表现为自由沥青,不仅增大了矿料间隙率,而且在高温作用下润滑效应显著,对沥青混合料的抗变形能力不利,因此应通过合理的设计确定最佳的沥青用量。

为了分析沥青用量对矿料界面滑移性能的影响,分别针对 5 种矿料级配进行了不同沥青用量下的最大滑移剪应力测定,结果如图 7.10 所示。

由图 7.10 可知,随沥青用量的增加,五种级配沥青混合料的 τ_{sl} 均先增大后减小,而且存在明显的峰值。其原因在于,当沥青用量较小时,沥青不足以完全裹敷于矿料颗粒表面,结构沥青形成不完全,其黏结作用较小使得矿料颗粒松散,在滑移界面上颗粒易扰动并发生滑移破坏,这是抗滑移变形能力不足的体现;随着沥青用量的增加,结构沥青逐渐形成一定厚度时,沥青的黏结效应发挥使得矿料黏结紧密形成具有较高强度的沥青混合料整体,混合料的抗滑移变形能力增强,在贯入荷载作用下滑移面上颗粒不易滑动,此时的沥青用量达到了该级配沥青混合料的最佳用量;当沥青用量继续增大时,结构沥青已经达到饱和状态,而多余的沥青形成了自由沥青,高温条件下自由沥青对矿料接触起到了润滑作用,造成颗粒滑移变形增大并且加大了颗粒间接触距离,从而大幅度降低了矿料颗粒间的

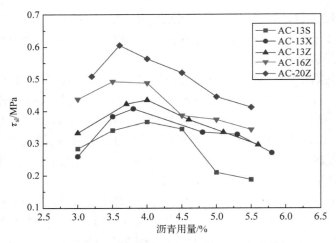

图 7.10　最大滑移剪应力随沥青用量的变化

接触概率，并减弱了沥青混合料形成骨架结构所必需的颗粒嵌挤和摩擦作用，混合料试件的抗滑移变形能力降低。因此，合理地控制沥青用量，使沥青发挥对矿料颗粒有效的黏结和润滑作用，能够提高沥青混合料的抗变形能力。

对不同级配沥青混合料，最大滑移剪应力峰值所对应的沥青用量存在差异，其排序为 AC-16Z < AC-20Z < AC-13X < AC-13Z = AC-13S。这是因为不同级配沥青混合料的矿料组成不同，粗细集料的比例不同，从而级配集料总表面积不同。对于大粒径沥青混合料，粗集料多而细集料少。当级配中粗集料越多而细集料越少时，集料的总表面积反而越小，因此当集料表面的沥青膜厚度相同时，大粒径沥青混合料需要的沥青用量较少。

7.2.4　沥青性质对轴向剪切滑移特性的影响

沥青具有不同的黏弹性与感温性,其对沥青混合料力学性能的贡献存在差异。选择 AC-13Z 级配，分别采用 SK 90#沥青、SBS 改性沥青与橡胶沥青(AR)成型沥青混合料，三种沥青基本技术指标测试结果见表 7.2，不同沥青混合料在不同温度下的最大滑移剪应力 τ_{sl} 如图 7.11 所示。

表 7.2　三种沥青技术指标测试结果

技术指标	SK 90#沥青	SBS 改性沥青	AR
针入度(25℃,5s,100)/(0.1mm)	89	62	56
延度(5cm/min,10℃)/cm	>100	>100	>100
软化点(环球法)/℃	47	65	77
黏度(60℃)/(Pa·s)	210.4	611.5	935.1

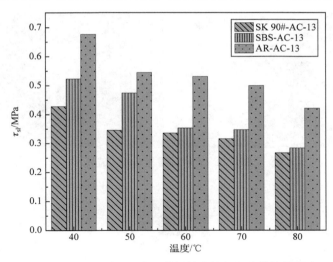

图 7.11　沥青性质对沥青混合料轴向剪切滑移特性的影响

由图 7.11 结合表 7.2 可知，沥青性质对沥青混合料的轴向剪切滑移特性具有显著影响。在各个温度下，AR 混合料的最大滑移剪应力最大，SBS 改性沥青混合料次之，SK 90#沥青混合料最小，其中 AR 混合料抵抗轴向剪切滑移的能力远大于 SBS 改性和 SK 90#沥青混合料。可见，沥青胶结料的黏滞性及其对矿料骨架的黏结作用是沥青混合料力学强度的重要来源。橡胶沥青是在 180℃高温下胶粉颗粒与基质沥青充分溶胀反应形成的，其具有很高的黏滞性和较弱的润滑效应，因此 AR 混合料具有很强的抗变形能力。同时，相比于 SBS 改性沥青和 AR，SK 90#沥青的温度敏感性更强，黏滞性较小，其混合料抵抗轴向剪切滑移能力最小，容易在荷载作用下发生滑移变形。

7.3　扭转剪切滑移试验

通常情况下，车辆荷载施加给沥青路面的作用力主要有两类：一是荷载自重由车轮直接传递给路面的垂直压力，二是因制动、转向、变速和克服前进阻力而对路面产生的水平力(邵新怀，2014)。当沥青面层所受水平力不平衡时，在垂直力的综合作用下会发生扭转破坏，如图 7.12 所示。同时，根据力学理论，沥青路面受到的水平力小于垂直力，因此沥青路面中矿料颗粒体系会发生竖向偏水平方向的转动滑移，如图 7.13 所示。

针对沥青混合料的剪切破坏特性，许多研究者开展了试验模拟与评价方法研究，根据剪切方式的不同，主要分为以下三类：

图 7.12　沥青面层扭转剪切破坏

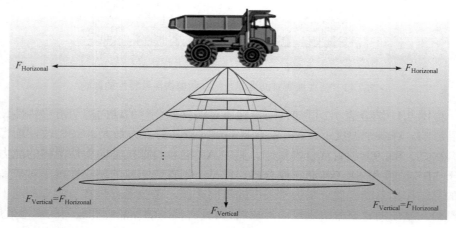

图 7.13　沥青路面垂直力与水平力分布关系

$F_{\text{Horizonal}}$ 为水平方向上的作用力；F_{Vertical} 为垂直方向上的作用力

(1) 模拟竖向剪切作用，如单轴贯入试验、轴向剪切滑移试验等；

(2) 模拟水平剪切作用，如直剪试验；

(3) 模拟扭转剪切作用，如空心圆柱剪切试验。

其中，扭转剪切考虑了多向剪切作用，已有相关试验设备及评价方法的研究成果。1994 年，美国 SHRP 开发的中空圆柱试件可以用于测试扭转剪切作用(林楠等，2018；马峰等，2015)，但这个试验要求很高，推广应用存在困难；李玉华等(2015)开发了纯扭转装置，该设备在试件两端施加扭矩带动试件发生转动，该方法操作简便，但使用方形截面试件，其受力分析难度较大；Xie 等(2019)和汪健伟(2016)开发了扭转剪切装置，试验时将一端固定，另一端随荷载转动，整个试件沿高度发生开裂破坏，该方法操作便利且数据稳定，但由于试件扭转行程较大，没有相对固定的剪切破坏面。

为了能够分析路面受到的损害状态，针对沥青混合料复杂界面滑移变形行为，开发了扭转剪切滑移(torsional shear slip，TSS)试验装置，该装置操作简便，可有效模拟沥青路面遭受多方向受力时的界面剪切滑移行为,其应力分布如图7.14所示。

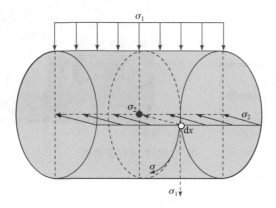

图 7.14　扭转剪切滑移界面的应力分布

7.3.1　试验装置

　　TSS 试验装置主要由齿条、齿轮、转动端外套筒、移动端外套筒、内套筒及带滑轨的底座组成(图 7.15)。在实施试验时,该装置与 UTM 配套形成沥青混合料

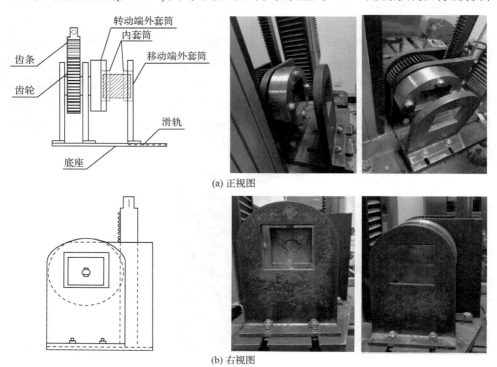

(a) 正视图

(b) 右视图

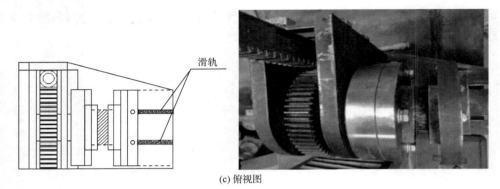

(c) 俯视图

图 7.15　TSS 试验装置

TSS 测试系统，主要包括动力输出系统、荷载传动系统、试件连接系统、可移动的装置平台以及数据记录平台(Su et al.，2021)

在 TSS 测试系统中，UTM 动力输出系统为整个试验的顺利进行提供动力保障，同时也是数据记录平台，记录测试过程中产生的系列源数据。

荷载传动系统是指齿条-齿轮组合，它们是该测试装置的核心部分，该组合将UTM 输出的竖向加载作用转化为水平扭矩，其中齿轮的直径设为 240mm，齿条长度设置为 500mm，以保证有足够传动位移满足试验行程。

为了方便试件的拆卸、更换和清理，试件连接装置设置了内、外套筒，外套筒分为转动端外套筒和移动端外套筒。转动端外套筒是一个直径为 220mm 的圆形套筒内嵌 130mm×130mm 的方形凹槽，移动端外套筒是一个位于立板上的130mm×130mm 的方形开孔，架设在滑轨上，可通过前后滑动以适应试件长短，如图 7.16(a)所示。内套筒是一个尺寸为 130mm×130mm 方形套筒，内嵌 101.5mm圆形凹槽，后期可改变内套筒以适应多种试件类型。内套筒成对使用，一个用于连接转动端外套筒，另一个用于连接移动端外套筒，如图 7.16(b)所示。

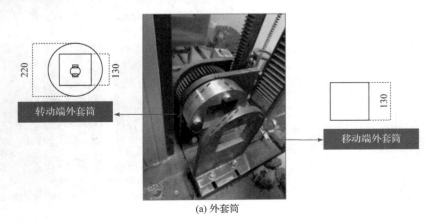

(a) 外套筒

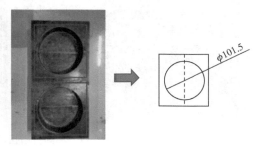

(b) 内套筒

图 7.16 圆柱体试件的内外套筒(单位：mm)

可移动装置平台是一个带有滑轨的底座，以承托和稳定各部件的可调节的操作平台。

7.3.2 试验条件

温度、加载速率是影响沥青混合料滑移变形的重要因素。TSS 试验采用的标准试验温度为 60℃，同时，为了分析试验温度对混合料扭转剪切滑移性能的影响，试验温度范围为 40~80℃，每 10℃为一个温度间隔。

车辆的行驶速度对路面的损害程度有较大影响。通常情况下，车速较慢或临时驻车的路段更易产生车辙病害，即加载速率越小，行车荷载对沥青路面越不利(徐鸥明等，2014)。因此，为更加充分反映荷载作用下沥青混合料的抗滑移剪切能力，采用加载速率为 1mm/min。

此外，根据试验装置的特点，自由扭转长度也是影响试验结果的重要参数。自由扭转长度过大，侧限无法起到有效的约束效果；扭转长度过小，矿料界面扭转剪切滑移变形不充分，因此应选择合理的自由扭转长度。采用有限元分析软件 Abaqus 对 13.5mm、23.5mm 和 33.5mm 三种自由扭转长度下的剪切力进行分析，如图 7.17 所示，发现自由扭转长度越长，试件产生的剪应力越大，即试件越容易发生整体剪切破坏，且考虑到常用的沥青混合料公称最大粒径范围为 13.2~19.5mm，自由扭转长度应大于公称粒径最大值 19.5mm。因此，综合对比后，确定自由扭转长度为 23.5mm。

7.3.3 试验方法

扭转剪切滑移试验装置采用 UTM 进行加载，试验过程及操作步骤如下。

(1) 试件准备：根据《公路工程沥青及沥青混合料试验规程》(JTG E20—2011)成型马歇尔试件，并根据情况进行适当打磨处理，使其能够与内套筒更好地贴合、黏结牢固。

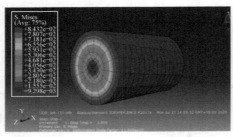
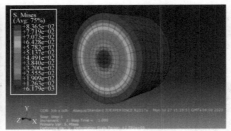

图 7.17　不同自由扭转长度有限元分析

(2) 试件装配：按照 1∶1 的质量比例配制 AB 胶(主要成分为丙烯酸、环氧、聚氨酯等)，用刷子将 AB 胶均匀涂抹在马歇尔试件的侧表面及内套筒内壁，将内套筒与马歇尔试件贴合黏结后用铁锤进行敲打，确保内套筒各部分之间及其与马歇尔试件紧密贴合，便于嵌套进入外套筒。

(3) 试件保温：将内套筒与马歇尔试件黏结好之后置于烘箱中进行保温处理，保温温度与试验温度保持一致，保温 4h 之后进行安装。

(4) 试件安装：先将其固定在靠近齿轮的可转动端外套筒，通过 UTM 带动齿轮调整内套筒的位置，直至其与固定端外套筒对齐，随后通过滑轨将内套筒嵌入外套筒中固定。

(5) 设备启动：启动 UTM 中已经设计好的程序开始试验，试验前将位移与荷载清零，减少数据误差，试验开始后，观察试验现象及数据变化，待试件破坏后(或作用力值无限接近于 X 轴并保持平行后)停止试验，保存待试验数据和破坏试件。

(6) 装置清理：试验结束后取下内套筒，将其置于 200℃烘箱中加热以便取下试件，并对内套筒壁进行铲除打磨，以便下次试验。

试验过程如图 7.18 所示。

7.3.4　评价指标

通常认为，最大荷载作用力反映了沥青混合料的极限强度，超过该作用力时，

1. 成型试件　　　　　　　2. 打磨试件　　　　　　　3.1 涂抹AB胶

图 7.18　沥青混合料扭转剪切滑移测试过程

沥青混合料就会逐渐发生破坏。采用 TSS 试验曲线峰值 F_{max} 表征扭转剪切滑移界面上所能承受的最大作用力，以评价沥青混合料的力学强度，如图 7.19 所示。

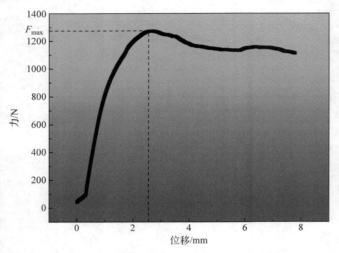

图 7.19　扭转剪切滑移试验力-位移曲线

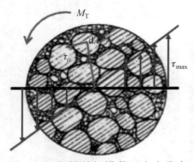

图 7.20　扭转剪切横截面应力分布

随着加载的进行，扭转剪切滑移界面上的应力不断增大，当超过矿料颗粒间嵌挤、摩擦及沥青黏结作用，矿料颗粒被迫发生扭转迁移时，稳定的矿料骨架结构难以维持而发生剪切破坏。图 7.20 显示了扭转剪切界面上的应力分布。图 7.20 中剪应力大小与计算单元(dA)到中心轴的距离是相关的，假设 dA 到中心轴的距离为 ρ，则 dA 处的剪应力为 τ_ρ，当 $\rho = R$ 时，剪应力取到极值 τ_s，如式(7.5)所示：

$$\tau_\rho = \frac{\rho}{R}\tau_s \tag{7.5}$$

根据静力学和几何分析，扭矩 M_T、剪应力 τ_ρ 及界面半径 R 的关系如式(7.6)和式(7.7)所示：

$$M_T = \int_A \rho\tau_\rho \mathrm{d}A \tag{7.6}$$

$$\int_A \rho^2 \mathrm{d}A = \frac{\pi R^4}{2} \tag{7.7}$$

式中，M_T 为作用在马歇尔试件横截面的扭矩，当 $\rho = R$ 时取到最大扭矩 $M_{T_{max}}$，N·m；R 为马歇尔试件横截面半径，m。

联立式(7.5)、式(7.6)和式(7.7)即可得到滑移界面上的极限扭剪应力 τ_s，见式(7.8)：

$$\tau_s = \frac{2M_{T_{max}}}{\pi R^3} \tag{7.8}$$

7.4　沥青混合料扭转剪切滑移特性

在扭转加载过程中，沥青混合料的矿料转动滑移特性与沥青混合料材料组成及环境因素密切相关。沥青混合料中的矿料粒径、级配组成、沥青性质、沥青用量等决定了矿料滑移特性，温度等环境因素会通过改变矿料界面上沥青的黏结、润滑效应进而影响沥青混合料的扭转剪切滑移特性。

7.4.1　级配组成对扭转剪切滑移特性的影响

多档粒径集料构成了沥青混合料的骨架结构，是沥青混合料承担荷载传递和抵抗变形的主要来源。矿料颗粒级配组成是指不同粒径矿料的相对含量，决定了沥青混合料的骨架结构，进而影响沥青混合料的力学性能。按照分类依据的不同，级配组成可以分为级配类型(密实悬浮型-AC、骨架空隙型-OGFC 和密实骨架型-SMA)、级配走向(上限、中值和下限)和公称最大粒径(AC-13、AC-16 和 AC-20)。为探究级配组成对沥青混合料的扭转剪切滑移特性的影响，分别从不同级配类型、不同级配走向和不同公称最大粒径(NMAS)三个角度展开分析。

图 7.21(a)、(c)和(e)分别显示了沥青混合料极限扭剪应力随级配组成的变化，级配组成对沥青混合料扭转剪切滑移特性有显著的影响。相应地，图 7.21(b)、(d)和(f)显示了不同级配组成的混合料各档粒径颗粒相对含量，接下来将结合各粒径档位矿料颗粒的相对含量开展详细分析。

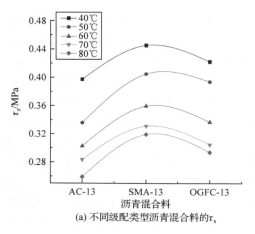

(a) 不同级配类型沥青混合料的 τ_s

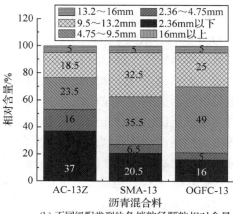

(b) 不同级配类型的各档粒径颗粒相对含量

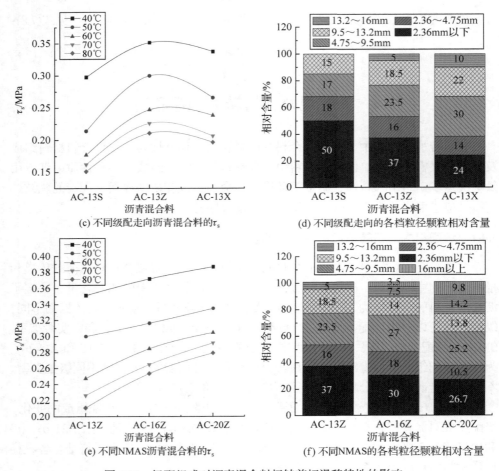

(c) 不同级配走向沥青混合料的 τ_s

(d) 不同级配走向的各档粒径颗粒相对含量

(e) 不同NMAS沥青混合料的 τ_s

(f) 不同NMAS的各档粒径颗粒相对含量

图 7.21　级配组成对沥青混合料扭转剪切滑移特性的影响

图 7.21(a)显示，三种级配结构中，SMA-13 结构的极限扭剪应力最大，其次是 OGFC-13，AC-13 结构的极限扭剪应力最小，可见骨架密实结构具有最佳的扭转剪切滑移特性。SMA-13 结构中 4.75mm 以下的粗集料含量为 73%，介于 AC-13 和 SMA-13 之间，9.5mm 以上的粗颗粒含量为 37.5%，为三种结构含量之最。粗集料是形成混合料结构的基本单元，矿料颗粒的接触稳定性与矿料粒径和粗集料含量成正比，这在先前研究中已得到论证分析，粗颗粒含量提高了沥青混合料的结构稳定性，从而增强了沥青混合料抗扭转剪切滑移的能力，因此 SMA-13 结构的极限扭剪应力大于 AC-13 结构。再者，尽管 OGFC-13 结构的粗集料含量大于 SMA-13 结构，但其 2.36mm 以下细集料含量则是最少的，一方面不利于填充和稳定骨架，导致混合料未能形成高密度结构，另一方面，没有足够的沥青胶浆发挥黏结作用，导致其结构整体稳定性差，在荷载作用下，矿料颗粒容易被松动

产生滑移，因此 SMA-13 结构的极限扭剪应力也大于 OGFC-13 结构。最后，对比 AC-13 和 OGFC-13 两种结构，AC-13 结构特点是沥青砂浆丰富而难以形成骨架接触，OGFC-13 结构特点是骨架接触性好但结构密实度差。同一荷载作用下，OGFC-13 的骨架优势明显，会依靠骨架接触稳定性抵消一部分荷载作用，而 AC-13 结构会发生压密变形，从而带动颗粒体系发生滑移，故而，在沥青混合料抗扭转剪切滑移能力方面，SMA-13 结构优于 OGFC-13 结构优于 AC-13 结构。

由图 7.21(c)可知，混合料的极限扭剪应力呈现 AC-13S<AC-13X<AC-13Z。AC 结构为悬浮密实结构，以小粒径颗粒和沥青胶浆为主，一些粗颗粒悬浮于沥青砂浆中，不能直接形成接触结构，主要以沥青胶浆的黏聚性承担荷载作用，因此适当提高粗集料含量就可以得到较好的力学性能，而粗集料增加得过多就会偏向于 OGFC 类结构。根据图 7.21(d)，对比三种结构的颗粒含量可以发现，AC-13Z 各档含量介于 AC-13S 和 AC-13X 之间，在保证足够黏聚力的基础上适当提高了矿料接触作用，因此相较于 AC-13S 和 AC-13X，AC-13Z 拥有最佳的抗扭转剪切滑移能力。

同理，图 7.21(e)展示了 AC 类混合料结构极限扭剪应力的变化趋势，随着 NMAS 的增大，极限扭剪应力呈现增加的趋势。对比三种结构各档颗粒含量发现，AC-20 和 AC-16 结构中含有 16mm 以上的颗粒，且前者含量大于后者，而 AC-13 结构中最大粒径为 13.2mm，并且该档含量小于 AC-20 和 AC-16 结构。对比分析发现，矿料粒径越大，颗粒发生扭转剪切滑移所需的转动惯量就越大，改变大粒径所需的作用力就越大，当含有同一 NMAS 时，大粒径含量越多，越有利于结构提高自身接触稳定性和抗性，增加其力学性能。由此可见，矿料粒径的大小和大粒径颗粒含量均对沥青混合料的力学性能有较大的影响，因此，在沥青混合料抗扭转剪切滑移能力上，AC-20 结构优于 AC-16 结构优于 AC-13 结构。

综上所述，骨架-密实型级配具有最佳的抗扭转剪切滑移能力。对于沥青混合料来说，矿料粒径越大和大粒径颗粒含量越多，且能均衡沥青黏聚性的结构是力学性能最好的结构。可见，级配组成对沥青混合料的扭转剪切滑移特性具有显著的影响，即极限扭剪应力指标对级配结构变化带来的沥青混合料力学强度改变具有足够的敏感度，亦可用于判断沥青混合料力学性能优劣和指导级配组成设计。

7.4.2 沥青性质对扭转剪切滑移特性的影响

不同种类沥青的化学组成存在差异，从工程角度来说，沥青的化学组分与沥青的物理、力学性质有着密切关系，主要表现为沥青组分及含量的不同将引起沥青性质产生变化，沥青中各组分的相对含量对其路用性能有着重要影响。与沥青路面力学行为息息相关的性质就是沥青的黏滞性，沥青黏滞性越大，沥青对矿料的稳定作用越显著，沥青阻滞矿料发生滑移的能力越强，沥青混合料的扭转剪切滑移抗性越好。采用动态剪切流变仪(DSR)温度扫描获取 10rad/s 下的 SK 90#沥青、SBS 改性沥青的黏度，结果如表 7.3 所示，分别采用这两种沥青成型 AC-13Z 混合料，测试不同温度下其的极限扭剪应力，沥青性质对沥青混合料的扭转剪切滑移特性的影响如图 7.22 所示。

表 7.3   两种沥青的黏度

温度/℃	沥青黏度/(Pa · s)	
	SK 90#	SBS
40	4167.42	5787.67
50	884.68	1745.86
60	210.36	611.48
70	59.81	246.73
80	19.62	115.93

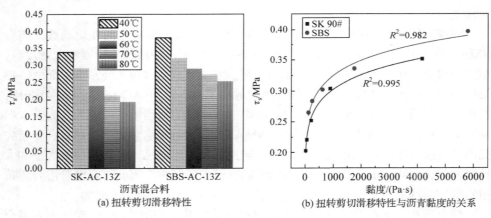

(a) 扭转剪切滑移特性   (b) 扭转剪切滑移特性与沥青黏度的关系

图 7.22   沥青性质对沥青混合料扭转剪切滑移特性的影响

图 7.22(a)比较了 SK 90#和 SBS 沥青混合料的极限扭剪应力，无论何种温度下，SBS 沥青混合料的极限扭剪应力都显著大于 SK 90#沥青混合料，不仅如此，两种沥青混合料的试验现象也具有明显的区分度，具体表现为：改性沥青混合料发生剪切破坏后的界面并未出现明显痕迹，而 SK 90#沥青混合料的界面有明显裂痕，如图 7.23 所示；同样地，在力-位移曲线图中，基质沥青混合料具有明显的破坏峰值力，而改性沥青则混合料在某一段位移范围内具有较大的力，不出现明显峰值。原因在于，沥青的黏滞性及对矿料的黏结作用对沥青混合料力学强度有较大的贡献。与 SBS 改性沥青相比，SK 90#沥青的温度敏感性更强，黏滞性较小，因此 SK 90#沥青混合料的扭转剪切强度均最小，且更易在较短的位移行程内发生破坏。

(a) SK 90#沥青混合料　　　　　　　(b) SBS沥青混合料

图 7.23　不同沥青性质混合料的扭转剪切滑移试验现象

　　此外，表 7.3 提供了 SK 90#和 SBS 两种沥青在 40～80℃的黏度，随着温度增加，两种沥青黏度均降低，但在整个温度域内，前者黏度始终小于后者，分析认为，SBS 改性沥青是在基质沥青中加入苯乙烯-丁二烯-苯乙烯嵌段共聚物改性而成，经高速剪切作用，SBS 在基质沥青内部形成了交联网络结构，从而对沥青体系起到强化作用，在不改变基质沥青基本性能的前提下大大提升了基质沥青的抗扭转剪切滑移能力，因此，SBS 沥青混合料的力学性能优于 SK 90#沥青混合料。图 7.23(b)展示了沥青混合料极限扭剪应力与沥青黏度的关系，随着沥青黏度的增大，沥青混合料的极限扭剪应力呈幂指数型增长，且 SK 90#和 SBS 沥青混合料的极限扭剪应力与沥青黏度的相关性很高。由此可见，沥青混合料的扭转剪切滑移特性受沥青性质，尤其是黏度的影响较大，沥青黏度越大，沥青混合料抗扭转剪切滑移变形能力越强。

7.4.3　沥青用量对扭转剪切滑移特性的影响

　　沥青用量作为沥青混合料设计的关键性指标，也是决定沥青混合料服役质量和力学性能的重要参数。沥青用量决定了矿料颗粒表面沥青膜的厚度，若沥青用量过少，矿料表面附着的沥青膜过薄，导致沥青黏结力不足，致使沥青路面出现老化、水损害、松散、疲劳等病害，此时适当增加沥青用量可改善沥青路面的损害程度；若沥青用量过多，矿料表面附着的沥青膜过厚，自由沥青含量增加，自由沥青不仅增大了矿料间隙率，又在高温作用下具有一定的润滑作用，削弱矿料颗粒的接触作用，降低沥青路面的稳定性，从而产生车辙、泛油和拥抱等损害，因此应控制合理的沥青用量。为探究沥青用量对沥青混合料扭转剪切滑移特性的影响，分别对 3.6%、3.9%、4.2%、4.5%、4.8%和 5.1%六种沥青用量下的 AC-13Z

沥青混合料开展扭转剪切滑移特性试验，极限扭剪应力随沥青用量的变化趋势如图 7.24 所示。

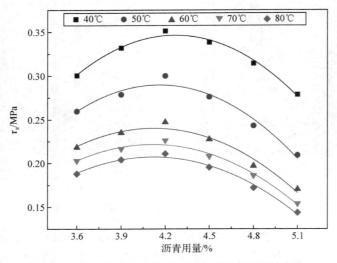

图 7.24 沥青混合料极限扭剪应力随沥青用量的变化

由图 7.24 可以看出，在五种温度下，沥青混合料的极限扭剪应力均随沥青用量先增大后减小，峰值均出现在沥青用量 4.2%附近。4.2%是由马歇尔法确定的 AC-13Z 的最佳沥青用量，这表明极限扭剪应力对沥青用量较为敏感，也可以反映沥青对沥青混合料的力学性能的影响。五种温度下极限扭剪应力与沥青用量的关系模型如表 7.4 所示，二者呈现良好的二次函数关系。根据关系模型，分别计算了 AC-13Z 沥青混合料不同温度下的最佳沥青用量，得到的沥青用量可以体现温度与沥青用量的综合影响，敏感性和区分度均较为显著。可见，在沥青混合料设计阶段，极限扭剪应力指标可作为力学指标以确定最佳沥青用量，也可用于检验沥青用量的合理性。

表 7.4 不同温度下极限扭剪应力与沥青用量的关系模型

温度/℃	拟合方程	决定系数	实际最佳沥青用量/%
40	$y = -0.101x^2 + 0.862x - 1.494$	0.984	4.26
50	$y = -0.096x^2 + 0.795x - 1.363$	0.959	4.14
60	$y = -0.077x^2 + 0.633x - 1.064$	0965	4.11
70	$y = -0.071x^2 + 0.580x - 0.970$	0.987	4.08
80	$y = -0.068x^2 + 0.560x - 0.945$	0.987	4.12

沥青混合料是由裹覆沥青膜的矿料颗粒堆积而成的颗粒体系。在外力作用下，矿料颗粒克服结构阻力发生迁移的应力定义为极限扭剪应力，由相邻矿料的嵌挤摩擦效应和沥青的黏结润滑效应共同决定。同等条件下(即同一温度、沥青性质和级配组成)，矿料颗粒表面的沥青膜厚度决定了沥青发挥黏结或润滑作用的程度。当沥青用量不足时，沥青膜不足以完全覆盖矿料颗粒表面，混合料黏结性较差，矿料迁移需要克服的黏结阻力较小，则极限扭剪应力减小；当沥青用量偏高时，沥青膜厚度超越黏结作用的极限值，部分沥青以自由沥青的状态对矿料颗粒的迁移起润滑作用，即降低了极限扭剪应力，矿料颗粒容易发生迁移。因此，在最佳沥青用量下，极限扭剪应力达到峰值。

7.4.4 环境温度对扭转剪切滑移特性的影响

沥青类材料具有强烈的感温性，因此温度是沥青混合料力学性能尤其是高温抗变形能力不容忽视的影响因素。常用的道路沥青是溶-凝胶型沥青，当温度较高时，沥青的黏性成分增加，荷载的重复作用会引起沥青混合料的不可恢复应变，从而导致沥青路面的永久变形。本节分别测试沥青混合料在 40~80℃ 的极限扭剪应力，不同级配和沥青用量的沥青混合料的极限扭剪应力随温度的变化如图 7.25 所示。

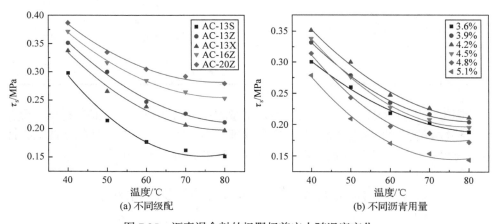

图 7.25 沥青混合料的极限扭剪应力随温度变化

由图 7.25 可以看出，随着温度升高，不同级配和沥青用量的沥青混合料极限扭剪应力均逐渐降低，但降幅存在差异，在 40~60℃ 降低速率很大，超过 60℃ 后趋于缓慢。这是因为，随着温度的升高，沥青逐渐软化，沥青膜的黏结效应下降，当超过 60℃ 后，沥青膜逐渐由强黏结转变为弱黏结甚至发挥润滑作用。随着温度继续升高，沥青将彻底失去黏结效应，润滑效应不再显著增强，沥青混合料的力学性能主要由矿料颗粒间的摩擦阻滞承担，极限扭剪应力保持相对稳定。

随着温度的升高,极限扭剪应力和温度呈现良好的指数关系,关系模型如表 7.5 所示。

表 7.5　沥青混合料极限扭剪应力与温度的相关关系

级配组成	沥青用量/%	关系模型	R^2
AC-13S	4.5	$y = 3.66e^{\frac{x}{12.55}} + 0.15$	0.999
AC-13X	3.9	$y = 1.38e^{\frac{x}{18.46}} + 0.18$	0.988
AC-16Z	4.0	$y = 1.1e^{\frac{x}{19.07}} + 0.24$	0.999
AC-20Z	3.7	$y = 1.2e^{\frac{x}{17.22}} + 0.27$	0.998
AC-13Z	3.6	$y = 0.68e^{\frac{x}{25.82}} + 0.16$	0.988
	3.9	$y = 1.04e^{\frac{x}{20.86}} + 0.18$	0.994
	4.2	$y = 0.91e^{\frac{x}{24.77}} + 0.17$	0987
	4.5	$y = 1.34e^{\frac{x}{19.15}} + 0.17$	0.994
	4.8	$y = 2.23e^{\frac{x}{14.92}} + 0.16$	0.993
	5.1	$y = 2.09e^{\frac{x}{15}} + 0.13$	0.999

综上,矿料级配、沥青性质、沥青用量和环境温度均对沥青混合料扭转剪切滑移特性有显著的影响。极限扭剪应力物理意义较明确,具有良好的条件敏感性和区分度,可以作为用于沥青混合料设计、性能分析及预估的力学参数。

7.5　两种加载模式的剪切滑移特性对比

沥青混合料的力学特性与加载模式、试验方法及试验条件等密切相关。轴向剪切滑移试验和扭转剪切试验是两种采用不同加载模式的试验方法,两者均面向矿料颗粒界面滑移特性评价,但矿料颗粒运动、滑移破坏形式以及评价参数不尽相同。

7.5.1　轴向剪切滑移与扭转剪切滑移相关性

在 40～80℃温度下分别测试了五种 AC 类沥青混合料的轴向剪切滑移特性与

扭转剪切滑移特性，轴向剪切的最大滑移剪应力 τ_{sl} 与扭转剪切的极限扭剪应力 τ_s 之间的关系如图 7.26 所示。

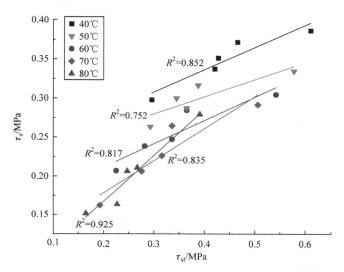

图 7.26　最大滑移剪应力与极限扭剪应力相关性

由图 7.26 可以看出，在不同的温度下，最大滑移剪应力 τ_{sl} 与扭转剪切的极限扭剪应力 τ_s 均表现出良好的线性相关性。可见，尽管轴向剪切滑移试验和扭转剪切滑移试验采用不同的加载模式，矿料颗粒界面滑移破坏模式也存在显著差异，但二者都是用来评价和表征矿料颗粒界面滑移特性，τ_{sl} 与 τ_s 在试验结果上具有一致性。

7.5.2　轴向剪切滑移与扭转剪切滑移对比

1）混合料级配类型

针对 AC-13、SMA-13 和 OGFC-13 三种级配类型的沥青混合料，分别在 40~80℃温度下测试最大滑移剪应力 τ_{sl} 与极限扭剪应力 τ_s，结果如图 7.27 和图 7.28 所示。

由图 7.27 和图 7.28 可以发现，随着温度升高，AC、SMA 和 OGFC 三种级配沥青混合料的最大滑移剪应力 τ_{sl} 与极限扭剪应力 τ_s 均不断减小，τ_{sl} 和 τ_s 均与温度呈良好的线性关系。可见，对于不同混合料结构的沥青混合料而言，τ_{sl} 和 τ_s 两个指标均可以表征剪切滑移特性。但 SMA 类混合料的 τ_{sl} 与温度的相关性相对较小，即 τ_{sl} 用于表征间断级配的骨架密实型力学性能具有一定的局限性，扭转剪切滑移试验的极限扭剪应力 τ_s 适用性较强。

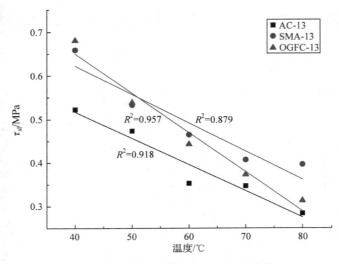

图 7.27　最大滑移剪应力 τ_{sl} 随温度变化

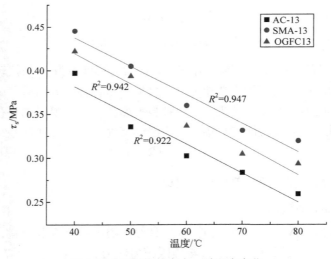

图 7.28　极限扭剪应力 τ_s 随温度变化

2) 试验加载模式

轴向剪切滑移试验可以模拟沥青路面在竖向荷载作用下沥青混合料抵抗剪切变形的能力，如图 7.29(a)所示。该测试方式荷载竖向分布，滑移面明确，可在一定程度上反映车辆静止或匀速行驶过程中沥青路面的受力情况；扭转剪切滑移试验可以模拟沥青路面在受到多向综合作用时沥青混合料抵抗剪切变形的能力，如图 7.29(b)所示。该测试方法荷载沿竖直和水平夹角方向分布，可以反映行车过程中起步加速、刹车减速以及车道渠化、交叉口等交通量繁重的路段的复杂受力状况。因此，扭转剪切滑移试验模拟的受力场景更全面，对沥青混合料类型的适用性更强，但对试验设备和条件要求较高，可以根据情况优先选用。

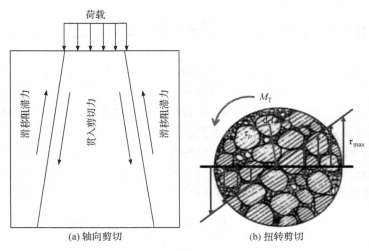

图 7.29　两种加载模式对比

参 考 文 献

李玉华, 白云峰, 2015. 沥青混合料滑移剪切强度参数确定的纯扭-纯压试验方法[J]. 沈阳大学学报(自然科学版), 27(6): 483-488.

林楠, 叶冠林, 王建华, 2018. 气动式四向控制空心圆柱扭剪仪的研制与应用[J]. 岩土工程学报, 40(9): 1642-1651.

马峰, 任欣, 傅珍等, 2015. 美国生物沥青混合料路用性能的研究与应用[J]. 公路, (3): 168-172.

邵新怀, 2014. 沥青混合料高温稳定性影响因素的研究[J]. 吉林交通科技, (4): 3-6.

汪健伟, 2016. 正应力条件下的沥青混合料扭转剪切试验方法研究[D]. 长沙: 长沙理工大学.

徐鸥明, 韩森, 牛冬瑜, 等, 2014. 橡胶沥青胶浆车辙因子特性研究[J]. 武汉理工大学学报, 36(11): 49-52.

中华人民共和国交通运输部, 2011. 公路工程沥青及沥青混合料试验规程: JTG E20—2011[S]. 北京: 人民交通出版社.

Su J F, Li P L, Ma Y F, et al., 2021. Analysis of migration behavior of aggregate-asphalt system based on interface effect of particles[J]. Construction and Building Materials, 302: 124187.

Sun S F, Li P L, AKher J, et al., 2020. Analysis of deformation behavior and microscopic characteristics of asphalt mixture based on interface contact-slip test[J]. Construction and Building Materials, 257: 119601.

Xie J, Wang Y F, 2019. Comparative study on torsional shear and triaxial test of asphalt mixtures[J]. Advances in Civil Engineering, 1856298:1-8.

第8章 沥青混合料细观结构演化及力学行为

本章彩图

沥青路面建成开放交通后，在行车荷载和外界环境的综合作用下，矿料颗粒呈缓慢的迁移状态，矿料与沥青的接触界面出现损伤并不断累积，导致沥青路面产生严重的车辙、推移等病害。矿料-沥青混合颗粒体系复杂的细观迁移特性决定了沥青混合料的宏观力学行为和变形机制。

针对沥青混合料多级多相的颗粒性特征，采用试验研究与数值模拟相结合的方法，从沥青混合料界面细观特性出发，研究矿料颗粒迁移规律，探究荷载作用下沥青混合料的变形行为，揭示沥青混合料骨架结构力学变形及失效机理。

8.1 沥青混合料细观结构模型

三维虚拟模型仅是球(ball)、颗粒簇(clump)、墙(wall)的简单堆叠，各体系之间没有相互作用关系，模型的基本单元通过接触相互联系，基本单元之间的相互作用及力学行为均通过接触模型得以实现，因此选择合适的接触模型是构建模型的关键。接触模型应根据两个基本单元接触处的受力特点进行选择，应尽可能体现颗粒材料复杂的本构行为。

根据第6章三维集料和三维模型的生成方法，模型中粗集料用 clump 表示，细集料或沥青砂浆用 ball 代替，仪器侧壁用 wall 表示。集料属于典型的弹性材料，集料颗粒单元之间主要发生线弹性接触和切向滑移，因此选择线性模型(linear model)作为集料-集料间的接触模型；考虑到沥青材料的黏弹性，沥青砂浆选择伯格斯模型，沥青砂浆-集料间选择修正的伯格斯模型。由于需要模拟沥青混合料的扭转滑移特性，除了接触力还应赋予基本单元间力矩的响应，因此在成型态混合料模型中还需要设置平行黏结模型。相关接触模型汇总于表 8.1 中。

表 8.1 各组分接触模型的选取

模型	接触组分	接触模型
松散态 沥青混合料模型	集料-集料	线性模型
	沥青砂浆内部	伯格斯模型
	集料-沥青砂浆	修正的伯格斯模型
成型态 沥青混合料模型	集料-集料	线性模型
	沥青砂浆内部	伯格斯模型+平行黏结模型
	集料-沥青砂浆	修正的伯格斯模型+平行黏结模型

通过设置接触模型的细观参数可以表征接触单元间的相互作用，而接触模型的细观参数可以进行材料的宏观力学性能试验，再根据相关本构模型二者的对应关系获得，其中线性接触模型、伯格斯模型及修正的伯格斯模型详见第 6 章相关内容。

8.1.1　颗粒界面平行黏结模型

在离散元中，黏结模型主要包括接触黏结模型和平行黏结模型。接触黏结模型是接触点处存在黏结作用，也被称为点黏结；平行黏结模型是面黏结(也称"区域黏结")，可以理解为在颗粒接触断面上均匀设置了一组弹簧，其力学响应相当于一根梁。平行黏结模型参数有法向接触刚度 pb_kn、切向接触刚度 pb_ks、法向黏结强度 pb_ten、切向黏结强度 pb_coh 和摩擦力 pb_fa。当接触体间相对运动时接触处会出现力和力矩，对于轴向力和纯剪切作用应分开考虑，则法向刚度 k_n 和切向刚度 k_s 计算公式分别见式(8.1)和式(8.2)，平行黏结模型的本构关系如图 8.1 所示。

$$k_n = \frac{AE}{L} \tag{8.1}$$

$$k_s = \frac{12IG}{L^3} \tag{8.2}$$

式中，E 为梁的杨氏模量，MPa；G 为切向模量，MPa；L 为梁长度，m，$L = 2\bar{R}$，$\bar{R}$ 为颗粒 A 和 B 的平均半径，m；A 和 I 分别为梁截面面积(m^2)和惯性矩(m^4)，详见式(8.3)和式(8.4)：

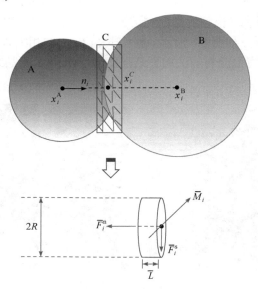

图 8.1　平行黏结模型的本构关系

$$A = 2\overline{R}t \tag{8.3}$$

$$I = \frac{2}{3}\overline{R}^3 t \tag{8.4}$$

式中，t 为离散元分析对象厚度，m；

平行黏结模型中的法向接触刚度 pb_kn 和切向接触刚度 pb_ks 采用单位面积上的接触刚度，如式(8.5)所示：

$$pb\_kn(pb\_ks) = \frac{k_{n(s)}}{A} \tag{8.5}$$

结合式(8.3)～式(8.5)，可得到平行黏结模型中的法向接触刚度 pb_kn 和切向接触刚度 pb_ks，分别如式(8.6)和式(8.7)所示：

$$pb\_kn = \frac{E}{L} = \frac{E}{2\overline{R}} \tag{8.6}$$

$$pb\_ks = \frac{12IG}{AL^3} = \frac{G}{2\overline{R}} \tag{8.7}$$

此外，平行黏结模型中的法向黏结强度 pb_ten、切向黏结强度 pb_coh 与材料宏观强度是一一对应的，无需比例替换，单位为 MPa。

8.1.2　颗粒界面平行黏结模型参数

平行黏结模型中的 5 个参数需要标定，其中法向接触刚度 pb_kn 和切向接触刚度 pb_ks 采用伯格斯模型中的 k_{mn} 和 k_{ms}。pb_ten 可以通过层间拉拔试验确定，如图 8.2 所示；平行黏结模型的切向黏结强度 pb_coh 可以采用斜面剪切试验获取层间剪切力进行标定，如图 8.3 所示。参考郑冬(2021)的相关研究，将摩擦角 pb_fa 设定为 35。不同沥青混合料的法向黏结强度 pb_ten 和切向黏结强度 pb_coh 结果如表 8.2 所示。

图 8.2　层间拉拔试验

图 8.3 斜面剪切试验

表 8.2 不同类型混合料平行黏结模型参数

沥青混合料 类型	温度 /℃	膜厚 /μm	平行黏结模型参数			
			pb_kn/(N/m)	pb_ks/(N/m)	pb_ten/MPa	pb_coh/MPa
SK 90-AC-13Z	40	6.9	$7.79×10^4$	$3.12×10^4$	$2.95×10^{-2}$	$2.26×10^{-2}$
	50		$5.33×10^4$	$2.13×10^4$	$2.15×10^{-2}$	$2.06×10^{-2}$
	60		$3.73×10^4$	$1.49×10^4$	$1.53×10^{-2}$	$1.23×10^{-2}$
	70		$3.05×10^4$	$1.22×10^4$	$1.21×10^{-2}$	$0.85×10^{-2}$
	80		$2.51×10^4$	$1.00×10^4$	$7.62×10^{-2}$	$0.39×10^{-2}$
SK 90-AC-13S	60	11	$5.55×10^4$	$2.22×10^4$	$1.51×10^{-2}$	$0.96×10^{-2}$
SK 90-AC-13X	60	5.3	$2.76×10^4$	$1.10×10^4$	$1.91×10^{-2}$	$1.91×10^{-2}$
SK 90-AC-16Z	60	8.5	$2.91×10^4$	$1.16×10^4$	$1.55×10^{-2}$	$1.40×10^{-2}$
SK 90-AC-20Z	60	7.9	$4.32×10^4$	$1.73×10^4$	$1.66×10^{-2}$	$1.50×10^{-2}$
SBS-AC-13Z	60	8.3	$3.20×10^4$	$6.80×10^4$	$4.92×10^{-2}$	$3.00×10^{-2}$
SBS-SMA-13	60	8.8	$1.94×10^4$	$0.78×10^4$	$7.70×10^{-2}$	$4.99×10^{-2}$
SBS-OGFC-13	60	14.8	$2.32×10^4$	$0.93×10^4$	$5.66×10^{-2}$	$3.16×10^{-2}$

8.2 沥青混合料结构演化

目前,为实现沥青混合料扭转滑移破坏试验的模拟,常用的方法被归纳为三种:

(1) 将模型顶部一定厚度的颗粒定义为加载层,然后给这部分颗粒赋予绕圆心恒定的角速度来模拟扭矩(Xie et al.,2019;Li et al.,2014);

(2) 通过额外在试样顶部生成一个由 clump 组成的加载板,给加载板 "clump" 赋予一个固定的角速度来模拟扭矩(肖源杰等,2023);

(3) 采用墙体来模拟上下加载板,然后赋予墙体恒定的角速度(Farhang et al.,2017)。

第一种加载方式会改变试件内部颗粒间的作用,与实际试验受力组成不相符;第二种加载板由 clump 组成,通常处理数据时被考虑成粗集料作用,从而造成模拟误差。

综合考虑采用第三种方法,离散元中也常采用墙体来对试件进行伺服控制。采用 PFC6.0 编写 FISH 函数,在成型的马歇尔模型顶部施加了同等尺寸的墙体,同时,为了控制破坏界面,沿马歇尔试件高度方向上、下端分别设置了两个高度为 20mm,直径为 63.5mm 的环形墙体作为刚性围压,并通过对顶部墙体设置 10rad/s 的角速度促使混合料内部产生扭矩。需要说明的是,若采用真实试验的时间和角速度作为离散元模型中的物理时间和角速度,那么模型运行时间将长达数年甚至几十年(刘彬,2019;You et al.,2010)。为了缩短模型运行时间,适当加大了模型的加载速率,在反复调试后将加载板的角速度设置为 10rad/s。墙体设置如图 8.4 所示。

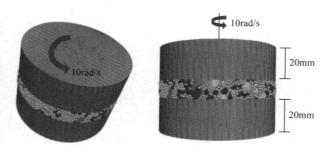

图 8.4　墙体设置

为验证模型的可靠性,以 AC-20Z 沥青混合料为例,分别开展了室内扭转滑移试验(简称"室内试验")和虚拟扭转滑移试验(简称"虚拟试验"),其破坏现象的对比见图 8.5。同时,恒速率的加载方式可以获取试件强度失效过程中的力-位移曲线,通过对比室内扭转滑移试验和虚拟扭转滑移试验的应力-应变曲线变化趋势,来判断虚拟模型的可靠性,如图 8.6 所示。

如图 8.6 所示,虚拟扭转滑移试验得到的极限扭剪强度为 0.195MPa,其峰值应力对应的应变为 3.056mm;室内扭转滑移试验得到的试件破坏剪切强度为 0.198MPa,峰值应力对应的应变为 3.489mm。分析认为,虚拟扭转滑移试验结果与室内试验结果接近,满足误差要求。可见,构建的虚拟扭转滑移试验模型可以有效模拟沥青混合料的滑移破坏过程,进而用于探讨沥青混合料强度失效过程和细观作用机理。

图 8.5　室内试验和虚拟试验的破坏现象

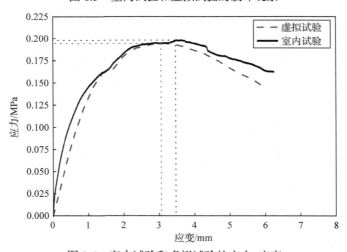

图 8.6　室内试验和虚拟试验的应力-应变

8.2.1　结构演化表征参数

1) 空隙率

空隙率指集料及沥青砂浆外的空隙体积占沥青混合料试件总体积的百分比(颜川奇等，2015)，以 V_c 表示，如图 8.7 所示。在沥青混合料空间结构演化过程中，空隙率越小，表明颗粒间接触越紧密，接触稳定性程度更高，反之亦然。

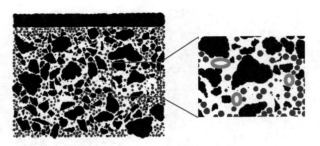

图 8.7　矿料颗粒间空隙

2) 平均配位数

与目标颗粒相接触的颗粒数量很大程度上决定了混合料的宏观力学性质(谭忆秋等，2017)。通常采用配位数 C_N 来表征，C_N 是指与颗粒相接触的颗粒数量，是颗粒体系密实程度的量化参数。图 8.8 显示了颗粒 A 的配位数。为便于统计，采用平均配位数 $\overline{C}_N$ 来进行对比分析，$\overline{C}_N$ 越大说明颗粒体系内的颗粒相互接触越多，嵌挤作用越明显，颗粒体系结构也越稳定，平均配位数的计算方法见式(8.8)。

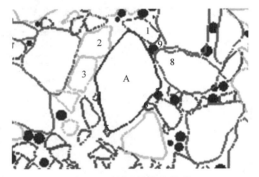

图 8.8　目标颗粒配位数

$$\overline{C}_N = \frac{\sum_{i=1}^{n} N_{pi}}{N} \tag{8.8}$$

式中，N_{pi} 为与第 i 个颗粒相接触的颗粒数量。

3) 接触力

接触力是外部荷载作用在矿料颗粒结构中的分散形式，由于力的传递是依靠矿料颗粒接触形成的，所以称为接触力(薛斌，2020)。在表现上，接触力是无形的，在离散元中，通常采用线段粗细来表示接触力的大小，线段越粗，表示该接触力越大，反之则越小，由此可以看出颗粒体系中颗粒的受力作用存在差异，也说明传递荷载的比例不同,如图 8.9 所示。接触力可用最大接触力 F_{m} 和平均接触力 $\bar{F}$ 表示,分别如式(8.9)和式(8.10)所示:

$$F_{\mathrm{m}} = \mathrm{Max}(F_i) \tag{8.9}$$

$$\bar{F} = \frac{\sum_{i=1}^{N'} F}{N'} \tag{8.10}$$

式中, F_i 为模型中第 i 个接触的接触力大小。

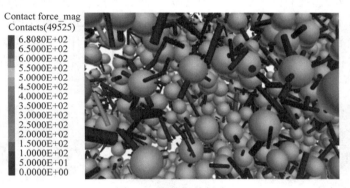

图 8.9　颗粒间接触力

尽管宏观试验可以有效测定沥青混合料真实力学强度,但无法观察试件内部破坏及演化情况,离散元仿真技术弥补了宏观试验的这一缺陷。通过离散元仿真模拟,可以直观地观察到混合料试件发生破坏的裂缝位置、数量及各部分颗粒的位移、接触力等变化情况。在扭转荷载作用下沥青混合料试件破坏发展状况如图 8.10 所示。

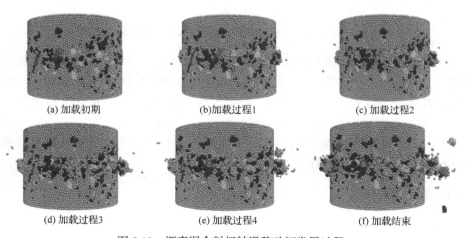

(a) 加载初期　　　　　　　(b)加载过程1　　　　　　　(c) 加载过程2

(d) 加载过程3　　　　　　　(e) 加载过程4　　　　　　　(f) 加载结束

图 8.10　沥青混合料扭转滑移破坏发展过程

在加载初期，自由扭转长度区域(也称"扭转滑移面")发生剪胀作用，在扭剪作用下滑移面发生膨胀。随着加载时间的延长，滑移面上先发生细颗粒的松散，然后出现粗颗粒的剥离现象。

在离散元中，矿料颗粒由黏壶、弹簧等元件连接，由接触力链传递荷载，当接触力链断裂时，颗粒间的接触效应立即消失，所以接触力链也可以反映混合料模型内部损伤情况。由图 8.11 强度失效过程中接触力链演化情况可知，剪胀区域出现密集的拉应力(见二维码对应彩图)，由扭转滑移作用引起的强度失效行为是先在细集料处或者沥青砂浆内部发生断裂，而后才发生粗集料的界面断裂，这是因为细颗粒及沥青砂浆间构成次力链强度较弱，难以抵抗荷载作用，在作用前期就会发生断裂，次力链的断裂削弱了对主力链的支撑作用；随着荷载作用增强，主力链难以抵抗荷载作用随之发生破坏，当主力链破坏完全时，沥青混合料试件强度失效。

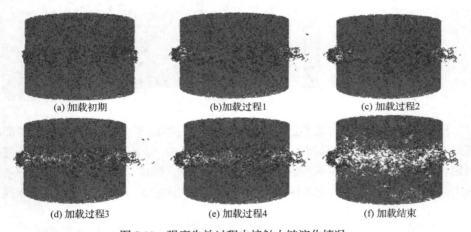

(a) 加载初期　　　　　　　(b)加载过程1　　　　　　　(c) 加载过程2

(d) 加载过程3　　　　　　　(e) 加载过程4　　　　　　　(f) 加载结束

图 8.11　强度失效过程中接触力链演化情况

为了量化分析沥青混合料强度失效过程，采用空隙率和配位数两个指标分析强度失效过程中空间结构变化,空隙率和配位数可通过在模型中设置测量圆获取，沿试件高度方向设置了三个测量球，位置分别为(0，0，15)，(0，0，35)和(0，0，55)，并沿滑移面水平方向上设置了四个测量球，位置分别为(-20，0，35)，(-40，0，35)，(20，0，35)和(40，0，35)，每个测量球中心点间隔 20mm，测量球半径为 10mm，测量球位置如图 8.12 所示。

8.2.2　结构演化特性

1) 空隙率

空隙率是表征空间结构演化的重要指标，空隙率越大，表明沥青混合料结构

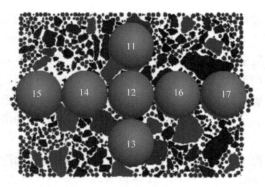

图 8.12　测量球位置

越松散。空隙率升高的速率反映了沥青混合料结构遭受破坏的进程。沥青混合料强度失效过程空隙率的演化规律如图 8.13 所示。

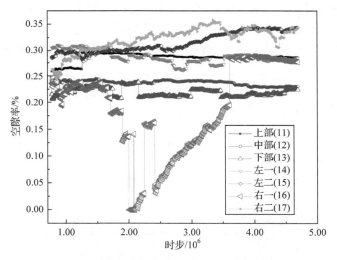

图 8.13　沥青混合料强度失效过程中空隙率变化

　　由图 8.13 可以看出，在高度方向上，上部空隙率增大后保持平稳，中部空隙率保持平稳不变，下部空隙率呈现上下波动，但变化幅度较小，基本保持平稳。总的来说，高度方向上的空隙率在扭转滑移作用下没有发生较大变化。沿滑移面水平方向上的空隙率变化较为显著，表现出左一(14)和右一(16)处空隙率先增大后减小，左二(15)和右二(17)处空隙率平稳增大的规律。分析认为，测点处所受的作用力与中心轴距离正相关，离中心轴越远(即半径越大)，所受作用力就越大，空隙率变化就越显著。竖直方向上的测点位于中心轴上，所受作用力较小；沿水平方向上的测点距离中心轴距离越大，所受作用力越大，故而测点 11、12 和 13 处空隙率变化小，测点 14～17 处的空隙率变化大。测点 15 和 17 位于沥青混合料模型边缘，试件滑移破坏时，试件从边缘开始开裂，因此空隙率最大。

2) 平均配位数

采用测量球可以获取混合料模型中 7 个测点位置处的空间变化信息，其中包括颗粒配位数。平均配位数是在混合料结构中，与各颗粒相接触的颗粒数量平均值。平均配位数减少，代表沥青混合料内部颗粒接触程度降低，反映出混合料结构受到破坏的程度。因此，平均配位数的变化可以表征扭转滑移作用下空间结构的破坏程度。

在强度失效过程中，虚拟混合料试件七个测点处的平均配位数随时步的变化如图 8.14 所示。与空隙率变化相似，在竖直方向上的 11、12 和 13 位置处的平均配位数无明显变化，但在滑移面水平方向上，平均配位数变化较为显著。具体表现为左一(14)和右一(16)处平均配位数稳步增大，左二(15)和右二(17)处平均配位数稳步减小的规律。分析认为，受剪胀作用的影响，滑移面上受剪切作用出现内紧外松的胀缩作用，导致滑移面内部空隙率减小，平均配位数增大，而滑移面边缘出现空隙率增大，平均配位数减小的现象。平均配位数减小意味着结构稳定性和强度降低，沥青混合料结构将被破坏，这也解释了扭转滑移破坏始于边缘贯穿内部的原因。

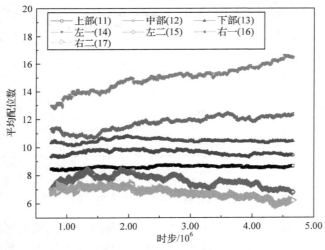

图 8.14　沥青混合料强度失效过程中平均配位数变化

3) 接触力

虚拟沥青混合料中采用 ball 代表沥青砂浆，用 clump(由 pebble 组成)表示粗集料，因此采用 bb、bp 和 pp 分别表示沥青砂浆-沥青砂浆、沥青砂浆-粗集料和粗集料-粗集料。采用 FISH 编程获取了沥青混合料强度失效过程中各组分沿 x、y、z 轴的平均接触力和最大接触力，如图 8.15 所示。

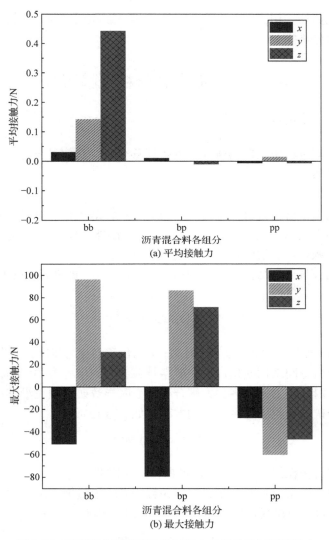

图 8.15　沥青混合料强度失效过程中各组分的组间接触力

　　由图 8.15 可以发现，沥青砂浆内部接触力最大，其次是沥青砂浆-粗集料，最小的是粗集料-粗集料。与沥青混合料强度形成不同，沥青混合料破坏作用主要发生在沥青砂浆内部，沥青砂浆组分是抵抗扭剪破坏作用的主要结构。其原因在于，AC 类沥青混合料结构属于悬浮密实结构，沥青砂浆占据较大空间，矿料颗粒接触率较小。扭转滑移作用初期，沥青砂浆是沥青混合料扭剪作用传递的主要承担者，沥青砂浆组分负责形成和传递力链，所以沥青砂浆内部接触力较大。扭转剪切作用后期，沥青砂浆受剪切作用会发生密实，密实作用促进粗颗粒发生接触，逐渐开始分担剪切作用。因此，在粗颗粒分担荷载作用之前，扭转剪切作用主要由沥青砂浆组分承担。

8.3 沥青混合料颗粒迁移特性

8.3.1 颗粒迁移表征参数

在结构调整过程中，矿料颗粒会发生迁移行为，具体可分为迁移速度、空间位移及空间转角。

1) 迁移速度

矿料的动力学行为符合结构演化的力学方程，对于每一个矿料颗粒的运动都可以从时间和空间离散化求解牛顿运动方程。当矿料颗粒所受的力不能满足力学平衡时，矿料颗粒就会发生运动，其过程如下。

当沥青混合料局部结构任一时刻所受合力不为 0，即满足式(8.11)，其结构就会发生演化。

$$\sum_i F_i(t, x, \dot{x}, \ddot{x}) \neq 0 \tag{8.11}$$

式中，F_i 为第 i 种作用力；t 为某一时刻；x 为位移；$\dot{x}$ 为速度；$\ddot{x}$ 为加速度。

沥青混合料空间结构演化过程中矿料颗粒会受到多种力的作用，如荷载力、界面力、交叉滑移阻力等。多种力耦合不平衡时导致矿料颗粒沿某一方向发生迁移，则任一个矿料颗粒满足牛顿运动方程，如式(8.12)所示：

$$\sum_i F_i(t, x, \dot{x}, \ddot{x}) = ma \tag{8.12}$$

式中，m 为矿料颗粒的质量；a 为矿料颗粒的加速度。

由于荷载作用角度不断改变，矿料颗粒所受的矢量力不断变化，其产生的速度是瞬时加速度，故矿料迁移速度约等于加速度。因此，式(8.12)可写为式(8.13)：

$$\sum_i F_i(t, x, \dot{x}, \ddot{x}) = mv \tag{8.13}$$

式中，v 为矿料颗粒的瞬时速度。

2) 空间位移

在离散元中，位移以 Displacement 指标表征，是在每一时步下颗粒的位移矢量的累加值，如图 8.16 所示，A、P 分别表示矿料颗粒的初始质心坐标以及迁移后的质心坐标，矿料 $A(X_0, Y_0, Z_0)$ 经过多次受力迁移到 $P(X_1, Y_1, Z_1)$ 处，具体表示如式(8.14)所示：

$$L = \sqrt{(X_1 - X_0)^2 + (Y_1 - Y_0)^2 + (Z_1 - Z_0)^2} \tag{8.14}$$

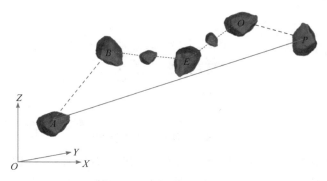

图 8.16　空间位移示意图

3) 空间转角

离散元程序中内置的 Euler 指标可以表征 clump 在空间结构中的旋转角度，Euler 指标包含三个分量 Euler (θ, φ, ψ)，即代表颗粒分别以 X、Y、Z 轴为旋转轴顺时针旋转角度 θ、φ、ψ，空间关系见图 8.17。

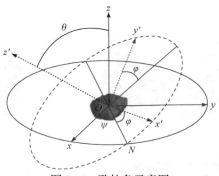

图 8.17　欧拉角示意图

为便于分析，Euler(θ, φ, ψ)可分为三种转角：滚转角(Roll)、俯仰角(Pitch)和偏摆角(Yaw)。滚转角 Roll 是绕 X 轴转动的，表示在水平方向上翻滚的角；俯仰角 Pitch 是绕 Y 轴转动的，表示竖直方向上往上或往下看的角；偏摆角 Yaw 是绕 Z 轴转动的，表示水平方向上往左和往右看的角，三种转角如图 8.18 所示。

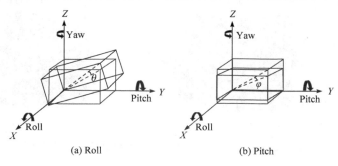

(a) Roll　　　　　　　　　　　(b) Pitch

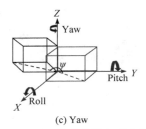

(c) Yaw

图 8.18　三种欧拉转角示意图

　　受扭转剪切作用，沥青混合料产生结构演化，从而导致矿料颗粒发生错动滑移运动，具体表现为矿料颗粒产生迁移速度、空间位移和空间转动等，均是沥青混合料结构演化的细观体现。

8.3.2　颗粒迁移特性

1) 迁移速度

　　沥青混合料发生强度失效过程中矿料颗粒迁移速度变化如图 8.19 所示。沿高

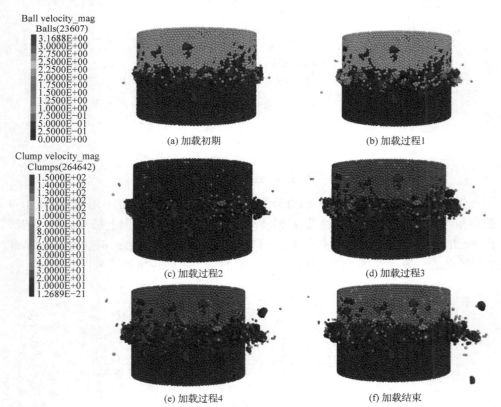

图 8.19　沥青混合料强度失效过程中矿料颗粒迁移速度变化

度方向，滑移面上颗粒迁移速度较大，其次是试件上部(转动端)，颗粒迁移速度最小的是试件下部(固定端)；沿滑移面水平方向上，细颗粒迁移速度大，粗颗粒迁移速度小。

为了量化分析矿料颗粒迁移速度变化，汇总了虚拟试件中矿料颗粒在 x、y 和 z 方向上的速度分量和不同粒径尺寸矿料颗粒的迁移速度，如图 8.20 所示。

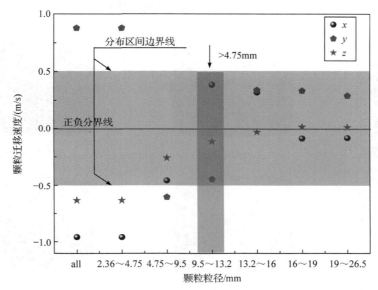

图 8.20　各档矿料颗粒的迁移速度
all 表示所有颗粒

如图 8.20 所示，对比 x、y 和 z 方向上的迁移速度发现，x 方向上矿料颗粒的迁移速度最大，其次是 y 方向，z 方向上的迁移速度最小。一般认为，x 和 y 均是水平面上的速度，z 是竖直方向上的。可见，在扭转剪切作用下，矿料颗粒主要发生水平方向上的迁移。

此外，对比不同粒径尺寸可以发现，除 2.36～4.75mm 颗粒外，多数矿料颗粒的迁移速度分布在区间(-0.5, 0.5)，且随着粒径的增大，矿料颗粒三个方向上的迁移速度均减小至 $v=0$ 处上下浮动，尤其是 z 方向上颗粒迁移速度约等于 0。根据物理学原理，同等密度下，矿料颗粒粒径越大，矿料质量越大，其惯性就越大，改变其运动状态所需的作用力和能量就越多，因此颗粒粒径越大，越难以改变其运动状态。此外，借助界面学理论，颗粒粒径越大，与相邻颗粒的界面接触稳定性就越好，需要更大的作用力和能量才能改变其接触结构，因此矿料颗粒尺寸越大，迁移速度就越小。

2) 空间位移

通常来说，空间结构演化越剧烈，矿料颗粒的空间位移越明显，矿料颗粒的空间位移是沥青混合料结构演化的细观体现之一。沥青混合料强度失效过程中矿料颗粒空间位移的演化情况如图 8.21 所示，总体而言，试件上部(转动端)矿料颗粒空间位移最大，其次是滑移面上，试件下部(固定端)的空间位移最小。沿滑移面水平方向上看，细颗粒空间位移大，粗颗粒空间位移较小。

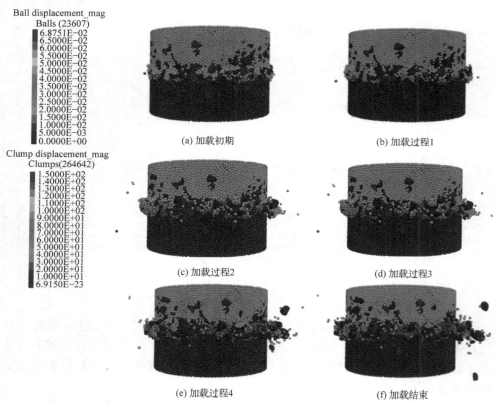

图 8.21　沥青混合料强度失效过程中矿料颗粒空间位移变化

由图 8.21 可知，随着加载的进行，矿料颗粒空间位移越来越显著，尤其是滑移面上的颗粒。在加载初期，滑移面上有个别细颗粒产生较大位移，且随着加载时间延长这部分颗粒越来越多，这是导致沥青混合料松散的主要原因。由加载过程 2 可以观察到，当越来越多细颗粒产生较大空间位移时，一部分粗颗粒也随之产生位移。分析认为，沥青砂浆在荷载作用下发生松散，依靠黏结作用带动粗颗粒发生位移。由加载过程 4 可以发现，部分粗颗粒被剥离出来，这是由于在同等荷载作用下，沥青砂浆和粗集料获取的动能不同，迁移速度和空间位移亦有差异，从而粗集料发生迁移剥离现象。由此可见，在扭转滑移作用下，沥青混合料先发生细颗粒的松散，而后发生粗集料的迁移甚至剥离。

此外，沥青混合料强度失效过程中矿料颗粒的空间位移统计结果如图 8.22 所示，矿料颗粒空间位移以 x 和 y 方向上为主，大概位于区间(-15，15)，而 z 方向上的总位移较小，位于区间(-5，5)，表明扭转滑移作用下，混合料试件内部矿料颗粒主要产生水平方向上的位移。

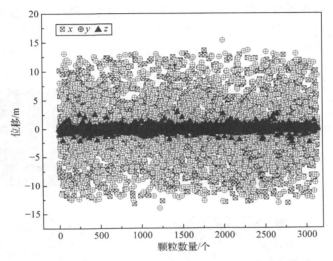

图 8.22　沥青混合料强度失效过程中矿料颗粒空间位移

各档矿料颗粒的空间位移最大值在 x、y、z 三个方向上的分量如图 8.23 所示。

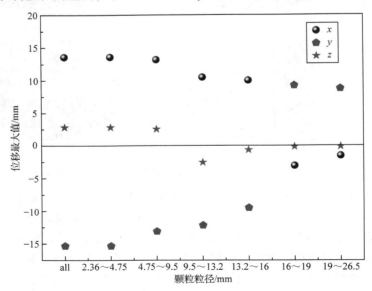

图 8.23　各档矿料颗粒空间位移最大值沿坐标轴分量

随着颗粒粒径增大，矿料颗粒各方向上位移最大值均在减小，16mm 以上颗粒位移最大值减小幅度最显著，这与颗粒迁移速度表现一致，均受矿料迁移动力学控制。与颗粒迁移速度相比，颗粒空间位移的变化较为平缓，这与迁移速度的瞬时性有关，颗粒空间位移更能反映荷载作用对沥青混合料的影响。

3) 空间转角

沥青混合料在承受荷载及结构破坏过程中，矿料颗粒往往会发生转动。矿料颗粒空间转角是沥青混合料空间结构演化的细观表现之一。沥青混合料强度失效过程中，矿料颗粒空间转角会随着加载进程发生变化，如图 8.24 所示。

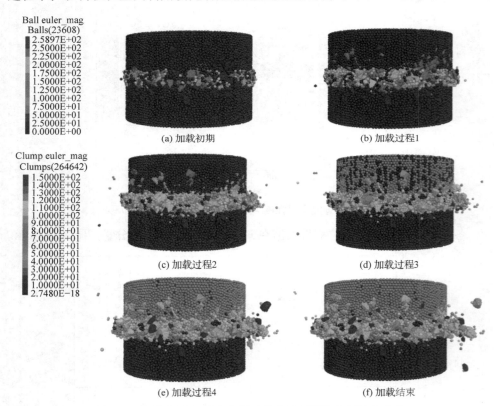

图 8.24　沥青混合料强度失效过程中矿料颗粒空间转角变化

如图 8.24 所示，在扭转荷载作用下矿料颗粒发生空间转动，其中在滑移面上颗粒的转动幅度最大，其次是试件上部(转动端)，试件下部(固定端)转动幅度较小。此外，在扭转作用初期，滑移面上细集料较粗集料有较大转动；随着荷载持续进行，粗集料颗粒的转动幅度作用愈加显著。由图 8.25 可以看出，随着颗粒粒径增大，颗粒转动幅度变小，当颗粒尺寸超过 4.75mm，矿料颗粒的转动幅度明显减小，转角基本分布在(−2500，2500)。如前所述，大粒径尺寸颗粒的空间状态需要更大的作用力和能量才能发生改变,这与颗粒迁移速度和空间位移变化趋势一致,即在同等荷载作用下,小粒径颗粒更容易发生转动,且转角更大。

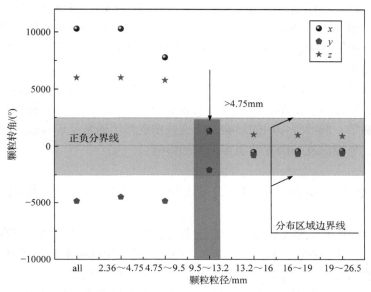

图 8.25　沥青混合料强度失效过程中各尺寸矿料颗粒转角变化

各粒径尺寸下矿料颗粒在 x、y 和 z 方向上的平均转角分布如图 8.26 所示。

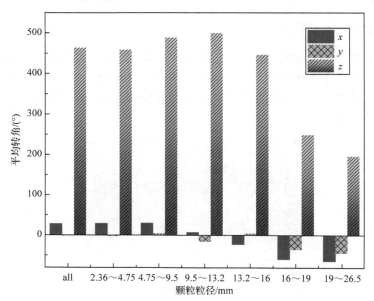

图 8.26　三个方向上的平均转角分布

显然，z方向的平均转角(Yaw)显著大于x方向(Roll)和y(Pitch)方向，Yaw表示矿料颗粒以z轴为中心发生左右偏摆情况。可见，在扭转滑移作用下，矿料颗粒以水平方向上的左右偏摆滑移运动为主，以垂直方向上的自身旋转为辅。矿料颗粒在滑移面上错动滑移是沥青混合料强度失效的关键。在扭转滑移作用下，沥青混合料首先出现剪胀效应，随后发生细颗粒的松散和粗集料的剥落，最终导致沥青混合料强度失效。

综上所述，沥青混合料强度失效是结构演化的结果，受矿料迁移动力学控制，通过矿料颗粒迁移、错动、转动等细观运动行为实现，主要受矿料颗粒接触、摩擦及沥青黏结、润滑等作用的影响，而这些细观作用通常受矿料级配组成、颗粒几何特征、环境温度和沥青性质等因素的影响。

8.4　沥青混合料的变形行为及细观力学机制

沥青路面的永久变形问题受到广泛关注，常采用车辙试验研究沥青混合料的变形行为与作用机制(左锋等，2020)。其中，汉堡车辙试验系统(HWTS)能够满足不同的试验条件，包括不同温度的空气浴和水浴，板式和圆柱试件等不同试件类型，且该试验持续时间长，可记录不同荷载次数下的车辙深度(RD)。研究表明，车辙试验中所测得RD与实测车辙的相关性较高(Waqas et al.，2020；Hall et al.，1999)，因此采用汉堡车辙试验开展沥青混合料永久变形的研究。

8.4.1　沥青混合料荷载变形行为

制备五种沥青混合料AC-13S、AC-13Z、AC-13X、AC-16Z和AC-20Z的车辙板试件，并置于汉堡车辙试验模具中，采用石膏填充试件与模具空隙，随后刮平石膏与试件平齐，待石膏完全固化，通过螺栓固定模具后开展试验，制作的试件如图8.27所示。

图 8.27　汉堡车辙试验试件

采用PMW HWTS开展沥青混合料荷载变形试验研究，该装置主要包括温度控制系统、压痕测量系统、碾压次数计数器等，见图 8.28。分别在多种试验条件下开展汉堡车辙试验，并记录相应条件下的车辙深度，试验条件如表 8.3 所示。

图 8.28　汉堡车辙试验

表 8.3　汉堡车辙试验条件汇总

条件类别	影响因素水平
混合料种类	AC-13S、AC-13Z、AC-13X、AC-16Z、AC-20Z
温度/℃	40、50、60、70、80
应力水平/MPa	0.1、0.3、0.5、0.7
荷载作用次数/次	500、1000、3000、5000、8000、10000、12000、15000、18000、20000

在 60℃下，五种 AC 类沥青混合料车辙深度及变形增长率与荷载作用次数 N 的关系如图 8.29 所示。

由图 8.29 可知，各级配沥青混合料的荷载变形与作用次数成正比，不同沥青混合料的变形程度及其增长幅度存在差异。总体上，AC-13S 的 RD 是最大的，这是细颗粒的接触结构稳定性不足造成的。AC-20Z 的 RD 最小，NMAS 越大，粗颗粒数量越多，越有利于形成稳定的接触结构。对于 AC-13X，较大的矿料间隙率会引起细颗粒对骨架的干涉，导致骨架结构不稳定。综上，粗颗粒形成的接触结构更加稳定，更有利于混合料抵抗外界荷载，而细颗粒过多会降低骨架稳定性。

变形增长率是单次荷载作用下的变形增长幅度，可以反映沥青混合料变形对荷载作用次数的敏感程度。根据变形增长率的变化趋势大致可分为三个阶段：快速增长期(第一阶段)、波动期(第二阶段)、稳定期(第三阶段)。

(1) 第一阶段：对应路面服役初期，反复荷载作用促使内部材料发生流动，导致初期路面压实性显著提高。一方面，流动材料受挤压会填充空隙，导致体积迅速减小；另一方面，轮胎施加的非均匀荷载作用导致流动材料发生推移，形成局部破坏。混合料内部流动材料越多，该阶段越明显，如 AC-13S，该阶段其变形增

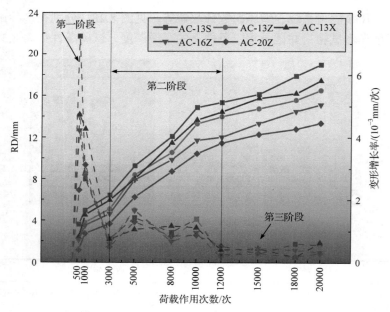

图 8.29　变形及变形增长率随荷载作用次数变化

长率最大，最大可达 $7.45×10^{-3}$mm/次。

(2) 第二阶段：荷载作用促使粗颗粒迁移、细颗粒干涉，造成骨架结构失稳，同时荷载作用会促进颗粒迁移再次形成接触结构，即骨架结构重构。骨架结构随荷载作用发生动态调整，促使骨架破坏-骨架重构现象交替循环出现，且变形程度会因为接触结构稳定性的提高而有所减小，因此变形增长率在 $0.8×10^{-3}$～$2×10^{-3}$mm/次发生波动。

(3) 第三阶段：经过动态调整，沥青混合料的骨架结构有所增强。尽管随着荷载的持续作用，颗粒会继续迁移至下一个稳定态，但迁移幅度相对较小。因此，该阶段的滑移变形大幅降低，滑移变形速率也较低(0～$1×10^{-3}$mm/次)。

温度升高会降低矿料骨架的接触强度和稳定性。三种沥青混合料在 40～$80℃$的 RD 如图 8.30 所示。

由图 8.30 可知，三种沥青混合料的 RD 均随着温度升高而增大，且 AC-13Z 的 RD 最大。颗粒间的嵌挤摩擦作用可以有效抵抗滑移变形，然而加入沥青后，颗粒间的干摩擦转变为湿摩擦作用，裹覆于集料表面的沥青，会降低矿料棱角性和表面纹理，使颗粒间的嵌挤和摩擦作用大幅衰减。前期分析可知，AC-16Z 和 AC-20Z 中 13.2mm 以上的颗粒占比分别为 11% 和 25%，且单一颗粒体系粒径越大，其骨架稳定性就越好(Su et al.，2020)；此外，颗粒粒径越大，颗粒的棱角越丰富且越突出，沥青难以将棱角覆盖完全，即颗粒粒径越大，越有可能形成骨架

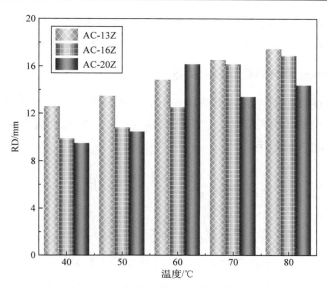

图 8.30　沥青混合料 RD 随温度的变化

嵌挤结构，表现出更好的骨架强度和稳定性。

　　在不同应力水平下，沥青混合料的骨架稳定性和沥青黏结强度存在差异。不同应力下三种沥青混合料的 RD 变化如图 8.31 所示。

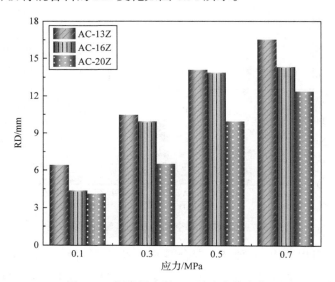

图 8.31　沥青混合料 RD 随应力的变化

　　随着应力的增大，沥青混合料的 RD 不断增大，不同级配的 RD 排序为 AC-13Z>AC-16Z>AC-20Z。其中 AC-13Z 的细集料含量较多，且粗集料主要集中在

4.75mm 和 9.5mm。这是因为，矿料颗粒的 NMAS 越大，矿料颗粒体系所形成的结构接触稳定性就越好，同时表面纹理越丰富，矿料–沥青的界面黏结强度也就越显著。

8.4.2 矿料颗粒迁移与荷载变形的关系

矿料颗粒迁移是沥青混合料荷载变形的细观反映，主要包括空间位移和空间转角。可采用空间位移均值 L_{xyz}、空间转角均值 α_{xyz} 描述沥青混合料变形过程中矿料颗粒的空间迁移行为：

$$L_{xyz} = \frac{1}{n}\sum_{i=1}^{n}\left(L_{xi}^2 + L_{yi}^2 + L_{zi}^2\right)^{\frac{1}{2}} \tag{8.15}$$

$$\alpha_{xyz} = \frac{1}{n}\sum_{i=1}^{n}\left(\alpha_{xi}^2 + \alpha_{yi}^2 + \alpha_{zi}^2\right)^{\frac{1}{2}} \tag{8.16}$$

式中，L_{xi}、L_{yi}、L_{zi} 分别表示结构演化过程中第 i 个颗粒沿 x、y、z 方向的位移值；α_{xi}、α_{yi}、α_{zi} 分别表示第 i 个颗粒绕 x、y、z 轴的转角；n 表示颗粒总数量。

在 0.7MPa、60℃条件下，五种沥青混合料的空间位移均值 L_{xyz}、空间转角均值 α_{xyz} 与车辙深度 RD 的关系如图 8.32 所示。

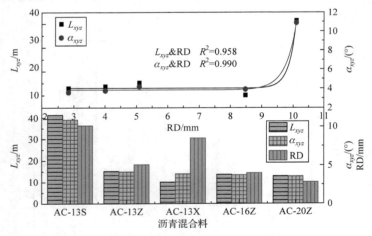

图 8.32　沥青混合料空间迁移与车辙深度的关系

由图 8.32 可以看出，五种沥青混合料的空间位移均值 L_{xyz}、空间转角均值 α_{xyz} 与车辙深度 RD 呈现相同的变化趋势，二者呈非线性相关性，决定系数可达 0.95 以上，表明矿料颗粒迁移参数与沥青混合料的车辙深度相关性良好。当荷载作用超过沥青混合料极限迁移剪应力，沥青混合料滑移界面上的矿料颗粒产生空间位移和转角，随着荷载作用持续，矿料颗粒空间位移和转角不断累积，导致沥青混合料发生结构形变,换言之,矿料颗粒空间迁移是沥青混合料永久变形的主要诱因和细观反映。

8.4.3　沥青混合料变形的细观力学机制

沥青混合料颗粒体系的变形特性与荷载作用次数和应力水平有关,其中荷载作用次数关系到颗粒迁移组织与重构能力,应力水平对骨架稳定性和界面黏结强度具有显著影响,因此从矿料颗粒接触及滑移角度,讨论沥青混合料的变形机制。采用工业 CT 对沥青混合料试件进行扫描并获取矿料颗粒接触图像,可以将接触状态分为三种,即嵌挤接触颗粒、法向接触颗粒和切向接触颗粒,如图 8.33 所示。

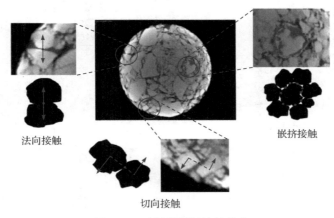

法向接触　　　　　　　　　　　　　　　嵌挤接触

切向接触

图 8.33　矿料颗粒间接触状态

矿料颗粒的三种接触状态存在差异。对压实成型的沥青混合料而言,矿料颗粒之间会形成接触嵌挤状态,其多向接触作用会对中心颗粒起到固定作用,并可以将荷载进行分解和传递。通常情况下,其传递对象是与中心颗粒有法向接触或有法向分力的矿料颗粒,这些颗粒会形成力链,将荷载力逐级传递,但法向接触颗粒主要在表面发生弹性变形,对混合料变形的贡献较小。

矿料颗粒的切向接触状态是不稳定的,在荷载作用下容易发生滑移,从而引起多颗粒流动。颗粒流动是个过程,并非一成不变的,非稳态和亚稳态的矿料颗粒会不断迁移,逐渐过渡到可以保持相对稳定的多向接触嵌挤稳定态。通常情况下,矿料颗粒发生迁移,导致其原始坐标发生了改变,且该过程是不可恢复的,也就形成了永久变形,所以颗粒切向接触是沥青混合料内部发生滑移变形的主要因素。

此外,矿料-沥青界面黏结润滑作用对沥青混合料滑移变形的影响也是不容忽视的。高温情况下,沥青以润滑作用为主,将会改变矿料的稳定接触状态,使法向接触转变为切向接触,或将颗粒稳定态转变为亚稳定态。随着温度的降低,沥青的黏结作用发挥主导作用,有利于颗粒体系的稳定。因此,在沥青混合料滑移变形过程中，一方面取决于矿料颗粒的接触状态，另一方面取决于环境温度和沥青性质及含量。

1) 矿料颗粒迁移特性与矿料几何特征

矿料几何特征决定了矿料颗粒间的接触状态和摩擦力，进而影响沥青混合料的矿料迁移特性和变形行为。丰富的颗粒棱角性、纹理形貌以及立方体形状有利于矿料颗粒体系形成摩擦嵌挤结构，从而提高沥青混合料抗变形能力。复合棱角指数 CI_{GA}、复合纹理指数 CI_{TX}、复合形状指数 CI_{SP} 等复合几何指数与矿料空间位移均值 L_{xyz} 和空间转角均值 α_{xyz} 的关系如图 8.34 所示。

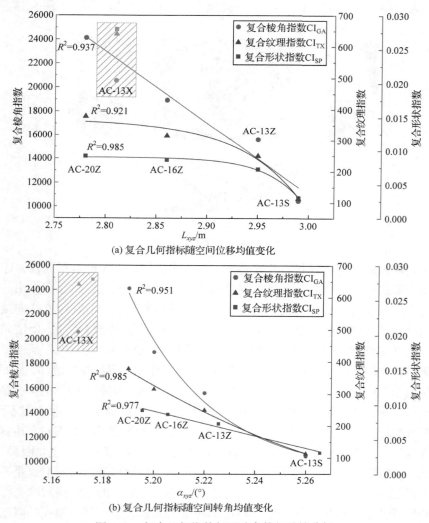

(a) 复合几何指标随空间位移均值变化

(b) 复合几何指标随空间转角均值变化

图 8.34　复合几何指数与迁移参数相关性分析

由图 8.34 可以看出，随着 L_{xyz}、α_{xyz} 的增大，CI_{GA}、CI_{TX}、CI_{SP} 均呈衰减趋势，其中 CI_{GA} 和 CI_{TX} 变化较为明显，而 CI_{SP} 变化幅度较小。这是因为 CI_{GA} 和 CI_{TX} 主要与粗集料的粒径和数量相关，而 CI_{SP} 主要与级配中粗集料数量有关。除 AC-13X 级配外，各级配矿料的 CI_{GA}、CI_{TX}、CI_{SP} 与 L_{xyz}、α_{xyz} 具有良好的相关性。不同粒径矿料的形状、棱角和纹理形成的复合几何特征是矿料颗粒体系的固有属性，复合几何特征越丰富，矿料迁移的难度越大。

2) 矿料颗粒迁移特性与界面滑移作用力

在承受荷载过程中，矿料颗粒界面存在摩擦、错动等迁移行为，其迁移阻力不仅是沥青混合料强度的主要来源，也是沥青混合料抗变形能力的体现。前文提出采用最大滑移作用力 F_m 评价矿料颗粒体系的界面迁移特性，空间位移均值 L_{xyz} 和空间转角均值 α_{xyz} 与 F_m 的关系如图 8.35 所示。

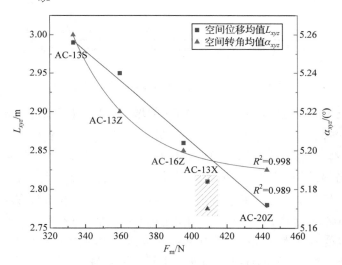

图 8.35　迁移参数与最大滑移作用力的关系

由图 8.35 可知，随着 F_m 的增大，L_{xyz} 和 α_{xyz} 总体上呈现减小的趋势，除 AC-13X 外，四种级配的 L_{xyz}、α_{xyz} 与 F_m 有良好的相关性，可见界面滑移作用力对矿料迁移特性有显著影响。AC-13X 级配中粗集料数量较多，放大了矿料颗粒的接触作用，颗粒间的摩擦力变大，导致颗粒空间位移和转角均大幅度减小，与其他级配矿料迁移规律不一致。

3) 矿料迁移特性与矿料-沥青界面效应

沥青是一种感温性材料，温度较低时表现出较强的黏滞性，对矿料颗粒主要起黏结作用；温度较高时具有较强的流动性，对矿料颗粒具有显著的润滑效应。沥青黏结润滑特性的存在，使得矿料-沥青界面交互作用较为复杂。采用骨架黏结

指数 $F_m \cdot VFA$ 表征沥青与矿料颗粒之间的界面交互作用。矿料空间迁移参数与 $F_m \cdot VFA$ 的关系如图 8.36 所示。

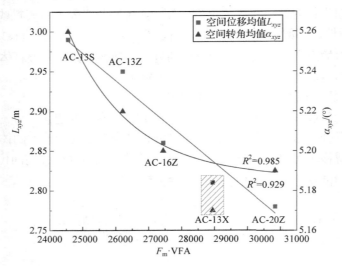

图 8.36　矿料空间迁移参数与 $F_m \cdot VFA$ 的关系

从图 8.36 中可以看出，随着 $F_m \cdot VFA$ 的增大，L_{xyz} 不断减小，α_{xyz} 总体上也呈现减小的趋势。随着粗集料占比和公称最大粒径增大，矿料颗粒间的接触作用增强，同时矿料–沥青界面黏结作用得到提升，导致矿料颗粒发生迁移受阻。除 AC-13X 以外，各级配类型矿料–沥青混合颗粒体系的 L_{xyz}、α_{xyz} 与 $F_m \cdot VFA$ 具有良好的相关性。尽管 AC-13X 的公称最大粒径较小，但是其含有较多粗集料，因此具有与 AC-20Z 相近的 $F_m \cdot VFA$，在相同条件下，AC-13X 粗集料多且公称最大粒径较小，其受到的界面黏结作用显著而润滑作用微弱，在强接触和弱润滑的界面双重作用下，AC-13X 的迁移量显著低于其他混合料。可见，矿料–沥青界面交互作用会影响界面的抗滑移剪切能力，进而影响沥青混合料的变形行为。

参 考 文 献

刘彬, 2019. 基于集料相互嵌挤作用的沥青混合料细观力学模型研究[D]. 武汉: 武汉理工大学.

谭忆秋, 邢超, 任俊达, 等, 2017. 基于颗粒堆积理论的沥青混合料细观结构特性研究[J]. 中国公路学报, 30(7): 1-8.

肖源杰, 王小明, 于群丁, 等, 2023. 透水型级配碎石基层填料强度演化特征的离散元模拟[J]. 中国公路学报, 36(2): 52-68.

薛斌, 2020. 沥青混合料细观力学特性与演化行为研究[D]. 西安: 长安大学.

颜川奇, 杨军, 左娜, 等, 2015. 沥青混合料初始空隙分布研究[J]. 中外公路, 35(5): 296-301.

郑冬, 2021. 基于集料形貌特性的多孔沥青混合料空隙演变机理研究[D]. 南京: 东南大学.

左锋, 叶奋, 宋卿卿, 2020. RAP 掺量对再生沥青混合料路用性能影响[J]. 吉林大学学报(工学版), 50(4): 1403-1410.

Farhang B, Mirghasemi A A, 2017. A study of principle stress rotation on granular soils using DEM simulation of hollow cylinder test[J]. Advanced Powder Technology, 28(9): 481.

Hall K D, Williams S G, 1999. Acquisition and evaluation of hamburg wheel-tracking device[R]. Arkansas: Civil Engineering University of Arkansas.

Li B, Guo L, Zhang F S, 2014. Macro-micro investigation of granular materials in torsional shear test[J]. Journal of Central South University, 21(7): 2950-2961.

Su J F, Li P L, Dong C, et al., 2020. Evaluation on contact characteristics of particle system based on mesostructure[J]. Journal of Materials in Civil Engineering, 32(12): 04020391.

Waqas R, Madzlan B N, Mushlich H S, et al., 2020. Investigation on hamburg wheel-tracking device stripping performance properties of recycled hot-mix asphalt mixtures[J]. Materials, 13(21): 4704.

Xie J, Yang Y, 2019. Numerical simulation virtual test of torsion shear for asphalt mixture[J]. Advances in Materials Science and Engineering, 2019(5): 1-21.

You Z P, Liu Y, 2010. Three-Dimensional discrete element simulation of asphalt concrete subjected to haversine loading: An application of the frequency-temperature superposition technique[J]. Road Materials and Pavement Design, 11(2): 273-290.

第 9 章　基于颗粒体系细观特性的沥青混合料组成优化设计

近年来，随着科技的进步，沥青路面新材料、新工艺、新技术得到广泛的应用，但路面的服役耐久性仍有较大的提升空间。其中，从沥青混合料颗粒体系细观特性及力学机制的角度出发，将矿料界面及迁移特性贯穿于沥青混合料设计-施工-服役的全过程，综合考虑离析特性、压实效果以及力学性能等要求，进行沥青混合料材料组成优化设计，提高材料的力学性能及施工效果，是提升沥青路面耐久性的有效途径之一。

9.1　概　　述

沥青混合料组成设计方法较多，各有特点，如广泛采用的马歇尔法属于经验性方法，但在工程实践中逐渐展现出不足，研究者们开始致力于研究改进或优化设计方法。沥青混合料组成设计的核心内容包括矿料合成级配设计和最佳沥青用量的确定。

9.1.1　矿料级配设计方法

矿料级配设计是将不同粒径矿料颗粒按照一定比例混合，形成具有一定结构的矿料颗粒体系，其强度和稳定性是评价矿料级配设计优劣的指标。有研究认为，矿料颗粒体系达到最大密度时具有较好的结构强度和稳定性，因此最大密度曲线理论一度成为矿料合成级配设计的依据，如富勒曲线(郝培文，2009)、泰波公式(陈忠达等，2005；彭波等，2003)、苏联的 K 法(刘克，2019)以及我国林绣贤教授(2003，1988)提出的 I 法等。随着国民经济快速发展，交通荷载及交通量不断增大，路面车辙等病害突出，连续密级配逐渐难以满足日益增长的交通需求。国内外学者不断总结经验，相继提出间断级配设计改善沥青路面高温稳定性不足，如美国 Superpave 级配设计法、贝雷法以及我国的多碎石混凝土级配方法(SAC 法)、主骨架填充法(CAVF 法)、多级嵌挤密实级配设计方法(MDBG 法)等。

Superpave 混合料设计体系是美国 SHRP 中重要成果之一，主要包括集料性能评价、级配设计、确定沥青含量和沥青混合料水敏感性评价(Lira et al.，2013；

Harnsberger et al., 1993)。Superpave 设计的关键在于定义了控制点和限制区(李刚等，2005)，分别在最大、中等和粉尘尺寸区域设置了曲线通过点；限制区是级配不应通过的区域，目的是限制矿料级配中的砂含量。Superpave 设计体系认为，当级配曲线分布在控制点范围内且不通过限制区时可以获得较好的路用性能。采用 Superpave 法，田佳磊等(2017)进行高模量沥青混合料的级配设计，认为可显著提高沥青混合料的整体稳定性；Azzam 等(2015)设计了含有油页岩填料的沥青混合料，发现其力学性能优异。

贝雷法是以集料骨架作为沥青混合料承荷主体的级配设计方法(Kwame et al., 2011；Vavrik et al., 2002)。该方法给出了粗细集料划分标准，定义了三档控制筛孔，其中第一档控制筛孔 PCS=0.22NMAS，NMAS 为集料的公称最大粒径，0.22是取集料颗粒平面和圆面四种接触的平均值；第二档控制筛孔 SCS=0.22PCS；第三档控制筛孔 TCS=0.22SCS(Vatanparast et al., 2023；陈爱文等，2004)。可见，贝雷法认为粗细集料的划分与集料的公称最大粒径有关，级配结构设计与颗粒间接触空隙有关，贝雷法在伊利诺伊州得到了广泛应用。我国学者也开展了相关研究，段功璨(2017)优化了矿料级配组成，得到了具有良好密实性和稳定性的级配结构。丁滔等(2022)借鉴贝雷法对普通的沥青稳定碎石进行了优化，提出嵌锁式沥青碎石混合料，发现各项路用性能均优于普通的沥青稳定碎石。

张肖宁教授团队针对矿料级配设计，提出了一种矿料颗粒填充密实的方法(CAVF 法)。该方法的核心在于首先确保粗集料形成骨架结构，然后采用粗集料间隙率 VCA$_{DRC}$ 评价粗集料嵌挤程度，进而在骨架结构中填充细集料和沥青，使级配矿料达到最大密实状态(张书华，2018；张肖宁等，2001，1995)。张海威等(2016)将体积参数作为级配碎石设计指标，获得了良好的力学性能。沙庆林院士(2007，2005)提出了多碎石混凝土级配设计方法(SAC 法)，即将 4.75mm 作为粗细集料分界线，在粗集料形成骨架嵌挤结构的基础上填充细集料和沥青，从而达到减小空隙率，提升水稳定性和高温抗变形能力的目的。翟少华(2009)研究发现使用 SAC 法设计的沥青混合料的水稳定性有所提升，以 2.36mm 作为粗细集料分界筛孔更适用于 SAC-13 型沥青混合料。袁万杰(2004)、陈忠达等(2006)及 Zheng 等(2023)等基于粒子干涉理论和多级填充理论，提出了多级嵌挤密实型级配设计方法(MDBG 法)，主要包括粗集料设计、细集料设计、合成级配设计和级配检验，该方法与贝雷法有一定的相似性，可应用于面层和基层混合料组成设计。

可见，关于沥青混合料级配组成设计已有不少研究成果，但仍需从矿料颗粒体系几何特征角度开展级配量化表征并用于混合料组成设计。此外，如果级配设计不当，在施工环节摊铺均匀性差，容易发生集料离析，导致矿料级配变异，进而影响沥青混合料的力学性能和服役耐久性。

9.1.2　最佳油石比确定方法

沥青用量是关系到沥青混合料路用性能和经济性的重要指标，因此确定最佳油石比是沥青混合料组成设计的关键环节。国内外通常基于体积指标、经验指标或力学指标进行设计，如马歇尔法、SGC 法、旋转剪切压实法(GTM)等。

马歇尔法是一种体积与经验指标相结合确定沥青用量的配合比设计方法，由于方法简便，在世界范围内得到广泛应用。然而不少研究发现，采用马歇尔法设计的沥青混合料，力学性能难以保证，车辙等早期病害较为严重。魏建国等(2007)认为马歇尔试件的较大密实度是通过击破大粒径矿料颗粒、改变原有级配实现的。Mcleod(1950)认为马歇尔击实成型与沥青路面碾压受力状态差异性较大，且设计指标与路面力学性能缺乏有效联系，其设计指标的有效性越来越受到质疑。

SGC 法是通过旋转压实成型试件，通过压实过程中试件高度计算空隙率和密度等体积参数，以 4%作为目标空隙率，将设计空隙率时的沥青用量作为最佳沥青用量(Cominsky et al.，1994)。SGC 法对试件施加旋转揉搓作用，更加符合沥青路面成型时的受力状态，成型试件的均匀性更好，但设备较昂贵、操作要求较高，普及难度相对较大(薛金顺等，2023)。

GTM 通过测定试件压实达到平衡时的毛体积密度、应变比 GSI 和抗剪强度安全系数 GSF 等参数，确定沥青混合料的最佳油石比(Collins et al.，1996；Mcrae，1962)。柴金玲等(2020)对比分析了马歇尔法和 GTM，认为 GTM 设计的沥青混合料具有更突出的高温稳定性和温度敏感性，但低温抗裂性优势不够显著。Lv 等(2018)进行了 GTM 改进，认为确定的最佳油石比更适用于复杂交通环境。此外，与马歇尔法相比，GTM 更好地模拟了实际沥青路面施工压实和行车荷载的过程，设计的沥青混合料高温稳定性较好，但由于沥青用量偏低，低温抗裂性能不足，且该设备精密程度较高，价格昂贵，推广应用难度很大(Li et al.，2015)。

综上所述，马歇尔法设计指标与力学性能关联性较弱，但是由于其操作简便、设计体系完整等优点仍被世界各国和地区广泛采用。针对马歇尔法的不足，郭乃胜等(2017)、Liu(2011)及 Inoue(2004)众多研究者对其进行了优化研究，主要思路是在现有体积指标的基础上增加新的力学指标用于确定最佳沥青用量。尽管如此，相关力学指标难以反映沥青混合料性能衰变过程中的矿料颗粒界面滑移特性。

9.2　集料级配优化设计

9.2.1　集料优选

在进行级配设计之前，应首先确定集料质量是否满足使用要求。《公路沥青路面施工技术规范》(JTG F40—2004)中明确规定，路用集料应满足洁净、干燥、表面粗糙、无杂质，同时应满足包括压碎值、磨耗值、密度、吸水率、坚固性、针片状含量、含泥量等质量技术要求。

集料的几何特征对沥青混合料的性能具有显著影响。对于典型的颗粒性材料，由接近立方体形状、丰富棱角和粗糙表面纹理的集料组成的沥青混合料往往具有较高的滑移剪切强度(Cui et al.，2018)。然而，由于没有可以进行级配设计的量化表征参数，规范中关于矿料几何特征仅提出了定性的要求。因此，需要在满足集料基本要求的基础上，采集矿料的 SP、TX 和 GA，用于矿料优选，进而实现级配量化表征及优化设计。

前文依据《公路沥青路面施工技术规范》(JTG F40—2004)表 4.8.2 和表 4.9.3，对广东某地生产的石灰岩 A、陕西某地生产的石灰岩 B、玄武岩 C 三种集料的各项质量技术指标进行了测试，测试结果如表 2.2～表 2.5 所示。

结果表明，A、B、C 三种集料均满足规范质量技术要求，仅采用该方法不能筛选出最优路用集料。进一步测试集料颗粒的几何特征，结果如图 9.1 所示。

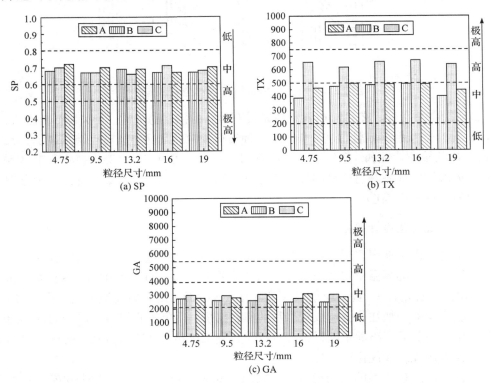

图 9.1 三种集料颗粒的几何特征

由图 9.1 可以看出，石灰岩 A 的形貌特性比 B 更丰富，与石灰岩 A、B 相比，玄武岩 C 有更优异的几何特征。

　　一般而言，矿料颗粒的表面纹理和棱角梯度越丰富，矿料颗粒体系的接触特性就越好。为了进一步分析集料几何特征与接触特性的关系，采用第 3 章开发的矿料接触摩擦测试仪，对不同产地及岩质的 A、B、C 集料的单粒级颗粒进行试验，结果如图 9.2 所示。

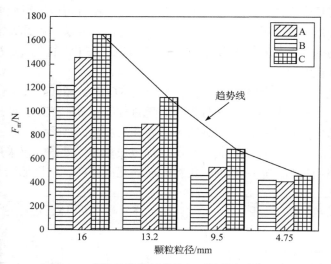

图 9.2　不同种类集料单粒级颗粒接触稳定性

　　从图 9.2 可知，玄武岩 C 颗粒体系具有最好的接触稳定性，其次为石灰岩 A，石灰岩 B 的接触稳定性最弱。图 9.1 三种集料颗粒的几何特征对比结果显示，玄武岩 C 的棱角特性和纹理特性优于石灰岩 A 和 B。可见，具有突出棱角和丰富纹理的矿料颗粒体系具有优异的接触稳定性，采用几何特征进行集料优选更为合理且具有较好的准确性。

9.2.2　级配优化设计参数

　　沥青路面早期损害现象和耐久性不足问题仍较为严重，该问题很大程度上是由沥青混合料的高温稳定性不足和均匀性较差造成的。Xu 等(2021)和 Sefidmazgi 等(2013)的研究表明，提高粗集料含量可有效改善沥青混合料高温稳定性不足，但粗集料含量的增加往往会造成较严重的集料离析，降低沥青混合料的均匀性和力学强度，引起沥青路面早期损害。本章兼顾施工抗离析和服役抗变形特性，提出一种矿料级配组成优化设计方法。

　　以矿料颗粒体系的结构稳定性指数(structure stability index，SSI)和离析倾向指数(segregation tendency index，STI)作为级配组成设计的主要控制指标。这两个指标充分考虑了矿料颗粒几何形貌特性，可以实现矿料几何特征在级配组成设计过程中的表征与控制。

1) 结构稳定性指数

矿料颗粒体系结构接触稳定性直接影响沥青混合料的强度行为和力学性能。Sun 等(2022)提出采用 SSI 表征矿料颗粒体系的结构稳定性程度，其计算方法见式(9.1)：

$$\text{SSI} = 0.4998 \times \text{CI}_{\text{SP}} + 0.3328 \times \text{CI}_{\text{TX}} + 0.16738 \times \text{CI}_{\text{GA}} \tag{9.1}$$

式中，SSI 为结构稳定性指数；CI_{SP}、CI_{TX} 和 CI_{GA} 分别为矿料颗粒体系的复合形状指数、复合纹理指数及复合棱角指数。

矿料颗粒体系几何特征越丰富，沥青混合料的接触效应越显著，则结构稳定性及力学性能更优异。颗粒体系接触特性(用最大滑移作用力 F_{m} 表征)及沥青混合料力学性能(用极限扭剪应力 τ_{s} 表征)与矿料颗粒体系 SSI 的关系如图 9.3 所示。

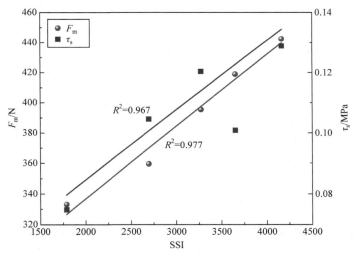

图 9.3　SSI 与 F_{m}、τ_{s} 的相关性

如图 9.3 所示，随着 SSI 的增大，矿料颗粒体系的最大滑移作用力 F_{m} 和沥青混合料的极限扭剪应力 τ_{s} 均呈现线性上升趋势，相关性分别为 0.977 和 0.967，表明 F_{m} 和 τ_{s} 与 SSI 相关性良好。即 SSI 越大，矿料颗粒体系的接触特性和沥青混合料力学性能就越好，因此在级配设计时应尽量选择矿料颗粒体系 SSI 较大的级配组成。

2) 离析倾向指数

在拌和、运输及摊铺过程中，沥青混合料呈松散流动态，矿料颗粒发生相互碰撞、滚动及摩擦等运动行为，导致沥青混合料产生离析现象，进而影响沥青混合料的压实效果以及力学性能。Su 等(2022)采用离析倾向指数 STI 作为沥青混合料离析程度的评价指标，该指标是基于最大值法对复合棱角指数 CI_{GA} 进行归一化处理提出的。通过对比设计级配的 CI_{GA} 与 CI_{GAmax} 的大小，可以预测设计级配的离析倾向性。STI 越大，沥青混合料越容易发生粗集料离析，而 STI 越小，沥青混合料越容易发生细集料离析，当 STI 处于合适的范围(无离析或轻度离析)更能满足级配设计的要求，级配离析范围可参照表 5.4 要求。

级配离析会影响矿料颗粒体系的分布均匀性和结构稳定性，进而影响沥青混合料的力学强度。五种沥青混合料的最大滑移作用力 F_m 和极限扭剪应力 τ_s 与离析倾向指数 STI 的关系如图 9.4 所示。

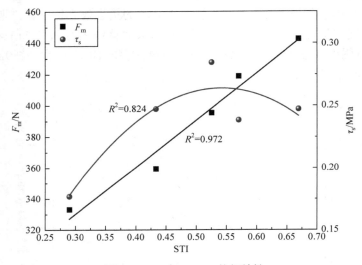

图 9.4 STI 与 F_m、τ_s 的相关性

由图 9.4 所示，随着 STI 逐渐增大，矿料颗粒体系的最大滑移作用力 F_m 不断增大，即矿料颗粒结构嵌挤强度增大，二者接近线性关系；沥青混合料的极限扭剪应力 τ_s 随着 STI 先增大后减小，这与前述研究一致。可见，STI 反映了矿料分布的均匀性，在一定范围内离析程度变大，矿料颗粒嵌挤稳定性不断增大，但并不利于沥青混合料的力学性能，当 STI 在合理范围内，沥青混合料具有最大的力学强度。综上，STI 对沥青混合料骨架结构稳定性和力学强度具有显著影响，可以用于指导矿料级配优化设计。

9.2.3 级配优化设计方法

采用 SSI 和 STI 两个参数，分别从沥青混合料骨架结构稳定性和均匀性角度进行矿料级配优化设计。

步骤 1：级配初步设计。

根据工程需要，选择合适的级配结构，依据级配结构和控制粒径设计 3~5 种级配组成，其中控制粒径为 0.075mm 和 4.75mm，由第 2 章复合几何指数计算模型(式(2.23)、式(2.25)及式(2.27))统计确定。

步骤 2：级配的离析倾向评判及优化。

(1) 计算各个级配的离析倾向性指数 STI，评判设计级配的离析倾向性；

(2) 根据表 5.4，优选出无离析或轻度离析的级配；

(3) 若设计级配不满足离析容许标准(无离析或轻度)，应返回第一步重新设计/调整级配，直到满足离析标准为止。

步骤 3：级配的结构接触稳定性优选。

(1) 计算所有满足离析容许标准的设计级配的结构稳定性指数 SSI；

(2) 将结构接触稳定性最优的级配定为最佳级配。

9.2.4　级配优化设计示例

针对 AC 类和 SMA 类沥青混合料进行优化设计，具体示例为工程中常见级配，选择 AC-16 和 SMA-13。

1) AC-16 级配优化

以 AC-16 沥青混合料为例，通过改变 0.075mm 和 4.75mm 两档控制筛孔设计了四种级配，分别为级配 A1、A2、A3、A4，另 AC-16 级配中值作为对照组加入对比。五种设计级配通过率如表 9.1 和图 9.5 所示。

表 9.1　五种级配(A1～A4+级配中值)通过率

筛孔/mm	通过率/%					
	级配 A1	级配 A2	级配 A3	级配 A4	级配中值	级配范围
19	100	100	100	100	100	100
16	95	96.9	97.8	98	95	90～100
13.2	91	89	90	86	84	76～92
9.5	73	82.2	73.6	78	70	60～80
4.75	39	46.3	54.8	44	48	34～62
2.36	24	32.6	35	30	34	20～48
1.18	19	20.8	26.6	20	24.5	13～36
0.6	16	15.7	20.2	16	17.5	9～26
0.3	12	12.7	13.3	14	12.5	7～18
0.15	9	9.7	8.8	12	9.5	5～14
0.075	6	5.2	7.3	7	6	4～8

根据式(5.21)计算各级配的离析倾向指数 STI，结果详见表 9.2。结果表明，除级配 A1 满足无离析要求外，级配 A2、A3、A4 和级配中值均会发生细集料

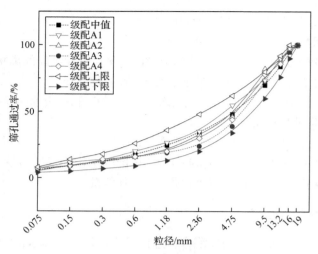

图 9.5　表 9.1 中各级配的筛孔通过率

离析，该结果也符合悬浮密实型级配细集料多、粗集料少的组成特点。

表 9.2　各设计级配(A1～A4+级配中值)的离析倾向指数 STI

项目	级配 A1	级配 A2	级配 A3	级配 A4	级配中值
STI	0.63	0.53	0.50	0.58	0.58
离析结果	无离析	细集料离析	细集料离析	细集料离析	细集料离析

注：离析判断标准：0～0.6 细集料离析，0.6～0.7 无离析，0.7～0.8 轻微离析，0.8～0.9 中度离析，0.9～1 重度离析。

根据式(9.1)分别计算了各级配的结构稳定性指数 SSI，结果如表 9.3 所示。结果表明，级配 A1 的 SSI 是最优的，其离析倾向性也是最小的。综上，确定级配 A1 为 AC-16 结构中的最佳级配组成。

表 9.3　各设计级配(A1～A4+级配中值)的结构稳定性指数 SSI

项目	级配 A1	级配 A2	级配 A3	级配 A4	级配中值
SSI	3937.21	3306.87	3141.73	3624.14	3640.47

2) SMA-13 级配优化

通过改变 0.075mm 和 4.75mm 两档控制筛孔，初步设计了 SMA-13 的四种级配，分别为级配 S1、S2、S3、S4，另 SMA-13 级配中值作为对照组加入对比。五种设计级配通过率如表 9.4 和图 9.6 所示。

表 9.4　五种级配(S1～S4+级配中值)通过率

筛孔 /mm	通过率/%					
	级配 S1	级配 S2	级配 S3	级配 S4	级配中值	级配范围
16	100	100	100	100	100	100
13.2	90	95	97.5	92.5	95	90～100
9.5	50	75	81.5	56.5	62.5	50～75
4.75	20	22	31	23.5	27	20～34
2.36	19	17	25	18	20.5	15～26
1.18	18	15	22.5	16.5	19	14～24
0.6	17	14	19	14	16	12～20
0.3	16	13	15.5	11.5	13	10～16
0.15	14	12	14	10.5	12	9～15
0.075	12	10	11.5	9	10	8～12

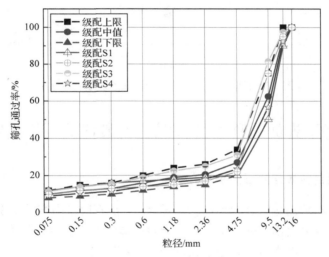

图 9.6　表 9.4 中各级配的筛孔通过率

根据式(5.21)计算出各级配的离析倾向指数 STI,结果如表 9.5 所示。结果表明,级配 S1 会发生严重离析,级配 S4 会发生中度离析,级配 S2、级配 S3 和级配中值满足无离析或轻微离析的要求。

表 9.5　各设计级配(S1～S4+级配中值)的离析倾向指数 STI

项目	级配 S1	级配 S2	级配 S3	级配 S4	级配中值
STI	0.92	0.77	0.67	0.83	0.77
离析结果	重度	轻微	无离析	中度	轻微

注：离析判断标准：0～0.6 细集料离析；0.6～0.7 无离析；0.7～0.8 轻微离析；0.8～0.9 中度离析；0.9～1 重度离析。

根据式(9.1)分别计算了级配 S2、级配 S3 和级配中值的结构稳定性指数 SSI，结果如图 9.7 所示。可以发现三个级配混合料的 SSI 排序为级配 S2>级配中值>级配 S3。综上，确定级配 S2 为 SMA-13 结构中的设计级配组成。

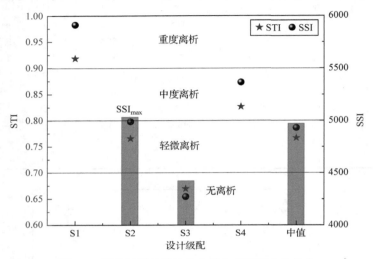

图 9.7 设计级配的结构稳定性和离析倾向性分布

9.3 基于界面滑移的沥青混合料最佳油石比确定方法

9.3.1 沥青混合料最佳油石比确定方法

油石比是影响沥青混合料性能的关键因素。油石比过高容易出现车辙、波浪、泛油等病害，反之会出现松散剥落、混合料整体性及水稳定性差等问题。因此，确定最佳油石比是沥青混合料组成设计的核心内容之一。

马歇尔法是世界各国沥青混合料组成设计普遍采用的方法，采用经验性指标来确定沥青混合料的最佳油石比。尽管马歇尔稳定度、流值难以很好地反映沥青混合料的强度特性和抗变形能力，但密度、空隙率、矿料间隙率、沥青饱和度等体积指标对于确定沥青混合料的材料组成具有一定的理论意义(郭乃胜等，2017；郑健龙，2014；陶晶等，2010)。针对马歇尔法的不足，从沥青混合料细观力学行为入手，采用矿料界面滑移力学参数(最大滑移剪应力 τ_{sl} 和极限扭剪应力 τ_s)代替经验性指标确定沥青混合料的最佳油石比。

第 7 章研究表明，最大滑移剪应力 τ_{sl} 和极限扭剪应力 τ_s 两种界面滑移力学参数均对 AC、SMA 和 OGFC 沥青混合料油石比有足够的敏感性。其中，轴向剪切试验的操作简便，且最大滑移剪应力 τ_{sl} 指标在连续密级配结构中适用性好，因此

最大滑移剪应力 τ_{sl} 可用于确定 AC 类沥青混合料的最佳油石比；扭转剪切试验模拟路面受力情况更加接近实际，在评价间断级配及开级配结构混合料的力学行为具有较大优势，因此在条件允许的情况下，极限扭剪应力 τ_s 指标可用于确定 SMA 和 OGFC 类沥青混合料的最佳油石比。综上，在保留密度、空隙率等体积指标的基础上，可以根据情况选择适宜的界面滑移力学参数代替马歇尔稳定度和流值，以确定沥青混合料的最佳油石比。

步骤 1：预估油石比，成型试件。

根据经验初步估计一个油石比，以预估油石比为中值，向左右两侧以 0.5%的间隔取值，形成以预估油石比为中心取五个不同的油石比，然后根据级配组成计算各档矿料和沥青用量，分别成型马歇尔或旋转压实试件，每个油石比下成型 4～5 个试件。

步骤 2：试件体积参数与力学指标测定。

(1) 测定或计算成型试件的毛体积密度或最大理论密度，计算不同油石比试件的空隙率、沥青饱和度、矿料间隙率、粗集料间隙率等体积指标；

(2) 采用轴向剪切滑移试验(或扭转剪切滑移试验)方法测定各个油石比下沥青混合料的最大滑移剪应力 τ_{sl}(或极限扭剪应力 τ_s)。

步骤 3：确定最佳油石比。

(1) 绘制各物理/力学指标与油石比关系曲线。

以油石比为横坐标，以各项指标为纵坐标绘制关系曲线，要求为平滑曲线，通过各项指标所对应的油石比范围确定最佳油石比。

(2) 记毛体积密度/理论最大相对密度峰值对应的油石比为 a_1，最大滑移剪应力峰值 τ_{sl}(或极限扭剪应力 τ_s)最大值为 a_2，目标空隙率和沥青饱和度中值分别为 a_3、a_4，如式(9.2)所示计算最佳油石比 OAC_1：

$$OAC_1 = \frac{a_1 + a_2 + a_3 + a_4}{4} \tag{9.2}$$

(3) 确定最大滑移剪应力(或极限扭剪应力)、空隙率、沥青饱和度、矿料间隙率指标均符合要求的油石比范围 OAC_{min}～OAC_{max} 的中值为 OAC_2，其计算见式(9.3)：

$$OAC_2 = \frac{OAC_{min} + OAC_{max}}{2} \tag{9.3}$$

(4) 确定最佳油石比 OAC，如式(9.4)所示：

$$OAC = \frac{OAC_1 + OAC_2}{2} \tag{9.4}$$

9.3.2 沥青混合料最佳油石比确定示例

以 9.2.4 小节级配优化设计确定的 AC 型 A1 和 SMA 型 S2 级配为例，确定二者的最佳油石比。分别预估油石比并成型试件，测定和计算各个油石比下沥青混合料的体积指标，主要包括理论最大相对密度 γ_t、空隙率 VV、沥青饱和度 VFA、矿料间隙率 VMA。

9.3.2.1　A1 级配沥青混合料

A1 级配沥青混合料的物理及力学指标测试结果见表 9.6，并绘制了这些指标与油石比的关系曲线，如图 9.8 所示。

表 9.6　A1 级配沥青混合料物理及力学指标

项目	油石比/%					指标要求
	3.1	3.6	4.2	4.7	5.3	
理论最大相对密度	2.578	2.581	2.56	2.534	2.505	—
毛体积密度/(g/cm³)	2.397	2.45	2.487	2.486	2.47	—
空隙率/%	7.043	5.116	3.098	1.867	1.415	4
矿料间隙率/%	15.462	14.055	13.181	13.66	14.673	≥13.5
沥青饱和度/%	53.526	62.769	76.368	86.01	90.144	65~75
最大滑移剪应力/MPa	0.438	0.492	0.488	0.387	0.374	≥0.3

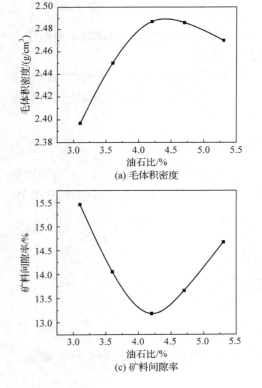

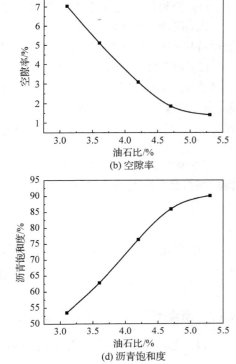

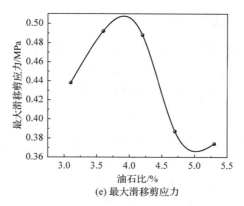

(e) 最大滑移剪应力

图 9.8　A1 级配沥青混合料的物理及力学指标与油石比关系曲线

1) 确定 A1 级配沥青混合料的 OAC_1

根据各指标关系曲线，确定毛体积密度峰值、最大滑移剪应力峰值、目标空隙率中值、沥青饱和度中值对应的油石比 a_1、a_2、a_3、a_4 分别为 4.33%、3.86%、3.85% 和 3.90%。

依据式(9.2)确定最佳油石比 OAC_1：

$$OAC_1 = \frac{a_1 + a_2 + a_3 + a_4}{4} = 3.99\%$$

2) 确定 A1 级配沥青混合料的 OAC_2

根据曲线关系确定最大滑移剪应力、空隙率、矿料间隙率、沥青饱和度指标均符合范围要求的对应油石比最大值 OAC_{max} 和最小值 OAC_{min}，OAC_2 为 OAC_{max} 和 OAC_{min} 的平均值。其中符合矿料间隙率最低范围值 13.5% 的最小油石比为 3.91%。则 OAC_{max}=4.33%，OAC_{min}=3.90%。

$$OAC_2 = \frac{OAC_{max} + OAC_{min}}{2} = 4.12\%$$

3) 确定 A1 级配沥青混合料最佳油石比 OAC

最佳油石比 OAC 一般取 OAC_1 和 OAC_2 的平均值。

$$OAC = \frac{OAC_1 + OAC_2}{2} = 4.06\%$$

因此，基于最大滑移剪应力确定的 A1 级配沥青混合料的最佳油石比为 4.06%，略小于通过普通马歇尔法确定的 4.17%，且 4.06% 油石比对应的矿料间隙率符合规范要求。

9.3.2.2　S2 级配沥青混合料

测定和计算各个油石比下 S2 级配沥青混合料的物理与力学指标，主要包括理论最大相对密度、空隙率、沥青饱和度、矿料间隙率、极限扭剪应力，测试结果详见表 9.7。相应地，绘制 S2 级配沥青混合料试件各项指标与油石比的关系曲线，如图 9.9 所示。

表 9.7　S2 级配沥青混合料试件的物理与力学指标

项目	油石比/%					指标要求
	5.2	5.7	6.2	6.7	7.2	
理论最大相对密度	2.502	2.484	2.466	2.449	2.432	—
空隙率/%	7.92	5.47	4.91	5.34	3.16	4
沥青饱和度/%	59.9	70.7	74.4	74.0	84.0	65~75
矿料间隙率/%	19.8	18.7	19.2	20.6	19.7	>14
极限扭剪应力/MPa	0.172	0.256	0.198	0.178	0.165	—

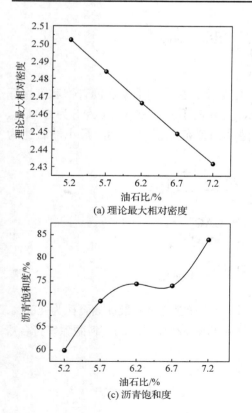

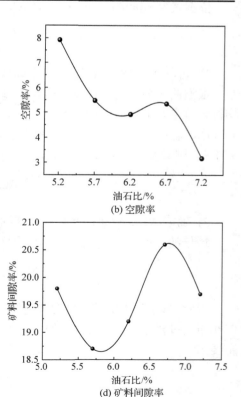

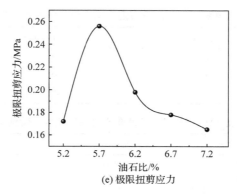

(e) 极限扭剪应力

图 9.9　S2 级配沥青混合料物理/力学指标与油石比的关系曲线

根据各指标与油石比的关系曲线确定理论最大相对密度峰值、极限扭剪应力峰值、目标空隙率中值、沥青饱和度中值所对应的 a_1、a_2、a_3、a_4，根据式(9.2)确定 OAC$_1$，再根据图 9.9 的关系曲线确定稳定度、极限扭剪应力、空隙率、矿料间隙率和沥青饱和度等指标均符合沥青混合料技术标准的油石比范围，获取 OAC$_{min}$ 和 OAC$_{max}$ 后，根据式(9.3)确定 OAC$_2$，最后根据式(9.4)确定最佳油石比 OAC，计算过程中涉及的相关参数见表 9.8。

表 9.8　S2 沥青混合料试件的油石比　　　　　　(单位：%)

a_1	a_2	a_3	a_4	OAC$_1$	OAC$_{min}$	OAC$_{max}$	OAC$_2$	OAC
5.20	5.70	6.26	5.66	5.71	5.56	6.79	6.18	5.94

综上所述，基于极限扭剪应力确定的 S2 级配沥青混合料的最佳油石比为 5.94%，稍小于普通马歇尔法确定的油石比 6.10%。

9.3.3　沥青混合料最佳油石比验证

我国《公路沥青路面施工技术规范》(JTG F40—2004)规定了沥青混合料的测试内容及标准范围，当最佳油石比成型的试件满足规范规定的高温稳定性、低温抗裂性、水稳定性等性能要求时，即可判断上述方法确定的最佳油石比是有效的。依据《公路工程沥青及沥青混合料试验规程》(JTG E20—2011)规定的试验方法，分别对最佳油石比下成型的试件进行路用性能验证。

1) 高温稳定性

采用车辙试验检验 A1 和 S2 级配沥青混合料的高温稳定性，采用动稳定度 (T0719-1)指标和界面滑移参数指标均进行对比评价，结果如表 9.9 和表 9.10 所示。

表 9.9　A1 级配沥青混合料高温性能试验结果

序号	最佳油石比/%	动稳定度/(次/mm)	最大滑移剪应力/MPa
1	4.17	1338	0.472
2	4.06	1649	0.504
—	技术要求	≥800	—

表 9.10　S2 级配沥青混合料高温性能试验结果

序号	最佳油石比/%	动稳定度/(次/mm)	极限扭剪应力/MPa
1	5.94	5081	0.245
2	6.10	4316	0.207
—	技术要求	≥3000	—

2) 低温抗裂性

采用试验温度为 $-10℃$, 加载速率为 50mm/min 的弯曲试验和破坏应变指标评定沥青混合料的低温性能, A1 级配和 S2 级配沥青混合料的测试结果见表 9.11。

表 9.11　沥青混合料低温弯曲测试结果

沥青混合料类型	最佳油石比/%	最大荷载/kN	最大挠度/mm	破坏弯拉应变/με
A1 级配	4.17	1.642	0.433	2273.25
	4.06	1.506	0.409	2147.25
	技术要求	—	—	≥2000
S2 级配	5.94	1.281	0.651	3416.15
	6.10	1.518	0.553	2902.83
	技术要求	—	—	≥2500

3) 水稳定性

采用沥青混合料浸水马歇尔试验测试 A1 级配和 S2 级配沥青混合料在两种油石比下的水稳定性, 并采用浸水残留稳定度(T0709-2)指标进行对比评价, 结果见表 9.12。

表 9.12　沥青混合料水稳定性测试结果

沥青混合料类型	最佳油石比/%	浸水残留稳定度		
		MS/kN	MS_1/kN	MS_0/%
A1 级配	4.17	11.61	10.42	89.8
	4.06	10.96	9.28	84.5
S2 级配	5.94	7.26	6.52	89.8
	6.10	6.72	5.89	87.6
—	技术要求	—	—	≥80

注: MS 为马歇尔试件稳定度; MS_1 为试件浸水 48h 后的稳定度; MS_0 为试件的浸水残留稳定度。

结果表明，基于矿料界面滑移力学参数优化设计的 A1 级配和 OSMA-13 沥青混合料的高温性能、水稳定性能及低温性能均满足要求。

与普通马歇尔法相比，采用细观力学指标矿料界面滑移力学参数替代了马歇尔稳定度和流值，所设计的沥青混合料可以减少矿料界面滑移引起的车辙等病害。其中，轴向剪切滑移试验装置简单，操作方便，推广性强，便于工程实际应用，可用于常用的级配类型，对 AC 类级配适用性更好。极限扭剪应力指标对表征间断及骨架型(SMA、OGFC)沥青混合料变形机制优势显著，因此在具备试验条件的情况下，建议优先选择扭转剪切滑移试验确定沥青混合料的最佳油石比。

9.4　沥青混合料变形预估

由于沥青混合料抗变形能力不足，沥青路面常出现车辙等严重的病害。在沥青混合料材料组成设计过程中，如能根据力学性能及其演化规律，对所设计沥青混合料的荷载变形进行有效预估，不仅能够检验沥青混合料材料组成设计的有效性，也可以为沥青路面养护及维修管理提供依据。

9.4.1　沥青混合料变形预估模型参数

通常情况下，影响沥青混合料变形的因素有外因和内因，其中外因主要包括环境和交通参数，如温度、荷载作用次数、应力水平等；内因主要指的是沥青混合料自身的抗变形能力，取决于沥青混合料原材料特性与组成结构，多数研究采用力学试验获取的抗剪强度作为力学指标来表征。

1) 温度

温度 T 是沥青路面发生剪切变形的最主要因素。温度升高，会导致沥青黏结作用降低，润滑作用提高。车辆荷载作用下，沥青的润滑作用会促进矿料颗粒发生错动滑移，最终形成沥青路面的永久变形。因此在构建沥青混合料永久变形预估模型时，温度是必不可少的模型参数之一。

2) 荷载作用次数

沥青路面作为公路交通基础设施，承担着车辆的重复荷载作用，车辆受载次数越多，沥青路面变形量就越大。室内车辙试验表明，荷载作用次数 N 是沥青混合料永久变形的重要影响因素，因此将荷载作用次数作为预估模型参数。

3) 界面滑移指数

沥青混合料自身的抗变形能力是影响沥青路面变形演化进程及病害发展的关键因素。矿料界面滑移是引起沥青混合料变形的细观作用机制。沥青混合料的界面抗滑移能力取决于矿料界面的接触摩擦稳定性和受到的荷载应力。当荷载应力超过矿料界面滑移抵抗力则发生界面滑移变形，并不断累积产生沥青混合料永久变形。采用提出的极限扭剪应力 τ_s 表征沥青混合料抵抗滑移变形的能力，并作为永久变形模型参数。

在荷载作用下，沥青路面被施加竖向作用力 σ_1 和水平作用力 σ_2，如图9.10所示。由静力学原理可知，竖向荷载远大于水平荷载，二者叠加使沥青路面内部产生水平偏竖向的扭转破坏，因此，对于扭转剪切而言，沥青混合料扭转滑移界面上承受的荷载作用反映了实际荷载应力。参照我国《公路沥青路面设计规范》(JTG D50—2017)，采用0.7MPa(单轴双轮 BZZ-100 的100kN)作为车辆标准轴载，其中单轮传压面当量圆直径为 21.3cm，通过等效换算，扭转滑移界面所承受的标准轴载 F 为11.354kN。

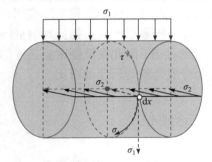

图 9.10　实际荷载作用下沥青路面力学响应分布

基于上述分析，采用界面滑移指数(I_s)作为永久变形预估模型参数。I_s 是实际交通荷载应力(σ)与破坏界面上的抗剪应力(τ)的比值，见式(9.5)。可见，I_s 是交通荷载应力和材料力学参数的组合，既可作为综合力学参数引入预估模型中，又反映了沥青混合料抵抗滑移变形的能力。I_s 越大，则沥青混合料越难以抵抗车辆荷载作用，产生永久变形的变形量越大。当 $I_s>1$ 时，表示混合料难以抵抗车辆轴载作用，会发生滑移变形；当 $I_s<1$ 时，表明该混合料能够抵抗标准荷载作用。因此，若以 $I_s<1$ 为设计标准，可以指导调整或优化混合料组成设计。

$$I_s = \frac{\sigma}{\tau} = \frac{F}{\tau \cdot \pi \cdot r^2} \times 10^{-6} \tag{9.5}$$

式中，r 为马歇尔试件的半径，mm。

9.4.2　沥青混合料变形预估模型构建

建立模型参数与永久变形的关系，是构建永久变形预估模型的关键环节(顾兴宇等，2012)。为提高永久变形预估模型的准确性，采用温度(T)、荷载作用次数(N)和界面滑移指数(I_s)分别反映环境、荷载以及材料属性对沥青混合料永久变形的影响(Wu et al.，2023)，初步确立沥青混合料变形预估模型，如式(9.6)所示：

$$RD = f(T, N, I_s) \tag{9.6}$$

式中，RD 为汉堡车辙深度，表示沥青混合料永久变形程度。

采用 AC-13Z、AC-16Z 和 AC-20Z 三种混合料，分别讨论车辙深度与温度、荷载作用次数以及界面滑移指数的关系。首先，分别在 40℃、50℃、60℃、70℃和 80℃温度条件下进行汉堡车辙试验，车辙深度 RD 与温度 T 的关系如图 9.11 所示。

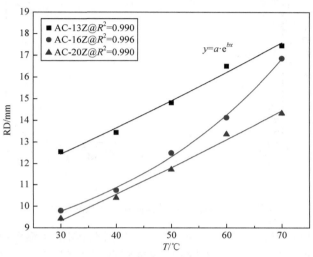

图 9.11　车辙深度与温度的关系

由图 9.11 可知，随着温度的升高，车辙深度急剧增大，二者符合指数关系，因此 RD 和 T 的关系可以用式(9.7)表示：

$$RD = a \cdot e^{bT} \tag{9.7}$$

其次，为了确定车辙深度与荷载作用次数的关系，分别在 50℃和 60℃下进行汉堡车辙试验，试验结果如图 9.12 所示。

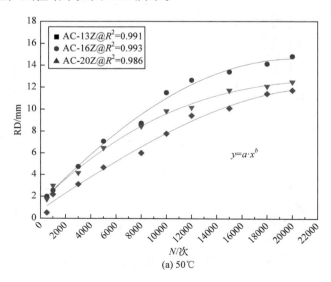

(a) 50℃

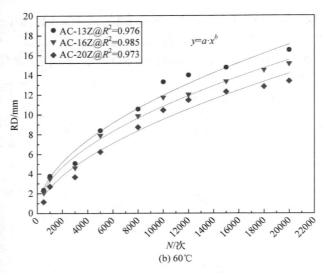

(b) 60℃

图 9.12　车辙深度随荷载作用次数的变化

从图 9.12 可看出，在 50℃ 和 60℃ 下，沥青混合料的车辙深度 RD 均随荷载作用次数 N 的增加而增大，但增大速率逐渐减小，二者符合幂函数增长关系，可以用式(9.8)所示：

$$RD = a \cdot N^b \tag{9.8}$$

由于施加在沥青路面的应力不同，沥青混合料的极限扭剪应力存在差异，从而会引起不同程度的永久变形。在 $T = 60℃$，$N = 20000$ 次，应力为 0.1~0.7MPa(以 0.2MPa 为间隔)下分别进行汉堡车辙试验，结果如图 9.13 所示。

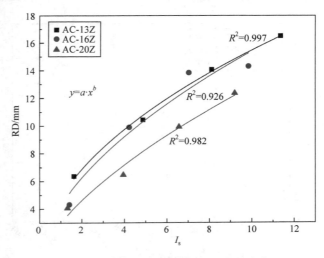

图 9.13　车辙深度随界面滑移指数的变化

由图 9.13 可知，随着界面滑移指数 I_s 增大，三种沥青混合料的车辙深度 RD 不断增大，二者符合较好的幂函数关系，决定系数 R^2 均大于 0.92。因此车辙深度 RD 与界面滑移指数 I_s 的关系可用式(9.9)表示：

$$\mathrm{RD} = a \cdot (I_s)^b = a \cdot \left(\frac{\sigma}{\tau_s}\right)^b \tag{9.9}$$

综合以上影响因子与车辙深度 RD 的关系，可以得到沥青混合料变形预估关系模型，如式(9.10)所示：

$$\mathrm{RD} = K \cdot \mathrm{e}^{aT} \cdot N^b \cdot \left[\frac{\sigma}{\tau_s}\right]^c \tag{9.10}$$

式中，RD 表示车辙深度，mm；K、a、b、c 为模型系数，与材料组成有关；σ 为加载应力，MPa；τ_s 为沥青混合料极限扭剪应力。

9.4.3　沥青混合料变形预估验证

为确定模型系数，对试验得到的 75 组沥青混合料变形数据，采用 1 Stopt 程序进行拟合分析得到预估模型，拟合结果和回归检验结果分别见表 9.13 和表 9.14，模型预测值和实测值的关系如图 9.14 所示。

表 9.13　预测模型拟合结果

K	a	b	c
0.045	0.015	0.512	0.543

表 9.14　预测模型回归检验结果

均方根误差(RMSE)	残差平方和(RSS)	R^2	F 统计	卡方系数
0.944	48.798	0.976	5145.933	3.622

将表 9.13 中的模型系数代入式(9.10)中，得到沥青混合料的永久变形预估模型如式(9.11)所示：

$$\mathrm{RD} = 0.045 \cdot \mathrm{e}^{0.015T} \cdot N^{0.512} \cdot \left[\frac{\sigma}{\tau_s}\right]^{0.543} \tag{9.11}$$

此外，由表 9.14 可知，模型的决定系数(R^2)达到了 0.976，表明预估模型具有较高的拟合精度，且能有效预估沥青混合料永久变形。

为了验证预估模型的有效性，将 AC-13S 和 AC-13X 沥青混合料的实测条件代入 1 Stopt 软件进行预估分析，车辙变形预测值与实测值对比结果如图 9.15 所示。

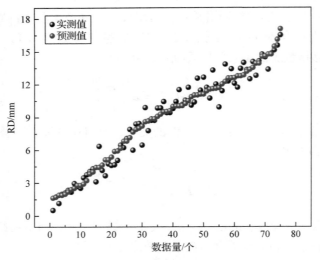

图 9.14　沥青混合料永久变形预估模型拟合曲线

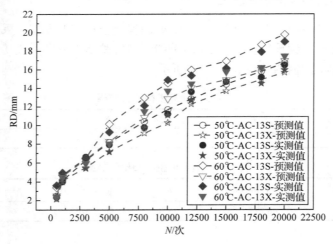

图 9.15　沥青混合料车辙变形的预测值与实测值对比

采用式(9.12)和式(9.13)计算沥青混合料永久变形预估误差。若车辙预测值为 X_P，实测值为 X_M，则变形预估的绝对误差 X_A 为

$$X_A = |X_P - X_M| \tag{9.12}$$

变形预估模型的相对误差 X_R 为

$$X_R = \frac{|X_A|}{X_P} \tag{9.13}$$

AC-13S 和 AC-13X 沥青混合料永久变形预估误差计算结果如表 9.15 所示。

表 9.15　沥青混合料永久变形的预估误差

N/次	预估误差/%			
	50℃		60℃	
	AC-13S	AC-13X	AC-13S	AC-13X
500	2.35	3.53	3.02	2.90
1000	1.04	2.85	2.84	3.10
3000	3.02	0.94	3.31	1.63
5000	3.17	0.10	5.90	1.25
8000	5.87	7.33	5.31	5.05
10000	8.11	8.77	2.72	6.19
12000	3.00	3.95	4.18	4.19
15000	6.54	8.18	5.99	6.88
18000	1.66	4.58	5.79	0.60
20000	3.45	2.71	5.74	0.87

由图 9.15 可知，不同温度、不同荷载作用次数下的 AC-13S 和 AC-13X 沥青混合料的永久变形预测值与实测值均相差不大。此外，从表 9.15 中也可看出不同温度下 AC-13S 和 AC-13X 沥青混合料的预估误差均在 10%以内，且大多数在 5%以内浮动，表明提出的变形预估模型具有良好的预测精度。

9.4.4　沥青混合料性能预测

为了分析优化设计的沥青混合料是否满足永久变形的要求，采用式(9.11)预估 S2 级配沥青混合料在温度为 60℃时车辙深度 RD 随荷载作用次数 N 增加的变化规律，结果如图 9.16 所示。

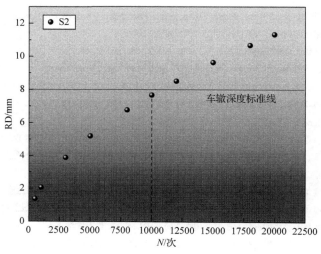

图 9.16　S2 级配沥青混合料的车辙深度随荷载作用次数变化

我国国家标准中没有明确规定沥青混合料的车辙深度标准，但一些地方标准及文献提到，沥青混合料的荷载作用次数为 10000 次时，车辙深度应不大于 8mm (李锋等，2020；陈磊磊等，2020；周鲁晓冬，2019)。图 9.16 显示，S2 级配沥青混合料在 10000 次荷载作用下的车辙深度为 7.67mm，车辙发展较为缓慢。可见，S2 级配沥青混合料作为沥青路面材料满足路用性能要求，从矿料颗粒特征及滑移特性角度设计的沥青混合料有良好的力学强度和抗变形能力。

参 考 文 献

柴金玲，栗威，2020. 基于 GTM 的沥青混合料配合比设计方法试验研究[J]. 材料导报，34(S2): 1283-1287.

陈爱文，郝培文，2004. 应用贝雷法设计和检验级配[J]. 中外公路，24(5): 101-103.

陈磊磊，陈道燮，陈超录，等，2020. 基于沥青路面结构力学行为的车辙深度控制标准[J]. 交通运输工程学报，20(6): 62-70.

陈忠达，袁万杰，高春海，2006. 多级嵌挤密实级配设计方法研究[J]. 中国公路学报，19(1): 32-37.

陈忠达，袁万杰，郑东启，2005. 级配理论应用研究[J]. 重庆交通学院学报，24(14): 44-48.

丁滔，金珊珊，陈智，等，2022. 嵌锁式沥青稳定碎石配合比设计及性能研究[J]. 材料导报，36(S1):215-219.

段功璨，2017. 贝雷法用于橡胶粉改性沥青混合料的级配优化研究[D]. 武汉：武汉工程大学.

顾兴宇，袁青泉，倪富健，2012. 基于实测荷载和温度梯度的沥青路面车辙发展影响因素分析[J]. 中国公路学报，25(6): 30-36.

郭乃胜，尤占平，谭忆秋，等，2017. 考虑均匀性的沥青混合料最佳沥青用量确定方法[J]. 交通运输工程学报，17(1): 1-10.

郝培文，2009. 沥青与沥青混合料[M]. 北京：人民交通出版社.

李锋，曹荣吉，吴春颖，等，2020. 基于汉堡车辙试验的沥青路面永久变形预估模型研究[J]. 筑路机械与施工机械化，37(12): 10-15.

李刚，姜献民，孙忠宁，2005. 高等级公路沥青混凝土路面结构设计探讨[J]. 公路交通技术，(2): 36-40.

林绣贤，1988. 柔性路面结构设计方法[M]. 北京：人民交通出版社.

林绣贤，2003. 沥青混凝土合理集料组成的计算公式[J]. 华东公路，(1): 82-84.

刘克，2019. 二元混合矿料间隙率填充取代复合模型[J]. 建筑材料学报，22(6): 886-893.

彭波，田见效，陈忠达，2003. Superpave 沥青混合料路用性能[J]. 长安大学学报(自然科学版)，23(15): 21-23.

沙庆林，2005. SAC 和其他粗集料断级配的矿料级配设计方法[J]. 公路，1:143-150.

沙庆林，2007. 沥青混凝土矿料级配的发展方向[J]. 铁道建筑技术，4:1-8.

陶晶，张争奇，杨博，等，2010. 嵌挤密实沥青混合料设计方法与评价参数研究[J]. 武汉理工大学学报，32(1): 46-50.

田佳磊，唐福军，李军，等，2017. 基于 Superpave 与贝雷法的 ORHA 改性沥青混合料配合比设计研究[J]. 公路交通科技(应用技术版)，13(12):140-142.

魏建国，查旭东，郑健龙，等，2007. 基于不同成型方法的沥青碎石混合料性能对比[J]. 交通运输工程学报,(2): 41-45.

薛金顺，熊少辉，蒋应军，等，2023. 设计方法对 SMA-13 混合料老化性能影响研究[J]. 公路，(3):28-34.

袁万杰，2004. 多级嵌密实级配设计方法与路用性能研究[D]. 西安：长安大学.

翟少华，2009. 多碎石沥青混合料的级配设计及水稳定性试验研究[D]. 郑州：郑州大学.

张海威，许新权，吴传海，等，2016. 主骨料空隙填充法在级配碎石设计中的应用研究[J]. 广东公路交通，(6): 10-14.

张书华, 2018. 贝雷法和 CAVF 法在 AK-13A 和 SMA-13 的混合料级配设计中的应用[J]. 公路交通科技, 35(9): 15-20.

张肖宁, 郭祖辛, 吴旷怀, 1995. 按体积法设计沥青混合料[J]. 哈尔滨建筑大学学报, 28(4): 28-36.

张肖宁, 王绍怀, 吴旷怀, 等, 2001. 沥青混合料组成的 CAVF 法[J]. 公路, 12:17-21.

郑健龙, 2014. 基于结构层寿命递增的耐久性沥青路面设计新思想[J]. 中国公路学报, 27(1): 1-7.

中华人民共和国交通运输部, 2004.公路沥青路面施工技术规范: JTG F40—2004[S]. 北京: 人民交通出版社.

中华人民共和国交通运输部, 2011. 公路工程沥青及沥青混合料试验规程: JTG E20—2011[S]. 北京: 人民交通出版社.

中华人民共和国交通运输部, 2017. 公路沥青路面设计规范: JTG D50—2017[S]. 北京: 人民交通出版社.

周鲁晓冬, 2019. 江苏省高速公路沥青路面车辙模型研究[D]. 南京: 南京理工大学.

Azzam M O J, Ziad A G, 2015. Evaluation of incorporating oil shale filler aggregate into hot mix asphalt using Superpave mix design[J]. Construction and Building Materials, 101: 359-379.

Collins R, Shami H, Lai J S, 1996. Use of Georgia Loaded Wheel Tester to Evaluate Rutting of Asphalt Samples Prepared by Superpave Gyratory Compactor[J]. Transportation Research Record, 1545(1): 161-168.

Cominsky R J, Huber G A, Kennedy T W, et al., 1994. The Superpave Mix Design Manual for New Construction and Overlays. No. SHRP-A-407[R]. Washington D C: Strategic Highway Research Program.

Cui P D, Xiao Y, Yan B X, et al., 2018. Morphological characteristics of aggregates and their influence on the performance of asphalt mixture[J]. Construction and Building Materials, 186: 303-312.

Harnsberger P M, Petersen J C, Ensley E K, et al., 1993. Comparison of oxidation of SHRP asphalts by two methods[J]. Fuel Science and Technology International, 11(1): 89-121.

Inoue T, 2004. Rational design method of hot mix asphalt based on calculated VMA[R]. Vienna: Proceedings of the 3rd Eurasphalt and Eurobitume Congress.

Kwame A O, Askari N H, 2011. Aggregate cost minimization in hot-mix asphalt design[J]. Journal of Materials in Civil Engineering, 23(5):554-561.

Li S Q, Li H, Xu X U, et al., 2015. Numerical simulation of GTM asphalt mixture design parameters based on discrete element[R]. Shenzhen: 4th International Conference on Sustainable Energy and Environmental Engineering (ICSEEE).

Lira B, Jelagin D, Birgisson B, 2013. Gradation-based for asphalt mixture[J]. Materials and Structures, 46(8): 1401-1414.

Liu H F, 2011. Investigation into gradation optimization of hot mix asphalt[R]. Hunan: International Conference 2011 American Society of Civil Engineers.

Lv J b, Xu Z C, Yin Y M, et al., 2018. Comparison of asphalt mixtures designed using the marshall and improved GTM methods[J]. Advances in Materials Science and Engineering, 121: 237-249.

Mcleod N W. 1950. A rational approach to the design of bituminous paving mixtures[R]. Minnesota: Proceedings of the Association of Asphalt Paving Technologists.

Mcrae J L, 1962. Development of the Gyratory Testing Machine and Procedures for testing bituminous paving mixtures[R]. US: Army Engineer Waterways Experimental Station.

Sefidmazgi N R, Teymourpour P, Bahia H U, et al., 2013. Effect of particle mobility on aggregate structure formation in asphalt mixtures[J]. Road Materials and Pavement Design, 14: 16-34.

Su J F, Li P L, Bi J Y, et al., 2022. Analysis of segregation tendency of aggregates based on composite geometric characteristics[J]. Journal of Materials in Civil Engineering, 34(1): 04021404.

Sun S F, Li P L, Cheng L D, et al., 2022. Analysis of skeleton contact stability of graded aggregates system and its effect on slip creep properties of asphalt mixture[J]. Construction and Building Materials, 316: 125911.

Vatanparast M, Sarkar A, Sahaf S A, et al., 2023. Optimization of asphalt mixture design using response surface method for stone matrix warm mix asphalt incorporating crumb rubber modified binder[J]. Construction and Building Materials, 369:110758.

Vavrik W R, Huber G, Pine W J, et al., 2002. Bailey method for gradation selection in hot-mix asphalt mixture design[C]. Washington: Transportation Research Board.

Wu T, Cao J D, Ma T, et al., 2023. Development of rutting forecasting models for distinct asphalt pavement structures in RIOH testing track using different approaches[J]. Construction and Building Materials, 368: 122485.

Xu J Y, Ma B, Mao W J, et al., 2021. Strength characteristics and prediction of epoxy resin pavement mixture[J]. Construction and Building Materials, 283(11): 122682.

Zheng Y Q, Chen S H, Huang W K, et al., 2023. Principle analysis of the mix design and performance evaluation of the asphalt-filler volume equivalent substitution method[J]. Construction and Building Materials, 367: 125422.